Jack London

Menschen am Abgrund

„Jede Bank war mit Schlafenden angefüllt." – S. 117

Jack London

Menschen am Abgrund

Impressum:
© 2018, Maria Weber (Übers.)
Herstellung und Verlag: BoD-Books on Demand, Norderstedt.
ISBN: 978-3-7460-951-65

Die Hohepriester und Herrscher klagen:

"O Herr und Meister, die Schuld liegt nicht bei uns,
Wir bauen nur, wie unsere Väter gebaut haben;
Betrachten deine Abbilder, wie sie stehen
Hoheitlich und einzig in unserm ganzen Land.

"Unsere Aufgabe ist schwer – mit Schwert und Feuer,
Um deine Erde auf ewig gleich zu halten,
Und mit scharfen stählernen Klauen deine Schafe,
So wie du sie verlassen hast, zu bewahren."

Dann wählte Christus einen Handwerker aus,
Einen kleinen, verkümmerten, ausgezehrten Mann,
Und ein mutterloses Mädchen mit Fingern
Verkrümmt durch Elend und Not.

Diese setzte er in ihre Mitte,
Und als sie aus Angst vor Befleckung
Den Saum ihrer Kleidung hoben,
Sagte er: „Seht hier die Bilder, die ihr von mir machtet."

James Russell Lowell.

VORWORT

DIE Erlebnisse, die in diesem Band erörtert werden, widerfuhren mir im Sommer 1902. Ich stieg in die Unterwelt Londons hinab, mit einer Geisteshaltung, die ich am besten mit der des Forschers vergleichen kann. Ich wollte mich mit meinen eigenen Augen überzeugen, anstatt mich von denen belehren zu lassen, die nichts gesehen oder schon vor mir alles gesehen hatten. Ferner habe ich mir gewisse einfache Kriterien vorgenommen, um mit ihnen das Leben der Unterwelt abzuschätzen. Das, was Lebensqualität, körperliche und geistige Gesundheit fördert, ist gut; das, was weniger Lebensqualität bewirkt, das Leid bereitet, niederdrückt und das Leben verzerrt, ist schlecht. Es wird dem Leser leicht erkennbar sein, daß ich viel sah, das schlecht war. Dennoch darf man nicht vergessen, daß die Zeiten, von denen ich schreibe, in England als „gute Zeiten" angesehen wurden. Der Hunger und der Mangel an Obdach, dem ich begegnete, stellen einen chronischen Zustand des Elends dar, der selbst in Zeiten des größten Wohlstands niemals ausgelöscht wird.

Nach dem Sommer, von dem ich schreibe, kam ein harter Winter. Große Mengen von Arbeitslosen bildeten Prozessionen, bestimmt ein Dutzend auf einmal, und marschierten täglich um Brot bettelnd durch die Straßen von London. Mr. Justin McCarthy faßte im Januar 1903 im New Yorker *Independent* die Situation folgendermaßen zusammen:

„Die Arbeitshäuser haben keinen Platz mehr, um die hungernden Menschenmengen unterzubringen, die jeden Tag und jede Nacht vor ihren Toren um Nahrung und Obdach betteln. Sämtliche gemeinnützigen Institutionen haben bei ihren Bemühungen, Nahrung für die notleidenden Bewohner der Dachkammern und Keller der Straßen und Gassen Londons bereitzustellen, ihre Mittel erschöpft. Die Quartiere der Heilsarmee in verschiedenen Teilen Londons werden allnächtlich von Heerscharen von Arbeitslosen und Hungrigen belagert, denen weder Obdach noch Nahrung zur Verfügung gestellt werden kann."

Es wurde behauptet, daß die Kritik, die ich an den Dingen, wie sie in England sind, geübt habe, zu pessimistisch wäre. Ich muß sagen, daß ich im Gegenteil der optimistischste aller Optimisten bin. Doch ich messe Menschlichkeit weniger an politischen Anhäufungen als an Einzelpersonen. Die

Gesellschaft wächst, während politische Maschinen zermalmen und „Schrott" produzieren. Für die Engländer sehe ich, wenn es nach Menschlichkeit und Gesundheit und Glück geht, eine offene und frohe Zukunft. Aber in einer großen Menge der politischen Maschinerie, die sie gegenwärtig mißregiert, sehe ich nichts als einen Haufen Müll.

Jack London
Piedmont, Kalifornien.

INHALT

Vorwort – 7
1. Kapitel – Der Abstieg 10
2. Kapitel – Johnny Upright 21
3. Kapitel – Meine Unterkunft und einige andere 26
4. Kapitel – Ein Mann und der Abgrund 31
5. Kapitel – Am Rande des Abgrunds 40
6. Kapitel – Die Frying Pan Alley und ein Blick in die Hölle 47
7. Kapitel – Der Mann mit dem Viktoria-Kreuz 55
8. Kapitel – Der Kutscher und der Zimmermann 61
9. Kapitel – Das Arbeitshaus 73
10. Kapitel – Das Banner tragen 87
11. Kapitel – Die Armenspeisung 94
12. Kapitel – Krönungstag 105
13. Kapitel – Dockarbeiter Dan Cullen 118
14. Kapitel – Hopfen und Hopfenpflücker 124
15. Kapitel – Die Frau am Meer 132
16. Kapitel – Zweierlei Recht 136
17. Kapitel – Die Untauglichen 141
18. Kapitel – Löhne 148
19. Kapitel – Das Ghetto 153
20. Kapitel – Kaffee- und Logierhäuser 170
21. Kapitel – Die Unsicherheit des Lebens 183
22. Kapitel – Selbstmord 192
23. Kapitel – Die Kinder 199
24. Kapitel – Eine nächtliche Vision 205
25. Kapitel – Die Hungerklage 209
26. Kapitel – Trunksucht, Mäßigkeit und Sparsamkeit 216
27. Kapitel – Die Verwaltung 223

I. KAPITEL

DER ABSTIEG

Christus, achte auf uns in dieser Stadt,
Und halte unser Mitgefühl und Mitleid
Wach und unsere Gesichter himmelwärts;
Damit wir nicht hart werden.
Thomas Ashe.

ABER das kannst du doch nicht tun", sagten Freunde, an die ich mich um Hilfe in der Angelegenheit wandte, ins Londoner East End herabzusteigen. „Du solltest besser die Polizei um einen Führer bitten", fügten sie auf den zweiten Gedanken und im peinlichen Bemühen hinzu, sich auf die psychologischen Prozesse eines Verrückten einzustellen, dessen Empfehlungen offenbar besser waren als sein Geisteszustand.

„Aber ich will nicht zur Polizei gehen", protestierte ich. „Was ich tun möchte, ist ins East End zu gehen und die Dinge mit meinen eigenen Augen zu sehen. Ich möchte wissen, wie diese Leute dort leben, warum sie dort leben und wofür sie leben. Kurz gesagt, ich will selbst dort leben."

„Dort unten willst du nicht *leben!*", sagten alle, und die Mißbilligung stand in ihren Gesichtern geschrieben. „Es heißt doch, daß es Orte gibt, wo das Leben eines Mannes keinen Schilling wert ist."

„Genau die Orte, die ich sehen möchte", unterbrach ich.

„Aber das geht doch nicht", war die unfehlbare Erwiderung.

„Ich bin nicht zu euch gekommen, um das zu erfahren", antwortete ich brüsk, etwas verärgert über ihr Unverständnis. „Ich bin hier fremd, und ich möchte, daß ihr mir erzählt, was ihr vom East End wißt, damit ich etwas habe, womit ich anfangen kann."

„Aber wir wissen gar nichts über das East End. Es ist irgendwo da drüben." Und sie schwenkten ihre Hände vage in die Richtung, in der man die Sonne in seltenen Fällen aufgehen sehen könnte.

„Dann werde ich zu Cook's gehen", verkündete ich.

„Oh ja", sagten sie erleichtert. „Cook's wird sicher etwas wissen."

Aber bei O' Cook, O' Thomas Cook & Son, Reiseführer und Pfadfinder, lebende Wegweiser in aller Welt und Erste-Hilfe-Leistende für verwirrte Reisende – könnte man mich ohne Zögern und unverzüglich, mit Leichtigkeit und Schnelligkeit, in das dunkelste Afrika oder das innerste Tibet senden, doch zum Londoner East End, kaum einen Steinwurf vom Ludgate Circus entfernt, kennt man den Weg nicht!

„Aber das können Sie doch nicht tun", sagte der lebende Katalog von Routen und Tarifen in Cook's Niederlassung in Cheapside. „Es ist so – hm – so ungewöhnlich."

„Konsultieren Sie die Polizei", schloß er autoritär, als ich nicht lockerließ. „Wir sind es nicht gewohnt, Reisende ins East End zu bringen; wir erhalten nie die Bitte, jemanden dorthin zu bringen, und wir wissen auch gar nichts über den Ort."

Dorset Street, Spitalfields.
Die übelste Straße in London.

„Macht nichts", fiel ihm ihm ins Wort, um mich davor zu bewahren, durch seine Flut von Verneinungen aus dem Büro gejagt zu werden. „Es gibt aber doch etwas, das Sie für mich tun können. Ich möchte, daß Sie im Voraus verstehen, was ich vorhabe, damit Sie mich im Falle von Schwierigkeiten identifizieren können."

„Ach, ich verstehe! Sollten Sie ermordet werden, wären wir in der Lage, die Leiche zu identifizieren."

Er sagte es so fröhlich und kaltblütig, daß ich in dem Augenblick meinen starren und verstümmelten Leichnam auf einer Platte liegen sah, wo ununterbrochen kühles Wasser rieselte, und ihn, wie er sich darüber beugte und ihn betrübt und ruhig als den Körper des verrückten Amerikaners identifizierte, der das East End sehen *wollte*.

„Nein, nein", antwortete ich; „bloß um mich zu identifizieren, falls ich mit den ‚Bobbies' aneinander gerate." Dieses letzte sagte ich mit einer gewissen Aufregung; ich begann wirklich schon die Volkssprache zu sprechen.

„Das", sagte er, „ist eine Sache, die Sie mit dem Hauptbüro ausmachen müssen."

„Es ist so unerhört, wissen Sie", fügte er entschuldigend hinzu.

Der Mann im Hauptbüro druckste herum. „Wir haben es uns zur Regel gemacht", erklärte er, „niemals irgendwelche Auskünfte über unsere Kunden zu geben."

„Aber in diesem Fall", drängte ich, „ist es der Kunde selbst, der Sie darum bittet, die Auskunft über sich zu geben."

Wieder druckste er herum.

„Natürlich", kam ich ihm hastig zuvor, „weiß ich, daß dies noch nie dagewesen ist, aber – "

„Wie ich gerade bemerken wollte", fuhr er ruhig fort, „ist es noch nie dagewesen, und ich glaube nicht, daß wir etwas für Sie tun können."

Ich ging also mit der Adresse eines Polizisten fort, der im East End wohnte, und begab mich zum amerikanischen Generalkonsul. Und hier fand ich endlich einen Mann, mit dem ich „Geschäfte machen" konnte. Da gab es kein Herumdrucksen, keine hochgezogenen Augenbrauen, ungläubiges Staunen oder leeres Gaffen. In einer Minute erklärte ich mich und mein Projekt, was er wie selbstverständlich hinnahm. In der nächsten Minute fragte er nach meinem Alter, Größe und Gewicht und musterte mich. Und in der dritten Minute, als wir uns beim Abschied die Hand gaben, sagte er: „In Ordnung, Jack. Ich werde mich an Sie erinnern und Sie im Auge behalten."

Ich atmete erleichtert auf. Nachdem ich meine Taue gekappt hatte, konnte ich mich nun in diese menschliche Wildnis stürzen, von der niemand etwas zu wissen schien. Aber sogleich stieß ich auf eine neue Schwierigkeit in Gestalt meines Droschkenkutschers, einem graubärtigen und außerordentlich vornehm aussehenden Herrn, der mich mehrere Stunden lang unerschrocken durch die „City" gefahren hatte.

„Fahren Sie mich zum East End runter", wies ich ihn an und setzte mich.

„Wohin, Sir?", fragte er mit unverhohlenem Erstaunen.

„Ins East End, egal wohin. Fahren Sie zu."

Der Einspänner verfolgte einige Minuten einen ziellosen Weg, dann kam er zu einem verwirrten Halt. Die Öffnung über meinem Kopf wurde aufgedeckt, und der Kutscher blickte mich ratlos an.

„Ich wollte fragen", sagte er, „wohin Sie wollen, zu welchem Ort wollen Sie denn?"

„East End", wiederholte ich. „An keinen bestimmten Ort. Fahren Sie mich einfach überall herum."

„Aber wie ist die Adresse, Sir?"

„Genug!", donnerte ich. „Fahren Sie mich hinunter zum East End und zwar sofort!"

Nirgends in den Straßen Londons
kann man dem Anblick bitterster Armut entkommen.

Es war offensichtlich, daß er nicht verstand, aber er zog seinen Kopf zurück, und trieb mürrisch sein Pferd an.

Nirgends in den Straßen Londons kann man dem Anblick bitterster Armut entkommen, denn fünf Minuten zu Fuß von fast jedem Punkt bringen einen in ein Armenviertel; doch die Gegend, in die mein Kutscher nun eindrang, war ein nicht enden wollender Slum.

Ein Blick in die Petticoat Lane.

Die Straßen waren mit einer neuen und andersartigen Rasse von Menschen angefüllt, klein von Statur und von erbärmlichem oder von Bier durchtränktem Aussehen. Wir rollten durch Meilen von Ziegelmauern und Schmutz, und von jeder Querstraße und Gasse blitzten lange Aussichten von Ziegelmauern und Elend auf. Hier und dort taumelte ein betrunkener Mann oder eine betrunkene Frau herum, und überall ertönten schrilles Gezänk und Geschrei. Auf einem Markt suchten tattrige Männer und Frauen in dem im Matsch herumliegenden Müll nach verrotteten Kartoffeln, Bohnen und Gemüse, während kleine Kinder sich wie Fliegen um eine vergammelnde Masse von Früchten scharten, ihre Arme bis zu den Schultern in die flüssige Verderbnis stießen, und halb zerfallene Brocken daraus hervorzogen, die sie an Ort und Stelle verschlangen.

Tattrige alte Männer und Frauen
durchsuchten den im Matsch herumliegenden Müll.

Nicht eine Droschke begegnete mir während meiner ganzen Fahrt, während die meine wie eine Erscheinung aus einer anderen und besseren Welt zu sein schien, so wie die Kinder hinter und neben ihr herliefen. Und soweit ich blicken konnte, waren die massiven Ziegelmauern, die schmierigen Bürgersteige und die von Schreien erfüllten Straßen; und zum erstenmal in meinem Leben empfand ich Angst vor der Menge. Es war wie die Angst vor dem Meer; und die elenden Massen, Straße um Straße, erschienen mir wie die Wellen eines ausgedehnten und übelriechenden Meeres, das an mich brandete und anzuschwellen und mich unter sich zu begraben drohte.

„Stepney, Sir; Stepney Station", rief der Kutscher.

Ich sah mich um. Es war wirklich ein Bahnhof, und er war verzweifelt dahin getrieben worden, an den einzigen vertrauten Ort, von dem er je in dieser ganzen Wildnis gehört hatte.

„Nun", sagte ich.

Er brabbelte etwas Unverständliches, schüttelte den Kopf und sah sehr elend aus. „Ich bin ein Fremder hier", brachte er hervor. „Und wenn Sie nicht zur Stepney Station wollen, so wäre ich sehr froh, wenn ich wüßte, was Sie wollen."

„Ich will Ihnen sagen, was ich will", sagte ich. „Sie fahren herum und halten nach einem Laden Ausschau, in dem alte Kleidung verkauft wird. Wenn Sie also einen solchen Laden sehen, fahren Sie geradeaus, bis Sie um die Ecke biegen, dann halten Sie an und lassen mich aussteigen."

Ein Laden, in dem alte Kleidung verkauft wurde.

Ich konnte sehen, daß er langsam mißtrauisch wurde, ob er seinen Fuhrlohn erhalten würde, aber nicht lange danach fuhr er an den Bordstein und teilte mir mit, daß etwas zurück ein Altkleidergeschäft sei.

„Wollen Sie mich nicht bezahlen?", bat er. „es sind sieben Schilling sechs, die Sie mir schuldig sind."

„Ja", lachte ich, „und es wäre das Letzte, was ich von Ihnen sehen würde."

„Ach, Sir, aber es würde wohl das letzte sein, was ich von Ihnen sehe, wenn Sie mich nicht bezahlen", gab er zurück.

Aber es hatte sich bereits eine Menge zerlumpter Schaulustiger um die Kutsche versammelt, und so lachte ich nur und ging den Weg zurück zu dem Laden.

Hier bestand die Hauptschwierigkeit darin, dem Verkäufer begreiflich zu machen, daß ich wirklich und ernsthaft alte Kleidung wollte. Aber nach einigen erfolglosen Versuchen, mir neue und unmögliche Mäntel und Hosen aufzudrücken, begann er, haufenweise alte Kleider zum Vorschein zu bringen, während er mich geheimniskrämerisch ansah und dunkle Andeutungen machte. Dies tat er mit der offensichtlichen Absicht, mich wissen zu lassen, daß er „meine Lügen durchschaut" hatte, und um mich aus Furcht vor Enthüllungen für meine Einkäufe schwer bezahlen zu lassen. Ein Mann in Schwierigkeiten oder ein hochrangiger Krimineller von der anderen Seite des Ozeans war genau das, wofür er mich hielt – in jedem Fall eine Person, die ängstlich darauf bedacht war, der Polizei zu entgehen.

Aber ich stritt mit ihm über den unerhörten Unterschied zwischen den Preis und dem Wert seiner Waren, bis ich ihn ziemlich von dem Gedanken abbrachte, und er ließ sich auf eine zähe Verhandlung mit einem zähen Kunden ein. Am Ende entschied ich mich für eine derbe, aber abgenutzte Hose, eine ausgefranste Jacke mit nur einem verbliebenen Knopf, ein Paar lederne Stiefel, die vor allem dort gedient hatten, wo Kohle geschaufelt wurde, einen dünnen Ledergürtel und eine sehr schmutzige Stoffkappe. Meine Unterkleidung und Socken waren zwar neu und warm, aber von der Art, wie sie sich jeder heruntergekommene amerikanische Landstreicher unter gewöhnlichen Verhältnissen verschaffen konnte.

„Ich muß schon sagen, Sie sind ein harter Knochen", sagte er mit geheuchelter Bewunderung, als ich ihm die zehn Schilling überreichte, die schließlich für die Kleidung vereinbart worden waren „Ich will verdammt sein, wenn Sie nicht schon einmal in der Petticoat Lane gewesen sind. Ihre Hosen sind ihre fünf Schilling wert, und jeder Dockarbeiter würde Ihnen zwei Schilling und einen Sixpence für die Schuhe geben, ganz zu schweigen von dem Mantel und dem neuen Unterhemd und den anderen Sachen."

„Wie viel würden Sie mir für sie geben?", verlangte ich plötzlich. „Ich habe Ihnen zehn Schilling für das alles bezahlt, und ich werde sie Ihnen gleich jetzt zurückverkaufen, für acht! Kommen Sie, machen wir es!"

Aber er grinste und schüttelte den Kopf, und obwohl ich ein gutes Geschäft gemacht hatte, war mir unangenehm bewußt, dass er ein besseres gemacht hatte.

Ich fand den Kutscher und einen Schutzmann mit zusammengesteckten Köpfen, aber der Letztere wandte sich ab, nachdem er mich scharf gemustert und das Bündel unter meinem Arm besonders genau unter die Lupe genommen hatte, und ließ den Kutscher zurück, damit er sich allein mit mir herumschlagen könnte. Und keinen Schritt wollte der sich fortbewegen, ehe ich ihm die sieben Schilling und Sixpence zahlte, die ich ihm schuldete. Daraufhin war er bereit, mich bis ans Ende der Welt zu fahren, entschuldigte sich sehr für seine Beharrlichkeit und erklärte, daß man in London Town auf die seltsamsten Kunden stieße.

Petticoat Lane.

Indessen fuhr er mich nur nach Highbury Vale im Norden Londons, wo mein Gepäck auf mich wartete. Hier zog ich am nächsten Tag meine Schuhe aus (nicht ohne Bedauern wegen ihrer Leichtigkeit und Bequemlichkeit), und meinen weichen, grauen Reiseanzug und in der Tat all meine Kleidung; und fuhr fort, mich mit der Kleidung der anderen und unvorstellbaren Männer einzukleiden, die in der Tat unglücklich gewesen sein mußten, sich von solchen Lumpen für die bemitleidenswerten Summen trennen zu müssen, die von einem Händler zu bekommen sind.

In die Achselhöhe meines Unterhemdes nähte ich einen goldenen Souvereign ein (ein Notgeld von bescheidenen Ausmaßen); und steckte mich dann selbst in mein Unterhemd. Und dann setzte ich mich nieder und moralisierte über die guten fetten Jahre, die meine Haut weich gemacht und die Nerven nahe an die Oberfläche gebracht hatte; denn das Unterhemd war rauh und kratzig wie ein härenes Hemd, und ich bin sicher, daß die strengsten Asketen nicht mehr litten als ich dies in den folgenden vierundzwanzig Stunden tat.

Der Rest meines Kostüms war ziemlich einfach anzuziehen, obwohl die Schuhe ein Problem waren. So steif und hart, als wären sie aus Holz, war es erst nach längerem Stampfen des Oberleders mit meinen Fäusten möglich, daß ich überhaupt meine Füße hineinstecken konnte. Dann humpelte ich, mit ein paar Schilling, einem Messer, einem Taschentuch und ein paar braunen Zigarettenpapieren und Flockentabak, die ich in meinen Taschen verstaut hatte, die Treppe hinunter und verabschiedete mich von meinen von bösen Vorahnungen heimgesuchten Freunden. Als ich vor der Tür stehen blieb, konnte das Hausmädchen, eine hübsche Frau mittleren Alters, sich nicht verbeißen zu grinsen, daß es ihre Lippen bis zur Kehle teilte, und aus unwillkürlicher Sympathie heraus die unflätigen Tiergeräusche auszustoßen, die wir als „Lachen" zu bezeichnen gewohnt sind.

Kaum war ich auf der Straße, war ich beeindruckt von dem Statusunterschied, den mein Kleidungsstil bewirkte. Alle Unterwürfigkeit verschwand aus der Haltung des einfachen Volkes, mit dem ich in Berührung kam. Simsalabim! Mit einem Wimpernschlag war ich sozusagen einer von ihnen geworden. Meine ausgefranste an den Ellenbogen geflickte Jacke war das Abzeichen und das Aushängeschild meiner Klasse, welche nun ihre Klasse war. Es machte mich zu einem von gleicher Art, und an die Stelle der höhnischen und übertrieben respektvollen Aufmerksamkeit, die sie mir bis dahin entgegengebracht hatten, trat nun Kameradschaft. Der Mann in Cord mit dem dreckigen Halstuch sprach mich nicht mehr als „Sir" oder „Chef" an. Es war jetzt „Kamerad" – ein feines und herzliches Wort, das ein freudiges und warmes Kribbeln erzeugte, welches der andere Ausdruck nicht hervorrief. Chef! Das schmeckt nach Überlegenheit und Macht und hoher Autorität – die Huldigung des Mannes, der dem Mann an der Spitze untergeordnet ist, in der Hoffnung, daß er ein bißchen nachlassen und sein Gewicht verringern wird, oder anders ausgedrückt, ist es eine Bitte um Almosen.

Dies bringt mich zu einem Entzücken, das ich in meinen Lumpen und Fetzen erlebt habe, und das dem durchschnittlichen Amerikaner im Ausland verwehrt ist. Der europäische Reisende aus den Staaten, der kein Krösus ist, wird schnell von den Horden der kriecherischen Räuber, die seine Schritte von der Morgendämmerung bis zur Dunkelheit belagern und seine Brieftasche in einer Weise leeren, die selbst den Zinseszins zum Erröten bringt, auf einen chronischen Zustand selbstbewußter Schäbigkeit reduziert.

In meinen Lumpen und Fetzen entkam ich der Bettelpest und begegnete den Menschen auf Augenhöhe. Mehr noch, ehe der Tag um war, drehte ich den Spieß um und sagte überaus dankbar „Danke, Sir" zu einem Herrn, dessen Pferd ich hielt, und der mir einen Penny in meine begierige Hand warf. Auch fielen mir andere Veränderungen in meinem Verhalten auf, die durch mein neues Gewand hervorgebracht wurden. Beim Überqueren von überfüllten Durchgangsstraßen stellte ich fest, daß ich lebhafter darauf achten mußte, Fahrzeugen auszuweichen, und es beeindruckte mich sehr, daß mein Leben sich in direktem Verhältnis zu meinen Kleidern verbilligt hatte. Wenn ich mich zuvor bei einem Schutzmann nach dem Weg erkundigte, wurde ich gewöhnlich gefragt: „Bus oder Droschke, Sir?". Aber jetzt lautete die Frage: „Wollen Sie gehen oder fahren?" Und an den Bahnhöfen wurde mir jetzt ganz selbstverständlich eine Fahrkarte der dritten Klasse ausgestellt.

Aber es gab eine Entschädigung für all dies. Zum ersten Mal trat ich den englischen Unterschichten von Angesicht zu Angesicht gegenüber und lernte sie als das kennen, was sie waren. Wenn Müßiggänger und Arbeiter an Straßenecken und in Kneipen mit mir redeten, sprachen sie wie ein Mann zum anderen, und sie redeten, wie natürliche Männer reden sollten, ohne die geringste Absicht, irgend etwas aus mir herauszubekommen für das, was sie sagten oder wie sie es sagten.

Und als ich es endlich ins East End geschafft hatte, war ich zufrieden, als ich bemerkte, daß die Angst vor der Menge mich nicht mehr verfolgte. Ich war ein Teil davon geworden. Das gewaltige und übelriechende Meer war über mich gerollt, oder ich war sanft hineingeglitten, und es war nichts Furchterregendes daran – einzig ausgenommen das Unterhemd.

2. KAPITEL

JOHNNY UPRIGHT

Die Menschen leben in schmutzigen Verschlägen,
In denen es keine Gesundheit und keine Hoffnung geben kann.
Es existieren nur verbissene Unzufriedenheit an ihrem eigenen Los
Und nutzloser Neid auf den Reichtum, den sie bei anderen sehen.
Thorold Rogers.

ICH werde Ihnen nicht die Adresse von Johnny Upright geben. Es mag genügen, daß er in der angesehensten Straße im East End wohnt – einer Straße, die in Amerika als sehr schäbig gelten würde, aber in der Wüste von East London eine wahre Oase ist. Sie ist von allen Seiten von dichtgedrängtem Elend und von Straßen umgeben, die mit einer jungen und schmutzigen Generation vollgestopft sind; aber ihre eigenen Bürgersteige sind verhältnismäßig frei von den Kindern, die keinen anderen Platz haben, um zu spielen, während sich eine gewisse Verödung zeigt, da so wenige Leute kommen und gehen.

Jedes Haus in dieser Straße, wie in allen Straßen, steht Schulter an Schulter mit seinen Nachbarn. Die Häuser haben jedes nur einen Eingang, die Haustür; und jedes Haus ist ungefähr achtzehn Fuß breit, mit einem Stückchen eines gemauerten Hofs dahinter, wo man, wenn es nicht regnet, zu einem schieferfarbenen Himmel emporschauen kann. Man vergesse aber nicht, daß dies der East-End-Wohlstand ist, den wir jetzt betrachten. Einige der Leute in dieser Straße sind sogar so wohlhabend, daß sie ein „Mädchen" beschäftigen. Johnny Upright beschäftigt eines, wie ich wohl weiß, da sie meine erste Bekanntschaft in diesem besonderen Teil der Welt war.

Ich kam zum Haus von Johnny Upright, und das „Mädchen" kam zur Tür. Nun merken Sie sich, daß ihre Position im Leben bemitleidenswert und verächtlich war, aber ich es war, den sie mitleidig und geringschätzig anblickte. Sie ließ mich deutlich spüren, daß es ihr Wunsch war, unsere Unterhaltung kurz zu halten. Es sei Sonntag, und Johnny Upright nicht zu Hause, und das war auch schon alles, was ich zu hören bekam. Aber ich verweilte und diskutierte, ob das auch wirklich schon alles war oder nicht, bis Mrs. Johnny Upright an die Tür kam, wo sie das Mädchen schalt, weil es diese nicht geschlossen hatte, bevor sie ihre Aufmerksamkeit auf mich richtete.

East End „Mädchen".

Nein, Mr. Johnny Upright sei nicht zu Hause, und überhaupt würde er niemanden am Sonntag empfangen. Das ist aber wirklich schade, sagte ich. Ob ich Arbeit suche? Nein, ganz im Gegenteil; tatsächlich sei ich zu Johnny Upright gekommen, um Geschäfte zu machen, die sich für ihn lohnen könnten.

Dies veränderte sofort alles. Der fragliche Gentleman sei in der Kirche, aber er würde in einer Stunde oder so zu Hause sein, und dann könne ich ihn zweifelsohne sprechen.

Ob ich freundlich hereingebeten wurde? - nein, die Dame bat mich nicht, obwohl ich um eine Einladung heischte, indem ich sagte, daß ich um die Ecke gehen und in einem Gasthaus warten würde. Und um die Ecke ging ich, aber da es Gottesdienstzeit war, war das „Pub" geschlossen. Ein trister Nieselregen fiel herab, und in Ermangelung etwas Besseren setzte ich mich auf die Türschwelle eines benachbarten Hauses und wartete.

Und hierhin kam das „Mädchen", sehr mürrisch und sehr verwirrt, um mir zu sagen, daß die gnädige Frau mich zurückzukommen bäte, und mich in der Küche warten lassen wolle.

„Es kommen so viele Leute, die sich nach Arbeit umsehen", erklärte Mrs. Johnny Upright entschuldigend. „Darum hoffe ich, daß Sie mir nicht übelnehmen werden, wie ich Sie empfing."

„Durchaus nicht, durchaus nicht", antwortete ich in meiner großartigsten Weise, und fühlte mich wie ein niedriger Krimineller, indem ich meinen Lumpen etwas Würde zu verleihen versuchte. „Ich verstehe das, das kann ich Ihnen versichern. Ich vermute, Leute, die nach Arbeit suchen, beunruhigen Sie beinahe zu Tode?"

„Das tun sie", antwortete sie mit einem beredten und ausdrucksvollen Blick; und führte mich daraufhin, nein, nicht in die Küche, sondern ins Eßzimmer – wie ich glaubte, ein Gefallen als Belohnung für meine vornehme Art.

Dieses Eßzimmer, auf der gleichen Etage wie die Küche, war etwa vier Fuß unterhalb des Bodenniveaus und so dunkel (es war Mittag), daß ich einen Moment warten mußte, damit meine Augen sich an die Dunkelheit gewöhnen konnten. Schmutziges Licht sickerte durch ein Fenster, dessen obere Hälfte sich auf einer Höhe mir einem Gehsteig befand, und bei diesem Licht konnte ich, wie ich feststellte, eine Zeitung entziffern.

Und hier, während ich auf die Ankunft von Johnny Upright warte, möchte ich erklären, was mich zu ihm führte. Während ich bei den Menschen im East End lebte, aß und schlief, war es doch meine Absicht, nicht weit entfernt einen sicheren Hafen zu haben, wohin ich hin und wieder gehen könnte, um mich zu versichern, daß gute Kleidung und Sauberkeit noch existierten. Auch konnte ich in diesem Hafen meine Post empfangen, meine Notizen aufarbeiten und gelegentlich in verändertem Gewand zur Zivilisation wechseln.

Aber dies brachte eine Schwierigkeit mit sich. Eine Unterkunft, in der mein Eigentum sicher wäre, bedeutete eine Wirtin, die einem Herrn, der ein Doppelleben führte, argwöhnisch gegenüberstünde; während eine Wirtin, die sich ihren Kopf nicht über das Doppelleben ihrer Untermieter zerbräche, für mich bedeuten würde, daß mein Eigentum nicht sicher wäre. Der Wunsch, dieses Dilemma zu vermeiden, hatte mich zu Johnny Upright geführt. Er war ein Polizist mit dreißig Jahren ununterbrochener Dienstzeit im East End, weit und breit bekannt unter einem Namen, den ein verurteilter Verbrecher auf der Anklagebank ihm gegeben hatte. Er war genau der Mann, der mir eine ehrliche Wirtin empfehlen und sie bezüglich des seltsamen Kommens und Gehens beruhigen konnte, dessen ich mich schuldig machen könnte.

Seine beiden Töchter kamen vor ihm von der Kirche nach Hause – und hübsche Mädchen waren das in ihren Sonntagskleidern; es war diese ganz spezielle zerbrechliche und zierliche Schönheit, die die Londoner Mädchen charakterisiert, eine Schönheit, die nicht mehr als ein Versprechen mit zeitlicher

Begrenzung und dazu verdammt ist, wie die Farbe des Sonnenuntergangs vom Himmel zu verblassen.

Sie musterten mich mit freimütiger Neugierde, als wäre ich ein seltsames Tier, und ignorierten mich dann für den Rest meiner Wartezeit völlig. Dann kam Johnny Upright selbst, und ich wurde nach oben gerufen, um mich mit ihm zu beraten.

„Sie müssen laut sprechen", unterbrach er meine Eröffnungsrede. „Ich habe eine schlimme Erkältung und kann nicht gut hören."

Die Schatten von Old Sleuth und Sherlock Holmes! Ich fragte mich, wo sich der Assistent befand, dessen Aufgabe es war, alle Informationen niederzuschreiben, die ich lautstark äußern würde. Und ich bin mir bis heute, sooft ich Johnny Upright gesehen und so sehr ich auch über den Vorfall gerätselt habe, nicht ganz sicher, ob er nun erkältet war oder ob er einen Assistenten im anderen Zimmer plaziert hatte. Aber in einem bin ich mir sicher: Obwohl ich Johnny Upright die Einzelheiten über mich und mein Vorhaben mitteilte, hielt er sein Urteil bis zum nächsten Tag zurück, als ich in konventioneller Kleidung und in einer Kutsche sitzend in seine Straße einfuhr. Da war seine Begrüßung herzlich, und ich ging ins Speisezimmer hinunter, um mich der Familie beim Tee anzuschließen.

„Wir sind bescheidene Leute", sagte er, „nicht sehr verwöhnt, und Sie müssen uns als das nehmen, was wir sind, mit unserer einfachen Art."

Die Mädchen begrüßten mich errötend und verlegen, wobei er es ihnen nicht leichter machte

„Ha! Ha!", brüllte er herzhaft und schlug mit offener Hand auf den Tisch, bis das Geschirr schepperte. „Die Mädchen dachten gestern, Sie wären gekommen, um ein Stück Brot zu erbetteln! Ha! Ha! Ho! Ho! Ho!"

Dies bestritten sie entrüstet, mit beleidigten Blicken und schuldbewußten roten Wangen, als ob es das Höchste wahren Feingefühls wäre, unter seinen Lumpen einen Mann zu erkennen, der keine Notwendigkeit hatte, zerlumpt herumzulaufen.

Und dann, während ich Brot mit Marmelade aß, ergab sich ein lustiges Spiel. Die Töchter betrachteten es als eine Beleidigung für mich, daß ich für einen Bettler gehalten wurde, und der Vater hielt es für das höchste Kompliment meiner Klugheit, eine so erfolgreiche Täuschung vollführt zu haben. Alles das genoß ich, und das Brot, die Marmelade und den Tee, bis Johnny Upright es für an der Zeit hielt, mir eine Unterkunft zu besorgen, was ihm auch glückte, kaum ein halbes Dutzend Türen entfernt, in seiner eigenen respektablen und wohlhabenden Straße, in einem Haus, das seinem eigenen glich wie eine Erbse der anderen.

3. KAPITEL

MEINE UNTERKUNFT UND EINIGE ANDERE

Die Armen, die Armen, die Armen, sie stehen,
Gedrängt durch den Druck der Arbeit,
Gegen eine sich nach innen öffnende Tür
Dieser Druck verstärkt sich immer mehr;
Sie seufzen einen tiefen Seufzer
Zu der Freiheit draußen,
Wo die süße Lerche den Himmel
In eine himmlische Melodie verwandelt.
Sidney Lanier.

FÜR Ost-Londoner Verhältnisse war das Zimmer, das ich für sechs Schilling oder anderthalb Dollar pro Woche mietete, eine höchst komfortable Angelegenheit. Aus amerikanischer Sicht hingegen war es grob eingerichtet, unbequem und klein. Als ich noch einen gewöhnlichen Schreibmaschinentisch zu seiner kargen Einrichtung hinzufügte, konnte ich mich kaum noch umdrehen; im besten Fall gelang es mir, mich durch eine Art von Schlängeln darin zu bewegen, das große Geschicklichkeit und Geistesgegenwart erforderte.

Nachdem ich mich, oder vielmehr mein Eigentum, dort eingerichtet hatte, zog ich meine groben Kleider an und ging spazieren. Da ich nun schon einmal mit Unterkünften beschäftigt war, begann ich, mir auch andere anzusehen, wobei ich stets behauptete, daß ich ein armer junger Mann mit einer Frau und einer großen Familie wäre.

Meine erste Entdeckung war, daß freie Häuser selten und außerdem weit voneinander entfernt waren – tatsächlich so weit entfernt, daß ich, obwohl ich meilenweit in unregelmäßigen Kreisen über ein großes Gebiet ging, nicht ein leeres Haus finden konnte – ein schlüssiger Beweis dafür, daß die Gegend „gesättigt" war.

Da ich als armer junger Mann mit Familie in diesem wenig einladenden Stadtteil überhaupt keine Häuser mieten konnte, suchte ich als nächstes nach Zimmern, unmöblierten Zimmern, in denen ich meine Frau und Kinder sowie mein Hab und Gut unterbringen konnte. Es gab nicht viele Zimmer, aber ich fand sie, gewöhnlich einzelne, denn ein Zimmer scheint man für die Familie eines armen Mannes als ausreichend anzusehen, um darin zu kochen, zu essen und zu schlafen. Als ich nach zwei Zimmern fragte, sahen mich die Vermieter etwa so an, wie ich mir vorstelle, daß eine gewisse Person Oliver Twist ansah, als er um mehr bat.

Ein Haus zu vermieten.

Nicht nur wurde ein Zimmer für einen armen Mann und seine Familie als ausreichend erachtet, sondern ich erfuhr auch, daß viele Familien, die Einzelzimmer bewohnten, noch Platz übrig hatten, um einen oder zwei Untermieter aufzunehmen. Wenn solche Räume für drei bis sechs Schilling pro Woche gemietet werden können, so ist es nur recht und billig, daß ein Untermieter mit Referenzen sich für, sagen wir, acht Pence bis zu einem Schilling etwas Platz auf dem Boden verschaffen sollte. Möglicherweise kann er sich sogar für ein paar Schilling mehr von seiner Wirtin beköstigen lassen. Dies habe ich jedoch zu untersuchen versäumt – ein verzeihlicher Fehler meinerseits, wenn man bedenkt, daß ich mich für einen Familienvater ausgab.

Nicht nur, daß die Häuser, die ich in Augenschein nahm, keine Badewannen hatten, ich erfuhr auch, daß es in all den Tausenden von Häusern, die ich gesehen hatte, keine Badewannen gab. Unter den Umständen, mit meiner Frau und meinen Kindern und ein paar Untermietern, die unter der zu großen

Geräumigkeit eines Raumes leiden, wäre ein Bad in einer Blechwanne ein undurchführbares Unternehmen. Aber wie es scheint, kommt die Entschädigung mit der Einsparung von Seife, also ist alles gut, und Gott ist immer noch im Himmel.

Ich mietete jedenfalls keine Zimmer, sondern kehrte in mein eigenes in Johnny Uprights Straße zurück. Nachdem ich gedanklich meine Frau, meine Kinder und meine Untermieter in die verschiedenen Abstellwinkel hineingepreßt hatte, war mein geistiges Augenmaß schmal geworden, und ich konnte mein ganzes eigenes Zimmer nicht auf einmal erfassen. Seine Unermeßlichkeit war beeindruckend. Konnte dies das Zimmer sein, das ich für sechs Schilling in der Woche gemietet hatte? Unmöglich! Aber meine Vermieterin, die an die Tür klopfte, um zu erfahren, ob ich mich wohl fühle, zerstreute meine Zweifel.

Ein Haus zu vermieten.

„Oh ja, Sir", sagte sie als Antwort auf meine Frage. „Diese Straße ist die letzte. Alle anderen Straßen waren vor acht oder zehn Jahren wie diese, und alle Bewohner waren sehr respektabel. Aber die anderen haben unsere Leute vertrieben. Wir in dieser Straße sind die einzigen, die noch übrig sind. Es ist schockierend, Sir!"

Und dann erklärte sie mir den Prozeß der Übervölkerung, bei dem der Mietwert eines Viertels stieg, während sein Ansehen fiel.

„Sie sehen, Sir, unsere Leute sind es nicht gewohnt, sich in der Weise zusammenzudrängen wie die anderen. Wir brauchen mehr Platz. Die anderen, die Ausländer und die Unterschicht, können fünf und sechs Familien in diesem Haus unterbringen, wo wir nur eine hineinbekommen. Dadurch können sie mehr Miete für das Haus zahlen, als wir uns leisten können. Es ist schockierend, Sir; und denken Sie sich nur, daß vor ein paar Jahren das ganze Viertel so schön war, wie es nur sein konnte."

Ich betrachtete sie. Hier stand mir eine Frau aus der feinsten Schicht der englischen Arbeiterklasse gegenüber, mit zahlreichen Hinweisen auf Verfeinerung, die langsam von jener lärmenden und fauligen Menschenflut verschlungen wurde, die die Mächtigen aus der Londoner Innenstadt nach Osten vertrieben. Dort müssen Banken, Fabriken, Hotels und Bürogebäude gebaut werden, und das arme Volk der Stadt ist eine nomadische Rasse; also wandern sie ostwärts, eine Welle folgt auf die andere, sie überschwemmen und verunreinigen ein Viertel nach dem anderen, treiben die bessere Arbeiterklasse vor sich her, damit sie am Rande der Stadt Pionierarbeit leisten, oder sie verschlingen sie, wenn nicht in der ersten Generation, dann gewiß in der zweiten und dritten.

Es ist nur eine Frage von Monaten, bis die Reihe an Johnny Uprights Straße kommt. Er weiß es selbst.

„In ein paar Jahren", sagt er, „läuft mein Mietvertrag aus. Mein Vermieter ist einer von unserem Schlag. Er hat die Miete für keines seiner Häuser hier aufgeschlagen, und das hat uns erlaubt zu bleiben. Aber er könnte jeden Tag verkaufen oder jeden Tag sterben, was für uns auf dasselbe hinausliefe. Das Haus wird von einem Geldvermehrer gekauft, der auf der Rückseite des Grundstücks, wo sich mein Weinstock befindet, eine Schwitzbuden-Werkstatt baut, die zum Haus hinzufügt und jedes Zimmer im Haus an eine Familie vermietet. Bitteschön, und Johnny Upright ist erledigt!"

Und wahrhaftig sah ich Johnny Upright, seine gute Frau, seine schönen Töchter und das schlampige Mädchen, wie so viele Schatten durch die Düsternis nach Osten fliehen, während das Großstadtungeheuer ihnen brüllend auf den Fersen war.

Aber Johnny Upright ist nicht allein in seiner Flucht. Weit, weit draußen, am Rande der Stadt, leben die kleinen Geschäftsleute, kleine Kaufleute und erfolgreiche Angestellte. Sie wohnen in hübschen Häusern und Doppelhaushälften, mit kleinen Blumengärten, wo sie Bewegungsfreiheit und Luft zum Atmen haben. Sie blähen sich vor Stolz auf und werfen sich in die Brust, wenn sie über den Abgrund nachdenken, dem sie entkommen sind, und sie danken Gott, daß sie nicht wie andere Menschen sind. Und siehe da! auf sie herab kommt Johnny Upright, und die monströse Stadt folgt ihm auf dem Fuße. Mietskasernen erheben sich wie von Zauberhand, Gärten werden bebaut, Villen werden geteilt und nochmals in viele Wohnungen unterteilt, und die schwarze Londoner Nacht senkt sich wie ein schwarzes Leichentuch herab.

4. KAPITEL

EIN MANN UND DER ABGRUND

Nach einer kurzen Pause sprach
Ein Gefäß von plumperer Art;
Man verspottet mich, weil ich so schief bin:
Wie! hat denn die Hand des Töpfers gezittert?
Omar Khayyam.

„KANN man bei Ihnen ein Quartier mieten?"
Diese Worte richtete ich sorglos über meine Schulter an eine stämmige ältere Frau, in deren schmuddeligen Kaffeehaus unten am Wasser und nicht weit von Limehouse entfernt ich saß.

„Oh, ja", antwortete sie kurz, mein Aussehen entsprach vielleicht nicht den Anforderungen, die ihr Haus an einen Mieter stellen durfte.

Ich sagte nichts mehr und verzehrte schweigend meinen Speckstreifen und trank meinen Krug dünnen Tee. Sie nahm auch keine weitere Notiz von mir, bis ich meine Rechnung (vier Pence) bezahlen sollte, und meine ganzen zehn Schilling aus meiner Tasche zog. Die erwartete Wirkung trat ein.

„Ja, Sir", fuhr sie plötzlich fort; „ich habe schöne Unterkünfte, an denen Sie wahrscheinlich Gefallen finden würden. Zurück von einer Reise, Sir?"

„Wie viel kostet ein Zimmer?", fragte ich und ignorierte ihre Neugier.

Sie betrachtete mich mit offener Überraschung von oben bis unten. „Ich vermiete keine ganzen Zimmer, meinen gewöhnlichen Mietern nicht, und viel weniger vorübergehenden."

„Dann werde ich mich nach etwas anderem umsehen müssen", sagte ich mit großer Enttäuschung.

Aber der Anblick meiner zehn Schilling hatte sie gierig gemacht. „Ich kann Ihnen ein schönes Bett in einem Zimmer mit zwei Männern geben", drangte sie. „Gute, anständige Männer sind das, und achtbar noch dazu."

„Aber ich will mein Bett nicht mit zwei anderen Männern teilen", wandte ich ein.

„Das müssen Sie nicht. Es gibt drei Betten im Zimmer, und es ist kein sehr kleines Zimmer."

„Wie viel?", fragte ich.

„Eine halbe Krone die Woche, zwei Schilling sechs, für einen ordentlichen Mieter. Sie werden die Männer mögen, da bin ich mir sicher. Der eine arbeitet im Lagerhaus und ist seit zwei Jahren bei mir. Und der andere ist seit sechs – sechs Jahren bei mir, Sir, und zwei Monaten am nächsten Samstag. Er ist ein Kulissenschieber im Theater", fuhr sie fort. „Ein achtbarer, anständiger Mann, hat nicht eine Nachtschicht in der Zeit verpaßt, die er bei mir ist. Und er mag das Haus; er sagt, daß es das Beste ist, was man an einer Unterkunft nur haben kann. Ich beköstige sowohl ihn als auch die anderen Mieter."

„Ich nehme an, dann kann er viel Geld sparen", deutete ich unschuldig an.

„Nicht doch! Das kann er weder bei mir, noch könnte er es woanders mit seinem Lohn."

Und ich dachte an meinen geräumigen amerikanischen Westen, unter dessen grenzenlosem Himmel genug Platz und Luft für tausend Städte von der Größe Londons wäre; und hier war dieser Mann, ein anständiger und zuverlässiger Mann, der nie eine Nachtschicht verpaßte, der sparsam und ehrlich war, der mit zwei anderen Männern in einem Zimmer wohnte, zweieinhalb Dollar pro Monat dafür zahlte, und aus seiner Erfahrung urteilt, daß dies das Beste sei, was er tun könnte! Und hier war ich, kraft der zehn Schilling in meiner Tasche, in der Lage, mit meinen Lumpen einzudringen und mein Bett neben dem seinen aufzuschlagen. Die menschliche Seele ist ein einsames Ding, aber sie muß manchmal sehr einsam sein, wenn es drei Betten in einem Zimmer gibt, und Herumreisende mit zehn Schilling in der Tasche eines davon beanspruchen dürfen.

„Wie lange sind Sie schon hier?", fragte ich.

„Dreizehn Jahre, Sir; und glauben Sie nicht, daß Ihnen die Unterkunft zusagen würde?"

Während sie redete, schlurfte sie schwerfällig in der kleinen Küche herum, in der sie das Essen für ihre Mieter kochte, die außerdem Pensionsgäste waren. Als ich zum ersten Mal hereinkam, war sie sehr beschäftigt gewesen und hatte auch während des Gesprächs nicht von der Arbeit abgelassen. Zweifellos war sie eine vielbeschäftigte Frau. Sie arbeitete von halb sechs morgens, bis sie nachts wieder ins Bett fiel, dreizehn Jahre lang, und als Lohn für all dies bekam sie graue Haare, schäbige Kleidung, gebückte Schultern, eine liederliche Figur und endlose Mühsal in einem schmutzigen und lauten Kaffeehaus, das in einer zehn Fuß breiten Gasse Straße stand, und in einer Nachbarschaft zum Fluß lag, wo es, um es gelinde auszudrücken, häßlich und ekelhaft war.

„Sie kommen doch wieder, um einen Blick darauf zu werfen?", fragte sie sehnsüchtig, als ich zur Tür hinausging.

Und als ich mich umwandte und sie betrachtete, erkannte ich die tiefere Wahrheit, die jenem sehr weisen alten Sprichwort zugrunde liegt: „Ehre ist der Tugend Lohn."

Ich kehrte zu ihr zurück. „Haben Sie jemals Urlaub genommen?", fragte ich.

„Urlaub!"

„Einen Ausflug aufs Land für ein paar Tage, frische Luft, ein freier Tag, Sie wissen schon, eine Pause."

„Ach Gott!", lachte sie und hielt zum ersten Mal in ihrer Arbeit inne. „Ein Urlaub, ja? für jemanden wie mich? Man stelle sich vor! – Heben Sie doch die Füße!" – das letztere sagte sie in scharfem Tone zu mir, als ich über die morsche Schwelle stolperte.

Unten in der Nähe des West India Dock stieß ich auf einen jungen Burschen, der trübselig auf das brackige Wasser starrte. Eine Heizermütze war über seine Augen gezogen, und der Sitz und die Abgetragenheit seiner Kleidung zeugte deutlich davon, daß er zur See fuhr.

„Hallo, Kamerad", grüßte ich ihn, um den Beginn zu machen. „Kannst du mir den Weg nach Wapping sagen?"

„Hast du dir deinen Weg hierher auf einem Viehtransport erarbeitet?", entgegnete er, der sofort meine Nationalität festgestellt hatte.

Und darauf gingen wir zu einer Unterhaltung über, die sich in einem Gasthaus bei ein paar Gläsern „Halb-und-Halb" fortsetzte. Dies führte zu engerer Freundschaft, so daß, als ich Kupfermünzen im Wert von einem ganzen Schilling hervorkramte (angeblich meine gesamte Barschaft), einen Sixpence für ein Bett beiseite legte, und einen anderen Sixpence für mehr Halbe, er großzügig vorschlug, daß wir den ganzen Schilling vertrinken sollten.

„Mein Kumpel hatte gestern Nacht Pech", erklärte er. „Und die Bobbies haben ihn eingesackt, also kannst du ebensogut bei mir Quartier beziehen. Was sagst du?"

Ich sagte ja, und nachdem wir uns in einem ganzen Schilling Bier eingeweicht, und die Nacht in einem elenden Bett in einem elenden Verschlag geschlafen hatten, kannte ich ihn ziemlich gut als das, was er war. Und daß er in gewisser Weise ein Repräsentant einer großen Gruppe des Londoner Arbeiters der Unterklasse war, untermauert meine spätere Erfahrung.

Er war in London geboren, schon sein Vater war ein Heizer und ein Säufer gewesen. Als Kind waren die Straßen und die Docks sein Zuhause. Er hatte nie lesen gelernt und auch nie das Bedürfnis danach verspürt – eine überflüssige und nutzlose Fähigkeit, zumindest für einen Mann in seiner Lage. Er hatte eine Mutter und zahlreiche krakeelende Brüder und Schwestern gehabt, die alle in ein paar Zimmer gepfercht waren und von schlechterem und weniger regelmäßigem Essen lebten, als er selbst sich für gewöhnlich zusammenklauen konnte. Tatsächlich ging er kaum jemals nach Hause, außer in den Zeiten, in denen er nicht so viel Glück hatte, sein Essen selbst zu beschaffen. Mit kleinen Diebstählen und Betteleien in den Straßen und Docks, ein paar Abstechern zur See als Küchenjunge, ein paar Abstechern mehr als Kohlentrimmer und dann als ein vollwertiger Heizer, hatte er den Höhepunkt seines Lebens erreicht.

Ein Nachfahre der Könige der Meere.

Und auf diesem Kurs hatte er auch eine Lebensphilosophie ausgearbeitet, eine häßliche und abstoßende Philosophie, aber aus seiner Sicht eine sehr logische und vernünftige. Als ich ihn fragte, wofür er lebte, antwortete er sofort: „Um mich zu besaufen." Eine Reise zur See (denn ein Mann muß leben und die nötigen Mittel dazu bekommen), und dann am Ende der Zahltag und die große Sauferei. Wenn sie ihr Geld ausgegeben hatten, schmarotzten jene Betrunkenen in den „Pubs" von Kameraden, die, wie ich, ein paar Kupfermünzen übrig hatten, und wenn sie fertig schmarotzt hatten, folgte ein weiterer Abstecher zur See und eine Wiederholung des viehischen Kreislaufs.

„Was ist mit Frauen", schlug ich vor, als er damit fertig war, den Rausch als den einzigen Lebenszweck zu verkünden.

„Weiber!" Er knallte seinen Humpen auf die Theke und lamentierte schwungvoll. „Weiber sind eine Sache, die meine Erfahrung mich in Ruhe zu lassen gelehrt hat. Es lohnt sich nicht, Kumpel, es lohnt sich nicht. Was soll ein Mann wie ich mit Weibern, hm? Du machst wohl Scherze. Meine Mutter, die hatte genug damit zu tun, die Kinder zu verkloppen, und den alten Herrn irrezumachen, wenn er heim kam, was selten genug vorkam. Und warum? Wegen ihr! Sie hat sein Heim nicht glücklich gemacht, deswegen. Dann gibt es da noch die anderen Weiber, wie behandeln sie einen armen Heizer, der nur ein paar Schilling in den Taschen hat? Einen guten Umtrunk hat er in seinen Taschen, einen guten langen Umtrunk, und die Weiber leiern einem so schnell das Geld ab, daß man kaum ein Glas trinken kann. Ich kenne das. Ich hatte mein Mädel, und ich weiß, wie es läuft. Und ich sage dir: Wo Frauenzimmer sind, ist der Ärger nicht weit – Schimpfen und kein Ende, Streiten, Sparen, Polizei, Behörden, und dafür ein ganzer Monat harter Arbeit, und kein Zahltag, wenn du rauskommst."

„Aber eine Frau und Kinder", hake ich nach. „Ein eigenes Zuhause und das alles. Denk dir doch mal, du kommst von einer Reise zurück, kleine Kinder klettern dir auf die Knie, und die Frau ist glücklich und gibt dir lächelnd einen Kuß, wenn sie den Tisch deckt, und einen Kuß gibt es von allen Kindern, wenn sie zu Bett gehen, und das Pfeifen vom Teekessel und das lange Gespräch danach, wo du warst und was du gesehen hast, und von ihr und all den kleinen Begebenheiten zu Hause, während du weg warst, und – "

„Ach, komm!", rief er, während er mir einen spielerischen Fausthieb an die Schulter versetzte. „Ist das dein Ernst? Ein küssendes Fräulein und rumkletternde Kinder, ein pfeifender Wasserkessel, alles für vier Pfund zehn im Monat, wenn du ein Schiff hast, und einen Vierer, wenn du keins hast. Ich werd' dir sagen, was man für vier Pfund zehn haben kann – ein keifendes Weib, schreiende Bälger, keine Kohle, um den Kessel zum Pfeifen zu bringen, und den Kessel auf die Rübe, das würde man bekommen. Genug, damit ein Kerl verflixt froh ist, wieder auf See zu sein. Ein Frauchen! Wozu? Um einen irrezumachen? Bälger? Komm, laß dir einen Rat geben, Kumpel, und schaff dir keine an. Schau mich an! Ich kann mir mein Bier schmecken lassen, wann ich will, und hab kein schwangeres Weib und Bälger, die nach Brot greinen.

Ich bin glücklich, ja das bin ich, mit meinem Bier und Kumpels wie dir, und einem guten Schiff für einen neuen Abstecher auf See. Also sag ich, laß uns noch ein Bier trinken. Halb-und-halb ist gut genug für mich."

Wo die Kinder aufwachsen.

Ohne weiter mit der Rede dieses jungen Mannes von zweiundzwanzig Jahren fortzufahren, glaube ich, seine Lebensphilosophie und den zugrundeliegenden ökonomischen Grund dafür hinreichend dargelegt zu haben. Ein Zuhause hat er nie kennengelernt. Das Wort „Zuhause" weckte nur unangenehme Assoziationen. In den niedrigen Löhnen seines Vaters und anderer Männer mit demselben Lebensweg fand er genügend Gründe, Frau und Kinder als Belastung und Ursache von männlichem Elend zu brandmarken. Als unfreiwilliger Hedonist suchte er völlig unmoralisch und materialistisch das größtmögliche Glück für sich selbst und fand es im Trinken.

Ein junger Trunkenbold; ein vorzeitiges Wrack; körperliche Unfähigkeit, die Arbeit eines Heizers zu tun; die Gosse oder das Arbeitshaus; und das Ende – er sah alles so klar wie ich, aber es hielt keinerlei Schrecken für ihn bereit. Vom Augenblick seiner Geburt an hatten alle Kräfte seiner Umwelt daran gearbeitet, ihn zu verhärten, und er sah seiner elenden, unvermeidlichen Zukunft mit einer Kälte und Gleichgültigkeit entgegen, die ich nicht erschüttern konnte.

Und doch war er kein schlechter Mensch. Er war nicht von Natur aus bösartig und brutal. Er war geistig normal und hatte einen mehr als durchschnittlichen Körperbau. Seine Augen waren blau und rund, von langen Wimpern beschattet und standen weit auseinander. Und es stand ein Lachen in ihnen und eine Menge Humor dahinter. Die Stirn und die Gesichtszüge waren gut, der Mund und die Lippen sanft, obschon sie bereits einen grimmigen Zug entwickelten. Das Kinn war schwach, aber nicht zu schwach; ich habe Männer mit schwächeren gesehen, die in hohen Positionen sitzen.

Sein Kopf war gut geformt, und saß so anmutig auf einem perfekten Hals, daß ich von seinem Körper nicht überrascht war, als er sich in jener Nacht zum Zubettgehen auszog. Ich habe viele Männer sich entkleiden gesehen, in Turnhallen und in Trainingsquartieren, Männer von gutem Blut und aus gutem Hause, aber ich habe noch nie jemanden gesehen, der so viel hergemacht hätte wie dieser junge Trunkenbold von zweiundzwanzig Jahren, dieser junge Gott, der innerhalb der nächsten vier oder fünf kurzen Jahre zum Verderben und zum Untergang verurteilt war, und dazu, ohne Nachkommen zu gehen, um das herrliche Erbe zu erhalten, das er zu vermachen hatte.

Es schien ein Sakrileg, solch ein Leben zu verschwenden, und dennoch mußte ich zugeben, daß er recht darin tat, mit vier Pfund zehn in London Town nicht zu heiraten. Ebenso war der Kulissenschieber glücklicher, daß er sich ein Zimmer mit zwei anderen Männern teilte und sein Geld ausreichte, als er es gewesen wäre, wenn er eine abhängige Familie und ein paar Männer in ein billigeres Zimmer gestopft und sein Geld nicht ausgereicht hätte.

Und Tag für Tag wurde ich davon überzeugt, daß es für die Leute am Abgrund nicht nur unklug, sondern sträflich ist, zu heiraten. Sie sind die Steine, die der Erbauer nur abgelehnt hat. Es gibt keinen Platz für sie im sozialen Gefüge, während alle gesellschaftlichen Kräfte sie nach unten treiben, bis sie zugrunde gehen. Am Grunde des Abgrunds sind sie kraftlos, berauscht und schwachsinnig. Wenn sie sich fortpflanzen, ist das Leben so billig, daß es zwangsläufig von selbst untergeht. Die Arbeit der Welt geht über ihnen weiter, und weder wollen sie daran teilnehmen, noch könnten sie es tun. Außerdem braucht die Arbeit der Welt sie nicht. Es gibt viele, die weitaus tauglicher sind als sie, und die sich an den steilen Hang über ihnen klammern und verzweifelt darum kämpfen, nicht weiter abzurutschen.

Kurz gesagt, der Londoner Abgrund ist ein riesiges Chaos. Jahr für Jahr und Jahrzehnt für Jahrzehnt ergießt sich vom ländlichen England eine Flut von kräftigem, starkem Leben hinein, das sich nicht erneuert, sondern in der dritten Generation zugrunde geht. Glaubwürdige Autoritäten behaupten, daß der Londoner Arbeiter, dessen Eltern und Großeltern in London geboren wurden, ein so bemerkenswertes Exemplar ist, daß er nur selten gefunden wird.

Mr. A. C. Pigou hat gesagt, daß die gealterten Armen und der Rückstand, der den „untergegangenen Zehnten" bildet, 71 Prozent der Bevölkerung von London ausmachen. Das heißt, letztes Jahr, und gestern, und heute, in diesem Augenblick, sterben 450.000 dieser Kreaturen kläglich auf dem Grund der sozialen Grube, die „London" genannt wird. Um zu wissen, wie sie sterben, werde ich ein Beispiel aus der heutigen Morgenzeitung nehmen.

Verwahrlosung

„Gestern führte Dr. Wynn Westcott in Shoreditch eine Untersuchung über den Tod der 77 Jahre alten Elizabeth Crews, wohnhaft in 32 East Street, Holborn, die am letzten Mittwoch gestorben war, durch. Alice Mathieson erklärte, sie sei die Wirtin des Hauses, in dem die Verstorbene gelebt hatte. Die Zeugin hat sie zuletzt am vergangenen Montag gesehen. Sie lebte ganz alleine. Mr. Francis Birch, zuständiger Armenvorsteher für den Bezirk Holborn, erklärte, daß die Verstorbene das fragliche Zimmer seit fünfunddreißig Jahren bewohnt hatte. Als der Zeuge am 1. gerufen wurde, fand er die alte Frau in einem schrecklichen Zustand, und der Krankenwagen und der Kutscher mußten nach der Entfernung desinfiziert werden. Dr. Chase Fennell sagte, daß der Tod aufgrund von Blutvergiftung durch Wundliegen in Verbindung mit Verwahrlosung und einer schmutzigen Umgebung sei, und das Gericht fertigte ein entsprechendes Urteil dazu an."

Das Erschütterndste an diesem kleinen Vorfall des Todes einer Frau ist die arrogante Selbstgefälligkeit, mit der die Beamten ihn betrachteten und darüber urteilten. Daß eine alte Frau von siebenundsiebzig Jahren wegen Verwahrlosung starb, ist die denkbar optimistischste Betrachtungsweise. Es war die Schuld der alten toten Frau, daß sie starb, und nachdem sie jemandem die Verantwortung zuschieben konnte, kümmert sich die Gesellschaft zufrieden um ihre eigenen Angelegenheiten.

Vom „untergegangenen Zehnten" hat Mr. Pigou gesagt: „Entweder wegen eines Mangels an körperlicher Stärke oder an Intelligenz oder an Substanz oder an allen dreien sind sie ineffiziente oder unwillige Arbeiter und folglich unfähig, sich selbst zu erhalten... Sie sind oft im Intellekt so degradiert, daß sie nicht in der Lage sind, ihre rechte von ihrer linken Hand zu unterscheiden oder ihre eigenen Hausnummern zu erkennen; ihre Körper sind kraftlos und ohne Ausdauer, ihre Neigungen sind pervertiert, und sie wissen kaum, was Familienleben bedeutet."

Vierhundertfünfzigtausend sind eine ganze Menge Leute. Der junge Heizer war nur einer davon, und es brauchte einige Zeit, bis er seine kleine Ansprache gehalten hatte. Ich möchte sie nicht alle gleichzeitig reden hören. Ich frage mich, ob Gott sie hört?

5. KAPITEL

AM RANDE DES ABGRUNDS

*Ich versichere Ihnen, daß mir nie etwas
Schlimmeres, Erniedrigenderes, Hoffnungsloseres,
Nichts auch nur annähernd so unerträglich
Langweiliges und Elendes untergekommen ist, wie das Leben,
Das ich im Londoner East End zurückgelassen habe.*
Huxley.

MEIN erster Eindruck von East London war natürlich ein allgemeiner. Später erschienen allmählich die Einzelheiten, und hier und da fand ich im Chaos des Elends kleine Flecken, in denen ein gewisses Maß an Glück herrschte – manchmal ganze Reihen von Häusern in kleinen abgelegenen Straßen, wo Handwerker wohnen und wo eine grobe Art von Familienleben existiert. Abends sind die Männer an den Türen zu sehen, mit ihren Pfeifen im Mund und den Kindern auf den Knien, die Frauen tratschen, und Spaß und Gelächter sind zu hören. Die Zufriedenheit dieser Menschen ist offensichtlich groß, denn im Vergleich zu dem Elend, das sie umgibt, sind sie gut dran.

Aber im besten Fall ist es ein träges, viehisches Glück, die Zufriedenheit des vollen Bauches. Ihre vorherrschende Lebensweise ist materialistisch. Sie sind unwissend und schwerfällig, ohne Vorstellungskraft. Der Abgrund scheint eine betäubende Atmosphäre der Erstarrung auszustrahlen, die sich um sie legt und sie abstumpft. Die Religion geht an ihnen vorbei. Das Unsichtbare hält weder Schrecken noch Freude für sie bereit. Sie sind sich des Unsichtbaren nicht bewußt; und der volle Bauch und die Abendpfeife, und ihr regelmäßiges „Halb-und-Halb", ist alles, was sie von ihrer Existenz erwarten oder sich erträumen.

Das wäre noch nicht so schlimm, wenn es denn alles wäre; aber das ist es nicht. Die zufriedene Lethargie, in der sie versunken sind, ist die tödliche Trägheit, die der Auflösung vorausgeht. Es gibt keinen Fortschritt, und bei ihnen bedeutet kein Fortschritt, in den Abgrund zurückzufallen. In ihren eigenen Leben beginnen sie womöglich nur zu fallen, so daß der Fall von ihren Kindern und Kindeskindern vollendet wird. Der Mensch bekommt immer weniger, als er vom Leben fordert; und sie verlangen so wenig, daß das weniger als Wenige, das sie bekommen, sie nicht retten kann.

Hier und dort fand ich kleine Flecken,
in denen ein gewisses Maß an Glück herrschte.

Abends kann man die Männer in den Eingängen sitzen sehen,
mit der Pfeife im Mund und den Kindern auf den Knien.

Das Stadtleben ist bestenfalls ein unnatürliches Leben für den Menschen; aber das Londoner Stadtleben ist so überaus unnatürlich, daß der durchschnittliche Arbeiter oder die Arbeiterin es nicht ertragen kann. Geist und Körper werden von den unterdrückenden Einflüssen bei der unermüdlichen Arbeit erstickt. Moral und körperliche Ausdauer werden gebrochen, und der gute frische Arbeiter wird in der ersten Stadtgeneration ein armer Arbeiter; und von der zweiten Stadtgeneration an, die bar jedes Antriebs und jeder Initiative ist, tatsächlich körperlich nicht mehr in der Lage sein, die Arbeit seines Vaters auszuüben; er ist bereits auf dem Weg zu den Trümmern am Grunde des Abgrunds.

Die Luft, die er atmet und der er nie entkommt, reicht schon aus, um ihn geistig und körperlich zu schwächen, so daß er nicht mit dem frischen kräftigen Leben vom Land mithalten kann, das nach London Town stürmt, um zu vernichten und vernichtet zu werden.

Wir lassen die Krankheitskeime aus, die die Luft des East Ends füllen, und betrachten nur die Sache mit dem Rauch. Sir William Thiselton-Dyer, Kurator des botanischen Gartens Kew Gardens, hat Rauchablagerungen auf der Vegetation untersucht, und nach seinen Berechnungen werden jede Woche mindestens sechs Tonnen fester Materie, bestehend aus Ruß und teerigen Kohlenwasserstoffen, pro Quadratmeile in und um London abgelagert. Dies entspricht 24 Tonnen pro Woche oder 1248 Tonnen pro Jahr auf die Quadratmeile. Vom Gesims unter der Kuppel der St. Pauls-Kathedrale wurde vor kurzem eine feste Ablagerung von kristallisiertem Kalziumsulfat entfernt. Diese Ablagerung war durch die Einwirkung von Schwefelsäure in der Luft auf den kohlensauren Kalk im Stein entstanden. Und diese Schwefelsäure in der Luft wird von den Londoner Arbeitern ständig alle Tage und Nächte ihres Lebens hindurch geatmet.

Es ist unbestreitbar, daß die Kinder zu faulen Erwachsenen heranwachsen, ohne Männlichkeit oder Ausdauer, eine schwache, schmalbrüstige, lustlose Brut, die sich im brutalen Kampf ums Überleben mit den eindringenden Horden vom Land aufreibt und untergeht. Die Eisenbahner, Fuhrleute, Omnibusfahrer, Getreide- und Holzträger und all jene, die körperliche Ausdauer benötigen, werden größtenteils aus dem Land gezogen; während in der Metropolitan Police, der Polizei der Hauptstadt, etwa 12.000 auf dem Land Geborene gegen 3000 in London Geborene stehen.

Man muß also zu dem Schluß kommen, daß der Abgrund buchstäblich eine riesige Menschenvernichtungsmaschine ist, und wenn ich die vollbäuchigen Handwerker an den Türen der kleinen abgelegenen Straßen passiere, empfinde ich größeres Sorge für sie als für die 450.000 verlorenen und hoffnungslosen armen Kreaturen, die am Boden der Grube sterben. Diese sterben wenigstens, das ist der Punkt; während jene noch durch die langsamen vorhergehenden Qualen gehen müssen, die sich über zwei oder sogar drei Generationen erstrecken.

Und dennoch ist die Qualität des Materials gut. Alle menschlichen Möglichkeiten sind darin enthalten. Unter den richtigen Bedingungen könnte es die Jahrhunderte überdauern, und große Männer, Helden und Meister, könnten daraus entspringen, und die Welt durch ihr Leben besser machen

Ich habe mit einer Frau gesprochen, die repräsentativ für diesen Typ ist, der aus seinen kleinen abgelegenen Straßen gerissen wurde und mit dem Absturz nach unten begonnen hat. Ihr Ehemann war ein Techniker und Mitglied der Maschinistengewerkschaft. Daß er ein armer Maschinist war, zeigte sich daran, daß er keine reguläre Anstellung fand. Er hatte nicht die Energie und den nötigen Unternehmungsgeist, um eine feste Position zu erlangen oder zu halten.

Das Paar hatte zwei Töchter, und die vier lebten in ein paar Löchern, die aus Höflichkeit „Zimmer" genannt wurden und für die sie sieben Schilling pro Woche bezahlten. Sie hatten keinen Herd und schafften es, auf einem kleinen Gaskocher zu kochen. Da sie kein Eigentum besaßen, konnten sie keine unbegrenzte Gasversorgung erhalten; aber es war eine ausgetüftelte Maschine für sie installiert worden. Indem man einen Penny in den Schlitz fallen ließ, stand das Gas bereit, und wenn der Wert eines Pennys sich verbraucht hatte, wurde die Versorgung automatisch abgeschaltet. „Ein Penny ist in kürzester Zeit weg", erklärte sie, „und das Kochen nicht halb getan!"

Seit Jahren standen sie kurz vor dem Verhungern. Monat für Monat waren sie vom Tisch aufgestanden mit dem Wunsch und dem Appetit, mehr zu essen. Und wenn es einmal abwärts geht, ist chronische Mangelernährung ein wesentlicher Faktor, um die Lebenskraft zu verringern und den Abstieg zu beschleunigen.

Aber diese Frau war eine harte Arbeiterin. Von halb fünf morgens bis zum letzten Licht des Abends, sagte sie, habe sie sich abgemüht, Röcke mit zwei Volants herzustellen, für sieben Schilling das Dutzend. Röcke, denken Sie sich nur, mit zwei Volants, für sieben Schilling das Dutzend! Das entspricht 1,75 Dollar pro Dutzend oder 14,75 Cent pro Rock.

Der Ehemann mußte, um eine Anstellung zu erhalten, der Gewerkschaft angehören, die jede Woche einen Schilling und sechs Pence von ihm erhielt. Und falls Streiks im Gange waren und er arbeiten sollte, war er zuweilen gezwungen worden, bis zu siebzehn Schilling in die Streikkasse der Gewerkschaft einzuzahlen.

Eine Tochter, die ältere, hatte als Lehrmädchen für eine Schneiderin gearbeitet, für einen Schilling und sechs Pence pro Woche – 37,5 Cent pro Woche oder einen Bruchteil über fünf Cent pro Tag. Als jedoch die schwache Saison kam, wurde sie entlassen, obwohl sie deswegen mit so geringer Bezahlung angenommen worden war, damit sie den Handel lernen und sich hinaufarbeiten könnte. Danach war sie drei Jahre lang in einem Fahrradgeschäft beschäftigt gewesen, wofür sie fünf Schilling pro Woche erhielt, zwei Meilen zu ihrer Arbeit und zwei zurück lief, und wenn sie zu spät kam, es ihr vom Lohn abgezogen wurde.

Soweit der Mann und die Frau betroffen waren, war das Spiel vorbei. Sie hatten Halt und Stand verloren und fielen in die Grube. Aber was ist mit den Töchtern? Lebend wie Schweine, geschwächt durch chronische Mangelernährung, seelisch, moralisch und physisch versunken, welche Chance haben sie, aus dem Abgrund zu kriechen, in den sie geboren wurden?

Während ich dies schreibe, und seit einer Stunde vorher, hallen wegen einer öffentlichen wilden Schlägerei im Hof, der Rücken an Rücken mit meinem Garten liegt, abscheuliche Töne durch die Luft. Als die ersten Geräusche mich erreichten, hielt ich sie für das Gebell und Knurren von Hunden, und einige Minuten waren erforderlich, um mich zu überzeugen, daß menschliche Wesen, und noch dazu Frauen, solch ein furchterregendes Geschrei erzeugen konnten.

Betrunkene sich prügelnde Frauen! Es ist nicht schön, sich das vorzustellen, und noch viel schlimmer, es zu hören. So etwas läuft etwa folgendermaßen ab:

Unzusammenhängendes Geschnatter aus vollen Brüsten mehrerer Frauen; eine Pause, in der ein weinendes Kind und die tränenerstickte Stimme eines jungen Mädchens zu hören sind; eine Frauenstimme erhebt sich barsch und heiser, „Du hast mich geschlagen! Gerade hast du mich geschlagen!" Dann, klatsch! Herausforderung akzeptiert und der Streit entbrennt aufs neue.

Die hinteren Fenster der Häuser, die die Szene überblicken, sind von begeisterten Zuschauern gesäumt, und das Geräusch von Schlägen und von Flüchen, die einem das Blut gefrieren lassen, wird an meine Ohren getragen. Glücklicherweise kann ich die Kämpfenden nicht sehen.

Eine Pause. „Du läßt das Kind in Ruhe!", das Kind, offenbar wenige Jahre alt, schreit in panischem Schrecken. „Na warte", hartnäckig in höchster Tonlage zwanzig Mal wiederholt; „jetzt kriegst du diesen Stein an den Kopf!" und dann trifft, von dem Schrei, der aufsteigt, offensichtlich der Stein den Kopf. Eine Pause; anscheinend ist eine Kämpferin vorübergehend bewußtlos und wird wiederbelebt; die Stimme des Kindes ist wieder zu hören, aber jetzt auf einen leiseren Ton von Schrecken und zunehmender Erschöpfung abgesunken.

Betrunkene streitende Frauen.

Kurz darauf beginnen die Stimmen wieder, immer höher anzusteigen, in etwa so:
„Ja?"
„Ja!"
„Ja?"
„Ja!"
„Ja?"
„Ja!"
„Ja?"
„Ja!"
Hinlängliche Bestätigung auf beiden Seiten, der Streit entbrennt aufs neue.

Der Streit entbrennt aufs neue.

Eine Kämpferin erhält einen überwältigenden Vorteil und verfolgt ihn solcherart, daß die andere Zeter und Mordio schreit. Zeter und Mordio gurgelt und verstummt, zweifellos durch einen Würgegriff gedrosselt.

Hinzukommen neuer Stimmen; ein Flankenangriff; Würgegriff plötzlich gelockert von der Art, wie Zeter und Mordio eine halbe Oktave höher ansteigt als zuvor; allgemeines Getöse, alle kämpfen.

Flaute; neue Stimme, ein junges Mädchen, „Ich werde für meine Mutter kämpfen"; Dialog, etwa fünfmal wiederholt, „Ich werde verdammt noch mal tun, was ich will!" „Ich würde verdammt noch mal gerne sehen, was du tust!"

Wieder aufgeflammter Streit, Mütter, Töchter, alle, während meine Wirtin ihre kleine Tochter von der Hintertreppe hereinruft, während ich mich frage, wie sich das Gehörte wohl auf ihre Charakterbildung auswirken wird.

6. KAPITEL

DIE FRYING PAN ALLEY
UND EIN BLICK IN DIE HÖLLE

Die Tiere, die hungern und fressen und sterben,
Und wir auch, und die Welt ist ein Schweinestall.
„Gegen das Schweinsein gibt es keine Kur"
Sagen viele Männer und eilen vorbei.
    Sidney Lanier.

WIR gingen zu dritt die Mile End Road entlang, und einer von uns war ein Held. Er war ein schlanker Junge von neunzehn Jahren, so klein und zerbrechlich, daß er wie Fra Lippo Lippi von einem Windhauch hätte emporgehoben und herumgewirbelt werden können. Er war ein feuriger junger Sozialist, in den ersten Wehen der Schwärmerei und reif zum Märtyrertum. Als Podiumssprecher oder Vorsitzender hatte er drinnen und draußen eine aktive und gefährliche Rolle in den vielen Pro-Boer-Treffen auf Seiten der Buren eingenommen, die die Gelassenheit des guten alten Englands einige Jahre zuvor auf die Probe gestellt hatten. Kleine Brocken hatte er mir beim Gehen erzählt; in Parks und auf Straßenbahnwagen angepöbelt zu werden; auf die Podiumsbühne zu klettern, und nicht die Hoffnung zu verlieren, wenn seine Kameraden einer nach dem andern von der wütenden Menge heruntergezogen und grausam mißhandelt werden; von der Belagerung in einer Kirche, wo er und drei andere Zuflucht gefunden hatten, und wo sie unter fliegenden Geschossen und dem Zersplittern von Buntglas den Mob abgewehrt hatten, bis sie von Kompanien von Konstablern gerettet wurden; von erbitterten und heftigen Schlachten auf Treppen, Galerien und Balkonen; von zerbrochenen Fenstern, eingestürzten Treppen, zerstörten Hörsälen und zerbrochenen Köpfen und Knochen – und dann sah er mich mit einem bedauernden Seufzen an und sagte: „Wie ich euch große, starke Männer beneide! Ich bin so ein Winzling, daß ich nicht viel tun kann, wenn es ans Kämpfen geht."

Und ich, der ich meine beiden Begleiter von den Schultern an überragte, erinnerte mich an meinen eigenen rauhen Westen, und an die unerschütterlichen Männer, die ich damals beneidet hatte. Und als ich den Winzling mit dem Herzen eines Löwen betrachtete, dachte ich, das ist die Sorte Mann, die gelegentlich Barrikaden baut und der Welt zeigt, daß es noch Männer gibt, die das Sterben nicht verlernt haben.

Aber da sprach mein anderer Gefährte, ein Mann von achtundzwanzig Jahren, der eine prekäre Existenz in einer ausbeuterischen Werkstatt, einer „Schwitzbude", verlebte.

„Ich bin ein wackerer Mann, oh ja", verkündete er. „Nicht wie die anderen Jungs bei der Arbeit. Sie betrachten mich als ein schönes Beispiel der Männlichkeit. Weißt du was, ich wiege vierundsechzig Kilogramm!"

Ich schämte mich, ihm zu sagen, daß ich mehr als sechsundsiebzig Kilogramm wog, und begnügte mich damit, ihn in Augenschein zu nehmen. Armer, unförmiger kleiner Mann! Seine Haut hatte eine ungesunde Farbe, der Körper war knorrig und aus aller Form verdreht, die Brust war zusammengezogen, die Schultern waren nach langen Stunden der Mühsal erstaunlich weit gebeugt, und der Kopf hing schwer nach vorn und fehl am Platz! Ein „wackerer Mann" war das!

„Wie groß bist du?"

„Einen Meter achtundfünfzig", antwortete er stolz; „und die Jungs im Laden..."

„Laß mich diesen Laden sehen", sagte ich.

Die Werkstatt war gerade leer, aber ich wollte sie dennoch sehen. Vorbei an der Leman Street bogen wir links nach Spitalfields ab und dann in die Frying-Pan Alley. Eine Horde von Kindern belagerte den schmierigen Gehsteig, wie eben zu Fröschen gewordene Kaulquappen auf dem Grund eines trockenen Teiches. In einer engen Türöffnung, so eng, daß wir über sie hinwegsteigen mußten, saß eine Frau mit einem kleinen Säugling, der an ihren größtenteils nackten Brüsten trank, und verunglimpfte die ganze Heiligkeit der Mutterschaft. In dem schwarzen und engen Eingang hinter ihr wateten wir durch ein Durcheinander jungen Lebens und stiegen eine noch engere und schmutzigere Treppe hinauf. Drei Treppenläufe stiegen wir hinauf, jeweils mit einem zwei mal drei Fuß großen Absatz, der mit Schmutz und Unrat überhäuft war.

In dieser Scheußlichkeit, die man ein Haus nannte, gab es sieben Räume. In sechs der Zimmer kochten, aßen, schliefen und arbeiteten etwa zwanzig Menschen beiderlei Geschlechts und aller Altersgruppen. In der Größe maßen die Räume durchschnittlich acht mal acht, oder möglicherweise neun Fuß. Das siebte Zimmer, das wir betraten, war der Raum, in dem fünf Männer „schwitzten". Er war sieben Fuß breit und acht lang, und der Tisch, auf dem die Arbeit getan wurde, nahm den Hauptteil des Raumes ein. Auf diesem

Tisch befanden sich fünf Leisten, und die Männer hatten kaum Platz für ihre Arbeit, denn der Rest des Raumes war mit Pappe, Leder, Bündeln von Schuhoberteilen und einer Vielzahl von Materialien angefüllt, die zum Befestigen des Oberleders von Schuhen an ihren Sohlen benötigt wurden.

Frying Pan Alley.

Im Nebenzimmer wohnten eine Frau und sechs Kinder. In einem anderen verkommenen Loch lebte eine Witwe, mit einem einzigen Sohn von sechzehn, der an der Schwindsucht dahinsiechte. Die Frau bot Süßigkeiten auf der Straße feil, und es war ihr häufiger mißglückt als gelungen, ihren Sohn mit dem Dreivierteliter Milch zu versorgen, den er täglich brauchte. Außerdem bekam dieser schwache und sterbende Sohn nicht öfter als einmal in der Woche Fleisch; und die Art und die Qualität dieses Fleisches können sich Leute, die niemals Schweinefutter gesehen haben, kaum vorstellen.

„Die Art, wie er hustet, ist ganz furchtbar", meldete sich mein ausgebeuteter Freund, der sich auf den sterbenden Jungen bezog. „Wir hören ihn hier, wenn wir arbeiten, und es ist schrecklich, sage ich, schrecklich!"

Und, abgesehen von dem Husten und den Süßigkeiten, fand ich eine weitere Bedrohung, die zu der feindlichen Umgebung der Kinder des Slums hinzukam.

Mein ausgebeuteter Freund schuftete, wenn Arbeit zu haben war, mit vier anderen Männern in seinem acht mal sieben Fuß großen Zimmer. Im Winter brannte fast den ganzen Tag lang eine Lampe, und ihre Dämpfe stiegen in die schlechte Luft, die geatmet und wieder geatmet wurde.

In guten Zeiten, wenn es viel Arbeit gebe, sagte mir dieser Mann, könne er etwa „dreißig Schilling die Woche" verdienen. Dreißig Schilling! Siebeneinhalb Dollar!

„Aber nur die Besten von uns können es schaffen", schränkte er ein. Dann arbeiten wir zwölf, dreizehn und vierzehn Stunden am Tag, so schnell wir können. Und du solltest uns schwitzen sehen! Das rinnt nur so an uns herab! Wenn du uns sehen könntest, würde es deine Augen blenden – Reißnägel fliegen wie aus einer Maschine aus dem Mund. Sieh nur meinen Mund."

Ich sah hin. Die Zähne waren durch die ständige Reibung der metallischen Stifte abgenutzt, dazu waren sie kohlschwarz und verfault.

„Ich reinige meine Zähne", fügte er hinzu, „ansonsten wären sie schlechter."

Nachdem er mir gesagt hatte, daß die Arbeiter ihre eigenen Werkzeuge, Reißnägel, „Schleiferei", Karton, Miete, Licht, und was nicht noch alles, liefern mußten, war es klar, daß seine dreißig Schilling nicht ganz hinkamen.

„Aber wie lange dauert die Hochsaison, in der ihr diesen hohen Lohn von dreißig Schilling erhaltet?", fragte ich.

„Vier Monate", war die Antwort; und für den Rest des Jahres, teilte er mir mit, verdienten sie durchschnittlich „ein halbes Pfund" bis zu einem „Pfund" pro Woche, was zweieinhalb Dollar bis fünf Dollar entspricht. Die laufende Woche war halb vorbei, und er hatte vier Schilling oder einen Dollar verdient. Und doch gab man mir zu verstehen, daß dies eine der besseren Arten des Schwitzens war.

Ich schaute aus dem Fenster, das die Hinterhöfe der Nachbargebäude hätte überblicken sollen. Aber es gab keine Hinterhöfe, oder vielmehr waren sie sie mit einstöckigen Hütten, Viehställen, in denen Menschen lebten, bebaut. Die Dächer dieser Hütten waren mit Ablagerungen von Dreck bedeckt, an einigen Stellen ein paar Fuß tief – die Beiträge der hinteren Fenster des zweiten und dritten Stockwerks. Ich konnte Fisch und Fleischknochen, Müll, schmutzige Lumpen, alte Stiefel, zerbrochenes Steingut und all den gewöhnlichen Abfall eines menschlichen Schweinestalls ausmachen.

„Das ist das letzte Jahr dieses Handels; sie bekommen Maschinen, um uns loszuwerden", sagte der Schwitzende traurig, als wir über die Frau mit den nackten Brüsten hinwegstiegen und aufs neue durch das billige junge Leben wateten.

Wir besuchten als nächstes die von der Londoner Kreisverwaltung errichteten städtischen Mietskasernen auf dem Gelände der Slums, wo Arthur Morrisons „Child of the Jago" lebte. Obwohl die Gebäude mehr Menschen als zuvor beherbergten, war das Wohnen dort viel gesünder. Aber die Wohnungen wurden von den besseren Arbeitern und Handwerkern bewohnt. Die Slumbewohner waren einfach weitergezogen, um andere Elendsviertel zu bevölkern oder neue zu bilden.

„Und jetzt", sagte der Schwitzende, der wackere Mann, der so schnell arbeitete, daß es die Augen blendete, „zeige ich dir eine von Londons Lungen. Das ist Spitalfields Garden." Und er sprach das Wort „Garten" mit Verachtung aus.

Im Schatten der Christ's Church.

Der Schatten der Christ's Church fällt über Spitalfields Garden, und im Schatten der Christ's Church, um drei Uhr nachmittags, sah ich einen Anblick, den ich nie wieder sehen möchte. Es gibt keine Blumen in diesem

Garten, der kleiner ist als mein eigener Rosengarten zu Hause. Hier wächst nur Gras, und es ist von einem mit scharfen Spitzen gespickten Eisenzaun umgeben, wie es in allen Parks von London Town der Fall ist, damit obdachlose Männer und Frauen nachts nicht hereinkommen und darauf schlafen können.

Ein Anblick, den ich nie wieder sehen möchte.

Als wir den Garten betraten, kam eine alte Frau zwischen fünfzig und sechzig und ging mit gewichtigen Schritten, wenn auch etwas wackelig, mit zwei großen, mit Sackleinen umwickelten Bündeln, die sie über ihre Schultern geworfen hatte, an uns vorbei. Sie war eine Obdachlose, eine heimatlose Seele, zu unabhängig, um ihren versagenden Körper durch die Tür des Arbeitshauses zu schleppen. Wie die Schnecke trug sie ihr Haus mit sich herum. In den beiden mit Sackleinen bedeckten Bündeln waren ihre Haushaltswaren, ihre Garderobe, ihre Wäsche und ihre geliebten weiblichen Besitztümer.

Wir gingen den schmalen Kiesweg hinauf. Auf den Bänken zu beiden Seiten befand sich eine Masse elender und verzerrter Menschlichkeit, deren Anblick Doré zu teuflischeren Phantastereien getrieben hätte, als er je erreichte. Es war ein Durcheinander von Lumpen und Dreck, von allerlei abscheulichen Hautkrankheiten, offenen Wunden, Prellungen, Grobheit, Unsittlichkeit, grinsenden Monstrositäten und bestialischen Gesichtern.

Ein kalter, rauher Wind wehte, und diese Kreaturen drängten sich dort in ihre Lumpen, schliefen größtenteils oder versuchten zu schlafen. Hier waren ein Dutzend Frauen im Alter von zwanzig bis siebzig Jahren. Dann ein Säugling, vielleicht neun Monate alt, flach auf der harten Bank schlafend, ohne Kissen und ohne Decke, und ohne irgendjemanden, der sich darum kümmerte. Danach ein halbes Dutzend Männer, kerzengerade aufrecht schlafend, oder im Schlaf aneinander gelehnt.

Ein kalter, rauher Wind wehte, und diese Kreaturen drängten sich dort in ihre Lumpen, schliefen größtenteils oder versuchten zu schlafen.

An einer Stelle eine Familiengruppe, ein Kind, das in den Armen seiner schlafenden Mutter schlummerte, und der Ehemann (oder Gefährte), der unbeholfen einen auseinandergefallenen Schuh reparierte. Auf einer anderen Bank stutzte eine Frau die ausgefransten Säume ihrer Lumpen mit einem Messer, und eine andere Frau nähte mit Nadel und Faden Risse in ihrer Kleidung. Daneben ein Mann, der eine schlafende Frau in seinen Armen hielt. Weiter hinten ein schlafender Mann, seine Kleidung mit Gossendreck verkrustet, mit dem Kopf im Schoß einer Frau, die nicht älter als fünfundzwanzig war, und ebenfalls schlief.

Es war dieser Schlaf, der mich verwirrte. Warum schliefen neun von zehn von ihnen oder versuchten zu schlafen? Aber erst danach verstand ich. *Es ist ein Gesetz der Obrigkeit, daß die Obdachlosen nachts nicht schlafen sollen.*

Auf dem Bürgersteig, neben dem Eingang der Christ's Church, wo die Steinsäulen in einer stattlichen Reihe zum Himmel emporragen, lagen ganze

Reihen von Männern schlafend oder schläfrig und zu tief in der Trägheit versunken, um durch unser Eindringen geweckt oder davon neugierig gemacht zu werden.

„Eine Lunge Londons".

„Eine Lunge Londons", sagte ich; „Nein, ein Abszeß, eine große schwärende Wunde."

„Oh, warum hast du mich hierher gebracht?", fragte der feurige junge Sozialist, sein schmales Gesicht weiß vor Seelenpein und Übelkeit.

„Diese Frauen dort", sagte unser Führer, „würden sich für zwei oder drei Pence, oder einen Laib altbackenes Brot verkaufen."

Er sagte es mit einem fröhlichen Grinsen.

Aber was er noch gesagt haben würde, weiß ich nicht, denn der andere schrie:

„Um Himmels willen, machen wir, daß wir hier fortkommen."

7. KAPITEL

DER MANN MIT DEM VIKTORIA-KREUZ

Aus der Stadt seufzen Menschen, und die Seele der Erschlagenen schreit.
Hiob.

ICH habe festgestellt, daß es nicht leicht ist, in die zwanglose Abteilung des Arbeitshauses zu gelangen. Ich habe bisher zwei Versuche gemacht, und ich werde in Kürze einen dritten machen. Das erste Mal bin ich um sieben Uhr abends mit vier Schilling in meiner Tasche hingegangen. Hier habe ich zwei Fehler begangen. Erstens muß der Bewerber für die Aufnahme in die zwanglose Abteilung mittellos sein, und da er einer strengen Suche unterworfen ist, muß er wirklich mittellos sein; und vier Pence, geschweige denn vier Schilling, reichen aus, um ihn zu disqualifizieren. Zweitens machte ich den Fehler der Verspätung. Um sieben Uhr abends ist es für einen Armen zu spät, um ein Armenbett zu bekommen.

Zum Nutzen von wohlgenährten und unschuldigen Leuten, lassen Sie mich erklären, was so eine Abteilung ist. Es ist ein Gebäude, in dem der obdachlose, bettlose, mittellose Mann, wenn er Glück hat, *zwanglos* seine müden Knochen ausruhen darf, um dann am nächsten Tag wie ein Straßenarbeiter zu schuften, um dafür zu bezahlen.

Mein zweiter Versuch, in die zwanglose Abteilung hineinzukommen, begann vielversprechender. Ich kam schon in der Mitte des Nachmittags an, begleitet von dem feurigen jungen Sozialisten und einem anderen Freund, und alles, was ich in meiner Tasche hatte, waren drei Pence. Sie lenkten mich zum Whitechapel Arbeitshaus, wo ich um eine Ecke spähte. Es war ein paar Minuten nach fünf Uhr nachmittags, aber schon bildete sich eine lange trübselige Linie, die sich um die Ecke des Gebäudes und außer Sichtweite erstreckte.

Es war ein äußerst jammervolles Bild, Männer und Frauen, die am kalten, grauen Ende des Tages auf einen Schutz vor der Nacht warteten, und ich gestehe, es hätte mich beinahe entmutigt. Wie der Junge vor der Zahnarztpraxis entdeckte ich plötzlich eine Vielzahl von Gründen dafür, daß ich woanders sein sollte. Einige Anzeichen des inneren Kampfes mußten sich in meinem Gesicht gezeigt haben, denn einer meiner Begleiter sagte: „Kneif nicht; du schaffst das."

Die Warteschlange vor dem Arbeitshaus in Whitechapel.

Natürlich konnte ich das schaffen, aber mir wurde bewußt, daß sogar die drei Pence in meinem Geldbeutel ein zu großer Schatz bei so einem Gedränge waren; und um alle unerfreulichen Unterschiede zu beseitigen, leerte ich die Kupferstücke aus meiner Börse. Dann verabschiedete ich mich von meinen Freunden, schlenderte mit klopfendem Herzen die Straße hinunter und nahm meinen Platz am Ende der Reihe ein. So jammervoll sie aussah, diese Warteschlange der armen Leute, die auf dem steilen Hang des Todes wandelten; wie jammervoll sie war, hätte ich mir nicht träumen lassen.

Neben mir stand ein untersetzter, kräftiger Mann. Gesund und kernig, obwohl gealtert, mit ausdrucksstarken Gesichtszügen, mit der harten und ledrigen Haut, die durch lange Jahre von Sonnen- und Wettereinwirkung erzeugt wurde, hatte er unverkennbar Gesicht und Augen eines Seemanns; und sofort kam mir ein Vers aus Kiplings „Galeerensklave" in den Sinn:

„Mit dem Brandmal auf meiner Schulter,
Mit dem Wundmal des umklammernden Eisens;
Mit den Striemen, die die Peitsche hinterließen,
Mit den Narben, die niemals verblassen;
Mit den Augen, die alt geworden sind durch die Sonnenstrahlen auf der See,
Bin ich voll bezahlt für meinen Dienst..."

Wie richtig ich mit meiner Vermutung lag, und wie außerordentlich passend der Vers war, sollen Sie erfahren.

„Ich werde das nicht mehr lange aushalten, nein, nein", beschwerte er sich bei dem Mann neben ihm. „Ich werde ein Fenster einschlagen, ein großes, dann buchten sie mich für vierzehn Tage ein. Dann werde ich einen guten Platz zum Schlafen haben, mich nicht fürchten müssen, und einen besseren Fraß haben, als man hier bekommt. Obwohl ich meinen Tabak vermissen würde" — diesen Nachgedanken äußerte er bedauernd und resigniert.

„Ich war jetzt zwei Nächte draußen", fuhr er fort; „naß bis auf die Haut in der letzten, und ich halte es nicht mehr lange aus. Ich werde alt, und eines Morgens werden sie meine Leiche abholen."

Er wirbelte mit glühender Leidenschaft zu mir herum: „Laß nicht zu, daß du jemals alt wirst, Junge. Stirb, wenn du jung bist, oder du wirst zu dem werden, was ich jetzt bin. Glaub mir. Siebenundachtzig Jahre bin ich alt, und habe meinem Land tapfer gedient. Drei Streifen für gute Führung und das Viktoria-Kreuz, und das bekomme ich nun dafür. Ich wünschte, ich wäre tot, ich wünschte, ich wäre tot. Kann es kaum erwarten, glaub mir."

Ihm schossen die Tränen in die Augen, aber noch ehe der andere Mann ihn trösten konnte, begann er ein beschwingtes Seemannslied zu summen, als gäbe es keinen Herzschmerz in der Welt.

Als er einmal in Fahrt gekommen war, erzählte er, der nach zwei Nächten auf der Straße vor dem Arbeitshaus in der Warteschlange stand, folgende Geschichte.

Als Junge hatte er sich in der britischen Marine eingeschrieben, und dort mehr als vierzig Jahre lang treu und gut gedient. Namen, Daten, Kommandanten, Häfen, Schiffe, Gefechte und Schlachten rollten in einem steten Strom von seinen Lippen, aber ich vermag mich nicht an sie alle zu erinnern, denn es ist nicht ganz der Zweck der Sache, sich vor der Tür des Armenhauses Notizen zu machen. Er hatte den „Ersten Chinesischen Krieg" miterlebt, wie er ihn nannte; hatte sich bei der East India Company eingetragen und zehn Jahre in Indien gedient; dann wieder in Indien, in der englischen Marine, zur Zeit der Meuterei; hatte im burmesischen Krieg und im Krimkrieg gedient; und all das zusätzlich dazu, daß er sich für die englische Flagge so ziemlich durch den Rest der Welt gekämpft und gearbeitet hatte.

Dann passierte diese Sache. Eine kleine Sache, wenn sie nur auf die erste Ursache zurückgeführt werden könnte: vielleicht hatte dem Leutnant das Frühstück nicht geschmeckt; oder er war in der Nacht zuvor spät ins Bett gekommen; oder seine Schulden drängten; oder der Kommandant hatte brüsk zu ihm gesprochen. Tatsache ist, daß der Leutnant an diesem speziellen Tag gereizt war. Der Matrose richtete zusammen mit anderen die vordere Takelage.

Nun war der Matrose wohlgemerkt über vierzig Jahre in der Marine gewesen, hatte drei Streifen für gute Führung erhalten und das Viktoria-Kreuz für ausgezeichneten Dienst im Kampf; also konnte er alles in allem kein allzu schlechter Matrose gewesen sein. Der Leutnant war reizbar; der Leutnant bedachte ihn mit einem Schimpfnamen – na ja, keine nette Art von Namen. Er bezog sich auf seine Mutter. Als ich ein Junge war, war dies unser geheimes Codewort, wie kleine Dämonen zu kämpfen, sollte unseren Müttern eine solche Beleidigung zuteil werden; und viele Männer in meinem Teil der Welt sind gestorben, weil sie andere Männer mit diesem Namen bedacht haben. Der Leutnant jedenfalls bedachte den Matrosen mit diesem Namen. In diesem Augenblick hatte der Matrosen zufällig einen Eisenhebel oder eine Eisenstange in der Hand. Sofort schlug er dem Leutnant damit über den Kopf, der aus der Takelage und über Bord fiel.

Und dann, in den eigenen Worten des Mannes: „Ich sah, was ich getan hatte. Ich kannte das Reglement, und ich sagte mir: ‚Jetzt ist alles aus, Jack, mein Junge; also bring es hinter dich.' Und ich bin ihm nachgesprungen, um uns beide zu ertränken. Ich hätte es auch getan, nur kam gerade die Offiziersjolle des Flaggschiffs an uns vorbei. Wir kamen nach oben, ich hatte ihn am Wickel und schlug ihn. Das war es, was mein Schicksal entschied. Wenn ich ihn nicht geschlagen hätte, hätte ich behaupten können, daß ich, als ich gesehen habe, was ich getan habe, über Bord gesprungen wäre, um ihn zu retten."

Dann kam das Kriegsgericht, oder wie auch immer der Name bei der Marine lautet. Er rezitierte seinen Urteilsspruch Wort für Wort, als hätte er ihn auswendig gelernt und viele Male bitter wiederholt. Und hier ist sie, die Strafe wegen der Disziplin und der Rücksicht auf Offiziere, die nicht immer Gentlemen sind, die Strafe eines Mannes, der sich der Männlichkeit schuldig gemacht hatte: Auf den Rang eines gewöhnlichen Matrosen reduziert zu werden; aller ihm zustehenden Prämien beraubt zu werden; alle Pensionsansprüche einzubüßen; das Viktoria-Kreuz zu verlieren; mit einem guten Zeugnis aus der Marine entlassen zu werden (da dies sein erstes Vergehen war); 50 Hiebe zu erhalten; und zwei Jahre ins Gefängnis zu gehen.

„Ich wünschte, ich wäre an diesem Tag ertrunken, ich wünschte bei Gott, daß ich das wäre", schloß er, als die Schlange kürzer wurde und wir um die Ecke bogen.

Endlich kam die Tür in Sicht, durch die die Armen in Schüben eingelassen wurden. Und hier erfuhr ich eine überraschende Sache: *Da es Mittwoch war, würde keiner von uns vor Freitagmorgen wieder entlassen.* Außerdem, und ach, ihr Tabakkonsumenten, achtet darauf, *wir durften keinen Tabak mitnehmen.* Diesen müßten wir vor dem Eintreten abgeben. Manchmal, wurde mir gesagt, wurde er beim Verlassen zurückgegeben und manchmal wurde es zerstört.

Der alte Kriegsmann erteilte mir eine Lektion. Er öffnete seinen Beutel und leerte den Tabak (eine erbärmliche Menge) auf ein Stück Papier. Dieses, eng und flach gefaltet, ging durch seine Socke in seinen Schuh hinunter. Hinab ging auch mein Stück Tabak in meiner Socke, denn vierzig Stunden ohne Tabak ist eine Härte, die alle Tabakkonsumenten verstehen werden.

Immer wieder rückte die Schlange auf und wir näherten uns langsam aber sicher dem Eingang. In dem Moment, als wir zufällig auf einem eisernen Gitter standen und ein Mann darunter erschien, rief der alte Seemann nach unten,

„Wie viele wollen sie noch?"

„Vierundzwanzig", kam die Antwort.

Poplar-Arbeitshaus.

Wir schauten besorgt nach vorne und zählten. Vierunddreißig waren vor uns. Enttäuschung und Bestürzung dämmerte auf den Gesichtern um mich herum. Es ist nicht schön, sich hungrig und mittellos einer schlaflosen Nacht auf der Straße zu stellen. Aber wir hofften gegen die Hoffnung, bis, als noch zehn vor dem Gatter standen, der Pförtner uns fortschickte.

„Wir sind voll", sagte er, ehe er die Tür zuknallte.

Wie der Blitz raste der alte Seemann mit seinen siebenundachtzig Jahren davon, im verzweifelten Versuch, anderswo Unterschlupf zu finden. Ich stand auf und debattierte mit zwei anderen Männern, die viel Wissen um die zwanglosen Abteilungen hatten, und wußten, wohin wir gehen sollten. Sie entschieden sich für das Poplar-Arbeitshaus, das drei Meilen entfernt lag, und wir machten uns auf den Weg.

Als wir um die Ecke bogen, sagte einer von ihnen: „Ich hätte heute hier reinkommen können. Ich kam um ein Uhr vorbei, und da begann sich die Schlange gerade zu bilden — Lieblinge, das sind sie. Die lassen sie Nacht für Nacht rein, immer dieselben."

8. KAPITEL

DER KUTSCHER UND DER ZIMMERMANN

Es ist nicht das Sterben, nicht einmal der Hungertod,
Der einen Menschen erbärmlich macht.
Viele Menschen sind gestorben; alle Menschen müssen sterben.
Aber es ist erbärmlich, nicht zu wissen, wofür man lebt;
Sich abzurackern und doch nichts zu gewinnen;
Ausgelaugt, müde, einsam, krank zu sein, und sich einfach gehen zu lassen.
Carlyle.

DEN Kutscher mit seinem gut geschnittenen Gesicht, dem Kinnbart und der rasierten Oberlippe hätte ich in den Vereinigten Staaten für alles Mögliche von einem Meister bis hin zu einem wohlhabenden Landwirt gehalten. Der Zimmermann – nun, den hätte ich für einen Zimmermann gehalten. Er sah aus wie einer, mager und drahtig, mit scharfen, aufmerksamen Augen, und Händen, die durch die Arbeit an den Griffen der Werkzeuge in siebenundvierzig Jahren im Handwerk verkrümmt waren. Die Hauptschwierigkeit dieser Männer war, daß sie alt waren, und daß ihre Kinder gestorben waren, anstatt heranzuwachsen, um sich um sie kümmern. Ihr Alter hatte seinen Tribut gefordert, und sie waren von den jüngeren und stärkeren Konkurrenten, die ihre Plätze eingenommen hatten, vom Arbeitsmarkt gedrängt worden.

Diese beiden Männer, die sich von der zwanglosen Abteilung des Whitechapeler Arbeitshauses abgewandt hatten, gingen mit mir zum Poplar-Arbeitshaus. Sie dachten, daß es nichts nutzen würde, aber es dort zu versuchen, war alles, was uns blieb. Entweder Poplar, oder die nächtlichen Straßen. Beide Männer sehnten sich nach einem Bett, denn sie waren „völlig erledigt", wie sie es formulierten. Der Kutscher, achtundfünfzig Jahre alt, hatte die letzten drei Nächte ohne Obdach und Schlaf verbracht, während der fünfundsechzigjährige Zimmermann fünf Nächte draußen gewesen war.

Aber, o ihr lieben, weichherzigen Leute, voller Fleisch und Blut, mit weißen Betten und luftigen Zimmern, die euch jeden Abend erwarten, wie kann ich euch begreiflich machen, was es heißt zu leiden, wie ihr leiden würdet, wenn ihr eine müde Nacht auf Londons Straßen verbrächtet! Glaubt mir, ihr würdet denken, daß tausend Jahrhunderte gekommen und gegangen wären, ehe im Osten der Morgen herandämmerte; ihr würdet zittern, bis ihr kurz davor stündet, gemeinsam mit dem Schmerz jedes schmerzenden Muskels laut zu schreien; und ihr würdet euch wundern, daß ihr so viel ertragen und dennoch leben könnt. Solltet ihr euch auf eine Bank setzen und eure müden Augen schließen, so könntet ihr euch darauf verlassen, daß ein Schutzmann euch wecken und euch schroff befehlen würde, „euch fortzuscheren". Ihr dürft euch auf der Bank ausruhen, und es gibt nur wenige Bänke; aber wenn Ruhe Schlaf bedeutet, dann müßt ihr gehen und euren müden Körper durch die endlosen Straßen schleppen. Solltet ihr in einem verzweifelten Einfall eine einsame Gasse oder eine dunkle Passage suchen und euch hinlegen, wird der allgegenwärtige Schutzmann euch auch dort aufstöbern. Es ist seine Aufgabe, euch aufzustöbern. Es ist ein Gesetz der Obrigkeit, daß ihr aufgestöbert werden sollt.

Zwanglose Abteilung des Arbeitshauses in Whitechapel.

Aber wenn die Dämmerung hereinbräche und der Alptraum vorüber wäre, würdet ihr zu eurem Zuhause eilen, um euch zu erfrischen, und bis ihr stürbet, würdet ihr Gruppen von bewundernden Freunden die Geschichte eures Abenteuers erzählen. Es würde zu einer gewaltigen Geschichte werden. Eure kurze achtstündige Nacht würde eine Odyssee und ihr ein Homer werden.

Nicht so diese Obdachlosen, die mit mir zum Poplar-Arbeitshaus gingen. Und in dieser Nacht gab es in London Town fünfunddreißigtausend von ihnen, Männer und Frauen. Bitte denkt nicht daran, wenn ihr ins Bett geht; wenn ihr so weichherzig seid, wie ihr sein solltet, könntet ihr vielleicht nicht so gut Schlaf finden wie sonst. Aber für alte Männer von sechzig, siebzig und achtzig Jahren, schlecht genährt, mager und blutarm, die die Morgendämmerung nicht erfrischt begrüßen können und auf der verzweifelten Suche nach ein paar Brotkanten durch den Tag stolpern, während die unerbittliche Nacht wieder auf sie herabstürzen wird, und dies fünf Nächte und Tage hintereinander – o liebe, weichherzige Leute, voller Fleisch und Blut, wie könnt ihr das je nachvollziehen?

Mile End Road.

Ich ging die Mile End Road zwischen dem Kutscher und dem Zimmermann hinauf. Die Mile End Road ist eine breite Durchgangsstraße, die das Herz von East London durchschneidet, und es waren zehntausende Menschen darauf unterwegs. Ich sage Ihnen das, damit Sie voll und ganz verstehen, was ich im nächsten Abschnitt beschreiben werde. Wie ich sagte, gingen wir weiter, und als sie erbittert wurden und das Land verfluchten, fluchte ich mit ihnen, wie ein amerikanischer Obdachloser, der in einem fremden und schrecklichen Land gestrandet ist, fluchen würde. Und es war mir geglückt, sie glauben zu machen, daß ich ein „Seemann" war, der sein Geld für zügelloses Leben ausgegeben, seine Kleidung verloren hatte (kein ungewöhnliches Vorkommnis bei Seeleuten an Land), und zeitweilig pleite war, während er auf Heuer wartete. Dies erklärte sowohl meine Unkenntnis der englischen Art im Allgemeinen und über zwanglose Abteilungen im besonderen, als auch meine diesbezügliche Neugierde.

Der Kutscher hatte Mühe, bei der Geschwindigkeit, mit der wir gingen, mitzuhalten (er sagte mir, daß er an diesem Tag nichts gegessen hatte), aber der magere und hungrige Zimmermann, dessen grauer, zerlumpter Mantel jämmerlich im Wind wehte, schritt in langen und unermüdlichen Schritten voran, was mich stark an einen Präriewolf oder Kojoten erinnerte. Beide hielten ihre Blicke auf den Bürgersteig gerichtet, während sie gingen und redeten, und hin und wieder bückte sich der eine oder andere und hob dabei etwas auf. Ich dachte, es wären Zigarren- und Zigarettenstummel, die sie sammelten, und eine Zeitlang nahm ich keine Notiz davon. Dann sah ich es.

Von dem schmierigen, speicheldurchtränkten Gehsteig lasen sie kleine Stückchen von Orangenschalen, Apfelschalen und Traubenstengel auf und aßen sie. Sie knackten mit ihren Zähnen Pflaumenkerne, um an die Kerne darin zu gelangen. Sie hoben herumliegende Brotkrumen von der Größe von Erbsen auf, Apfelgehäuse, so schwarz und dreckig, daß man sie nicht als Apfelgehäuse erkennen würde, und diese Dinge nahmen diese beiden Männer in ihren Mund, kauten sie und schluckten sie; und das, zwischen sechs und sieben Uhr am Abend des 20. August, im Jahre unseres Herrn 1902, im Herzen des größten, reichsten und mächtigsten Reiches, das die Welt je gesehen hat.

Diese beiden Männer redeten. Sie waren keine Narren, sie waren bloß alt. Und natürlich redeten sie, während sie ihre Bäuche mit Straßenabfällen füllten, von blutiger Revolution. Sie redeten, wie Anarchisten, Fanatiker und Verrückte reden würden. Und wer wird es ihnen übelnehmen? Trotz meiner drei guten Mahlzeiten an diesem Tag, und dem gemütlichen Bett, das ich besetzen konnte, wenn ich wollte, und meiner Sozialphilosophie und meinem evolutionären Glauben an die langsame Entwicklung und Metamorphose der Dinge – trotz allem, sage ich, fühlte ich mich dazu getrieben, mit ihnen Unsinn zu reden oder meinen Mund zu halten. Die armen Narren! Von Ihresgleichen gehen keine Revolutionen aus. Und wenn sie tot und zu Staub zerfallen sind, was in Kürze geschehen wird, werden andere Narren von blutiger Revolution schwadronieren, während sie Abfälle von dem mit Speichel durchtränkten Bürgersteig entlang der Mile End Road bis zum Poplar-Arbeitshaus aufsammeln.

Da ich ein Ausländer und ein junger Mann war, erklärten der Kutscher und der Zimmermann mir die Dinge und erteilten mir Ratschläge. Ihr Rat war im Übrigen kurz und bündig; er lautete, ich solle zusehen, daß ich aus dem Land heraus komme. „So schnell wie Gott mich läßt", versicherte ich ihnen; „ich werde nur die wichtigsten Stätten aufsuchen, bis ihr meine Spur vor lauter Rauch nicht mehr sehen könnt." Sie fühlten mehr die Aussagekraft meines Vergleichs, als ihn zu verstehen, und sie nickten zustimmend.

„Sie machen einen Mann wirklich zu einem Verbrecher", sagte der Zimmermann. „Hier bin ich nun, ein alter Mann, jüngere Männer nehmen meinen Platz ein, meine Kleider werden immer schäbiger und schäbiger, und machen es jeden Tag schwerer, eine Arbeit zu bekommen. Ich gehe für ein Bett in die zwanglose Abteilung. Muß um zwei oder drei Uhr nachmittags da sein, sonst komme ich nicht rein. Du hast gesehen, was heute passiert ist. Wie soll ich da nach einer Arbeit suchen? Angenommen ich komme in die zwanglose Abteilung? Da hält man mich morgen den ganzen Tag über drin, und läßt mich übermorgen früh heraus. Was dann? Das Gesetz besagt, daß ich in dieser Nacht in kein anderes Arbeitshaus kommen kann, das weniger als zehn Meilen entfernt ist. Ich muß mich beeilen, um an diesem Tag rechtzeitig da zu sein. Welche Chance habe ich da, nach Arbeit zu suchen? Angenommen, ich gehe nicht. Angenommen, ich halte nach einer Arbeit Ausschau? Im Nu ist die Nacht herangekommen, und kein Bett in Sicht. Kein Schlaf die ganze Nacht, nichts zu essen, in was für einer Verfassung bin ich da am Morgen, um nach Arbeit zu suchen? Irgendwie muß es mir gelingen, im Park zu schlafen", (die Vision der Christ's Church in Spitalfield drängte sich vor mein inneres Auge), „und etwas zu essen bekommen. Und so steht es nun mit mir! Alt, am Boden, und keine Chance, wieder auf die Beine zu kommen."

„Früher war hier ein Schlagbaum", sagte der Kutscher. „Es ist viel Zeit vergangen, seit ich hier, als ich noch fuhr, Zoll gezahlt habe."

„Ich hatte in zwei Tagen nur drei Brötchen zu einem Penny zu essen", verkündete der Zimmermann nach einer langen Gesprächspause. „Zwei davon habe ich gestern gegessen, und das dritte heute", schloß er nach einer weiteren langen Pause.

„Ich hatte heute gar nichts", sagte der Kutscher. „Und ich bin erschöpft. Meine Beine schmerzen furchtbar."

„Das Brötchen, das du in der „Penne" bekommst, ist so hart, daß du es mit weniger als einem halben Liter Wasser nicht gut essen kannst", sagte der Zimmermann zu mir. Und als er ihn fragte, was die „Penne" sei, antwortete er: „Die zwanglose Abteilung. Es ist ein Wort, das der Pöbel gebraucht, weißt du."

Aber was mich überraschte, war, daß er ein Wort wie „Pöbel" in seinem Wortschatz hatte, und ehe wir voneinander schieden, hatte ich erkannt, daß er sich durchaus keiner gewöhnlichen Sprache bediente..

Ich fragte sie, was ich für eine Behandlung erwarten könnte, wenn es uns gelänge, in das Poplar-Arbeitshaus zu gelangen, und bekam viele Auskünfte von ihnen. Nachdem ich beim Betreten ein kaltes Bad genommen hätte, bekäme ich zum Abendessen sechs Unzen Brot und „drei Teile Grütze".

„Drei Teile" bedeutet drei Viertel eines Pint[1], und „Grütze" ist eine flüssige Mischung aus drei Maß Haferflocken in dreieinhalb Eimer von heißem Wasser gerührt.

„Milch und Zucker, nehme ich an, und einen silbernen Löffel dazu?", fragte ich.

„Ach was. Salz bekommst du, und ich habe einige Orte gesehen, an denen du keinen Löffel bekommst. Halt die Schale hoch und laß es runterrinnen, so macht man das."

„Im Hackney bekommt man gute Grütze", sagte der Kutscher.

„Oh, eine wunderbare Grütze ist das", lobte der Zimmermann, und beide wechselten einen beredten Blick.

„Mehl und Wasser in St. George's im Osten", sagte der Kutscher. Der Zimmermann nickte. Er hatte sie alle ausprobiert.

„Und was dann?", erkundigte ich mich.

Und ich erfuhr, daß ich direkt ins Bett geschickt würde. „Sie wecken dich um fünf Uhr morgens, und du stehst auf und wäschst dich – wenn es Seife gibt. Dann Frühstück, wie das Abendessen, drei Teile Grütze und ein Sechs-Unzen-Brot.

„Es sind nicht immer sechs Unzen", korrigierte der Kutscher.

„Nein, das nicht. Und oft ist es so sauer, daß man es kaum essen kann. Als ich anfing, konnte ich weder die Grütze noch das Brot essen, aber jetzt kann ich meine eigene Portion und die eines anderen Mannes essen."

„Ich könnte die Portionen von drei andere Männern essen", sagte der Kutscher. „Ich hatte heute Tag noch keinen Bissen."

---

[1] Anm. d. Ü. Ein Halblitermaß.

„Und was dann?"

„Dann mußt du deine Arbeit erledigen, vier Pfund Werg zupfen, oder putzen und schrubben, oder zehn bis elf Zentner Steine klopfen. Ich muß keine Steine klopfen. Ich bin über sechzig, deswegen. Sie werden dich das aber machen lassen. Du bist jung und stark."

„Was ich nicht mag", brummte der Kutscher, „ist, daß sie einen beim Wergzupfen in einer Zelle einsperren. Es gleicht zu sehr einem Gefängnis."

„Aber angenommen, nachdem du geschlafen hast, weigerst du dich, Werg zu zupfen oder Steine zu klopfen oder überhaupt irgendetwas zu tun?", fragte ich.

„Keine Sorge, ein zweites Mal lehnst du nicht ab; sie werden dich einsperren", antwortete der Zimmermann. „Ich würde dir nicht raten, es auszuprobieren, mein Junge."

„Dann kommt das Mittagessen", fuhr er fort. „Acht Unzen Brot, eineinhalb Unzen Käse, und kaltes Wasser. Dann beendest du deine Arbeit und ißt dein Abendessen, wie zuvor, drei Teile Grütze und sechs Unzen Brot. Dann zu Bett, sechs Uhr, und am nächsten Morgen wirst du entlassen, vorausgesetzt, du hast deine Arbeit erledigt."

Wir hatten die Mile End Road längst verlassen, und nachdem wir ein düsteres Labyrinth aus engen, gewundenen Straßen durchquert hatten, kamen wir zum Poplar-Arbeitshaus. Auf einer niedrigen Steinmauer breiteten wir unsere Taschentücher aus, und jeder legte in seinem Taschentuch all seine weltlichen Besitztümer beiseite, mit Ausnahme des Stückchens Tabak, das wieder die Socke hinabwanderte. Und dann, als das letzte Licht am trüben Himmel verblaßte und der Wind freudlos und kalt wehte, standen wir mit unseren erbärmlichen kleinen Bündeln in unseren Händen als eine elende Gruppe vor der Tür des Arbeitshauses.

Drei junge Arbeiterinnen gingen vorüber, und eine von ihnen schaute mich mitleidig an; als sie vorbeiging, folgte ich ihr mit meinen Augen, und sie sah noch immer mitleidsvoll zu mir zurück. Die alten Männer beachtete sie nicht. Lieber Himmel, sie bedauerte mich, der ich jung und kräftig und stark bin, aber sie hatte kein Mitleid mit den zwei alten Männern, die an meiner Seite standen! Sie war eine junge Frau, und ich war ein junger Mann, und daß sie nur wegen dieses Interesses dazu gebracht wurde, mich zu bemitleiden, brachte ihre Gefühle auf die unterste Ebene. Mitleid für alte Männer ist ein altruistisches Gefühl, und außerdem ist die Tür des Arbeitshauses der gewöhnliche Platz für alte Männer. Sie zeigte daher kein Mitleid für sie, nur für mich, der es am wenigsten oder überhaupt nicht verdiente. In London Town gehen graue Häupter nicht in Ehren ins Grab.

Auf der einen Seite der Tür befand sich eine Klingelschnur, auf der anderen Seite ein Klingelknopf.

„Läute die Glocke", sagte der Kutscher zu mir.

Und so, wie ich es sonst an jeder Tür tun würde, zog ich an der Schnur und läutete.

„Oh! Oh!", riefen sie erschrocken mit einer Stimme. „Nicht so heftig!"

Ich ließ los, und sie sahen mich vorwurfsvoll an, als hätte ich ihre Chance auf ein Bett und drei Teile Grütze gefährdet. Niemand kam. Zum Glück war es die falsche Glocke gewesen, und ich fühlte mich besser.

„Drück den Knopf", sagte ich zu dem Zimmermann.

„Nein, nein, warte ein bißchen", mischte sich der Kutscher hastig ein.

Aus all dem zog ich die Schlußfolgerung, daß ein Armenhauspförtner, der gewöhnlich ein jährliches Gehalt von sieben bis neun Pfund bezieht, eine sehr vornehme und wichtige Persönlichkeit ist, und von den Armen nicht hochachtungsvoll genug behandelt werden kann.

Also warteten wir zehnmal solange, wie es der Anstand erforderte, ehe der Kutscher verstohlen einen schüchternen Zeigefinger zum Knopf führte und ihm den kleinsten, kürzestmöglichen Stoß gab. Ich habe wartende Männer in Situationen gesehen, in denen es um Leben oder Tod ging; aber auf deren Gesichtern hatte sich weniger deutlich ängstliche Spannung gezeigt, als in den Mienen dieser beiden Männer, während sie auf das Herannahen des Pförtners warteten.

Er kam. Er sah uns kaum an. „Wir sind voll", sagte er und schloß die Tür.

„Noch so eine Nacht", stöhnte der Zimmermann. Im dämmrigen Licht sah der Kutscher blaß und elend aus.

Unüberlegte Nächstenliebe ist falsch, sagen die professionellen Menschenfreunde. Nun, ich beschloß, einen Fehler zu begehen.

„Los, hol dein Messer raus und komm her", sagte ich zu dem Kutscher und zog ihn in eine dunkle Gasse.

Er starrte mich erschrocken an und versuchte zurückzuweichen.

Möglicherweise hielt er mich für einen wiedergekehrten Jack the Ripper mit einer Vorliebe für arme ältere Männer. Vielleicht hat er auch geglaubt, ich würde ihn in ein Verbrechen verwickeln. Jedenfalls hatte er Angst.

Man wird sich erinnern, daß ich zu Beginn eine Goldmünze in die Achsel meines Unterhemdes nähte. Es war mein Notfall-Kapital, und ich war jetzt genötigt, es zum ersten Mal zu benutzen.

Erst als ich mich wie ein Schlangenmensch verbog und ihm die eingenähte runde Münze zeigte, gelang es mir, die Hilfe des Kutschers zu bekommen. Selbst dann zitterte seine Hand, so daß ich befürchtete, er würde mich anstatt der Nähte schneiden, und mich genötigt sah, ihm das Messer wegzunehmen und es selbst zu tun. Heraus rollte das Goldstück, ein Vermögen in ihren hungrigen Augen; und wir stürmten zum nächsten Kaffeehaus.

Natürlich mußte ich ihnen nun erklären, daß ich eigentlich ein Gesellschaftsforscher war, der herausfinden wollte, wie die andere Hälfte lebte. Und sofort verschlossen sie sich wie die Muscheln. Ich war nicht von ihrer Art; meine Rede hatte sich verändert, die Töne meiner Stimme waren anders, kurz gesagt, ich war ein Überlegener und sie waren über die Maßen klassenbewußt.

„Was wollt ihr haben?", fragte ich, als der Kellner kam, um die Bestellung aufzunehmen.

„Zwei Scheiben und eine Tasse Tee", sagte der Kutscher kleinlaut.

„Zwei Scheiben und eine Tasse Tee", sagte der Zimmermann kleinlaut.

Lassen Sie uns einen Moment innehalten und die Situation betrachten. Hier waren zwei Männer, die ich ins Kaffeehaus eingeladen hatte. Sie hatten mein Goldstück gesehen, und sie konnten sich ihren Reim darauf machen, daß ich nicht arm war. Einer hatte an diesem Tag ein Halfpenny-Brötchen gegessen, der andere hatte überhaupt nichts gegessen. Und sie baten um „zwei Scheiben und eine Tasse Tee!" Jeder Mann hatte eine Bestellung für zwei Penny aufgegeben. „Zwei Scheiben" bedeutet übrigens zwei Scheiben Brot und Butter.

Dies war die gleiche unterwürfige Bescheidenheit, die sie gegenüber dem Armenhauspförtner an den Tag gelegt hatten. Aber ich ließ sie nicht zu. Schritt für Schritt erweiterte ich ihre Bestellung – Eier, Speckscheiben, noch mehr Eier, mehr Speck, mehr Tee, mehr Scheiben und so weiter – sie leugneten die ganze Zeit wehmütig, daß sie mehr bräuchten und verschlangen es gierig, wenn es eintraf.

„Die erste Tasse Tee seit vierzehn Tagen", sagte der Kutscher.

„Ein wunderbarer Tee ist das", sagte der Zimmermann.

Sie haben jeweils einen Liter davon getrunken, und ich versichere Ihnen, daß es sich um eine Brühe handelte. Sie ähnelte Tee weniger als Weißbier Champagner ähnelt. Nein, es war wirklich nur eine dünne Brühe und sah überhaupt nicht nach Tee aus.

Es war interessant, die Wirkung zu bemerken, die das Essen nach dem ersten Schock auf sie hatte. Anfangs waren sie melancholisch und sprachen von den verschiedenen Zeiten, in denen sie über Selbstmord nachgedacht hatten. Der Kutscher hatte keine Woche zuvor auf der Brücke gestanden, das Wasser betrachtet und darüber nachgedacht. Das Wasser, meinte der Zimmermann, war ein schlechter Weg. Er wußte, daß er für seinen Teil um sein Leben kämpfen würde. Eine Kugel war „praktischer", aber wo sollte er nur einen Revolver hernehmen? Das war der Haken an der Sache.

Sie wurden heiterer, als der heiße „Tee" einwirkte, und redeten mehr über sich selbst. Der Kutscher hatte seine Frau und seine Kinder begraben, mit Ausnahme eines Sohnes, der zum Mann herangewachsen war und ihm in seinem kleinen Geschäft geholfen hatte. Dann passierte diese Sache. Der Sohn, ein Mann von einunddreißig, starb an den Pocken. Kaum war das geschehen, als der Vater Fieber bekam und für drei Monate ins Krankenhaus mußte. Damit war er erledigt. Er kam schwach und entkräftet heraus, es war kein starker junger Sohn mehr da, der ihm beistand, sein kleines Geschäft erlosch, und er hatte keinen Farthing mehr. Die Sache war geschehen, und das Spiel war vorbei. Keine Chance für einen alten Mann, wieder etwas aufzubauen. Die Freunde alle arm und unfähig zu helfen. Er hatte versucht, Arbeit zu finden, als sie die Stände für die erste Krönungsparade aufstellten.

„Und ich wurde die Antwort bald leid: ‚Nein! Nein! Nein!' Es klingelte nachts in meinen Ohren, wenn ich versuchte zu schlafen, immer dasselbe ‚Nein! Nein! Nein!'"

Erst in der vergangenen Woche hatte er auf eine Anzeige in Hackney geantwortet, und als er sein Alter angab, wurde ihm gesagt: „Oh, zu alt, bei weitem zu alt."

Der Zimmermann war in der Armee geboren worden, wo sein Vater zweiundzwanzig Jahre lang gedient hatte. Ebenso waren seine beiden Brüder in die Armee gegangen; einer, ein Hauptmann der Siebten Husaren, starb in Indien nach dem Aufstand; der andere war nach neun Jahren unter Roberts im Osten in Ägypten gefallen. Der Zimmermann war nicht in die Armee gegangen, deswegen war er hier, immer noch auf der Erde.

„Aber hier, geben Sie mir Ihre Hand", sagte er und riß sein zerlumptes Hemd auf. „Ich bin reif für den Anatom, oh ja. Ich verfalle, Sir, verfalle wortwörtlich aus Mangel an Essen. Fühlen Sie meine Rippen und Sie werden es sehen."

Ich legte meine Hand unter sein Hemd und fühlte. Die Haut war wie Pergament über die Knochen gespannt, und das Gefühl, das erzeugt wurde, war, als würde man mit der Hand über ein Waschbrett fahren.

„Sieben Jahre Seligkeit hatte ich", sagte er. „Eine gute Frau und drei schöne Mädels. Aber sie sind alle gestorben. Das Scharlachfieber nahm mir die Mädchen innerhalb von zwei Wochen."

„Nach diesem, Sir", sagte der Kutscher, in seinem Wunsch, das Gespräch in heitere Bahnen zu lenken, auf die Überbleibsel des Essens zeigend; „nach diesem wäre ich nicht in der Lage, morgens ein Arbeitshaus-Frühstück zu essen."

„Ich auch nicht", stimmte der Zimmermann zu, und sie diskutierten über die Gaumenfreuden und die köstlichen Gerichte, die ihre jeweiligen Frauen in alten Zeiten gekocht hatten.

„Ich war einmal drei Tage auf den Beinen und habe in der ganzen Zeit mein Fasten nicht gebrochen", sagte der Kutscher.

„Und ich fünf", fügte sein Begleiter hinzu und wurde grimmig bei der Erinnerung. „Fünf Tage einmal, mit nichts in meinem Magen als ein wenig Orangenschale, und die empörte Natur konnte es kaum ertragen, Sir, und ich bin fast gestorben. Manchmal, wenn ich nachts durch die Straßen ging, war ich so verzweifelt, daß ich beinahe zu allem imstande gewesen wäre. Sie wissen, was ich meine, mein Herr – irgendeinen großen Raub zu begehen. Aber wenn der Morgen kam, da war ich wieder der Alte, zu schwach vor Hunger und Kälte, um einer Maus etwas zuleide zu tun."

Als ihre armen Körper sich mit dem Essen erwärmten, begannen sie sich zu entspannen und prahlerisch zu werden und über Politik zu reden. Ich kann nur sagen, daß sie ebenso über Politik gesprochen haben wie der durchschnittliche Mittelschichtler, und viel besser als einige der Mittelschichtler, die ich reden gehört habe. Was mich überraschte, war die Sichtweise, die sie sie auf die Welt, ihre Geographie und ihre Völker und auf die jüngste und zeitgenössische Geschichte hatten. Wie ich schon sagte, sie waren keine Narren, diese beiden Männer. Sie waren bloß alt und ihre Kinder hatten es nicht geschafft, erwachsen zu werden und ihnen ein Plätzchen an ihrem Herd zu bieten.

Ein letzter Vorfall, als ich mich an der Ecke von ihnen, die glücklich mit ein paar Schilling in den Taschen und der Aussicht auf ein Bett für die Nacht waren, verabschiedete. Ich zündete eine Zigarette an und wollte gerade das brennende Streichholz wegwerfen, als der Kutscher danach griff. Ich bot ihm die Schachtel an, aber er sagte: „Schon gut, ich will nur nichts verschwenden, Sir." Und während er die Zigarette anzündete, die ich ihm gegeben hatte, beeilte sich der Zimmermann mit dem Füllen seiner Pfeife, um sie mit demselben Streichholz anzuzünden.

„Es ist falsch, etwas zu verschwenden", sagte er.

„Ja", sagte ich, dachte aber an die Waschbrettrippen, über die ich meine Hand geführt hatte.

Vor dem Arbeitshaus in Whitechapel.

9. KAPITEL

DAS ARBEITSHAUS

Die alten Spartaner hatten eine klügere Methode; sie gingen hinaus und jagten
Ihre Heloten, und bekriegten sie, wenn sie zu zahlreich wurden.
Mit unseren verbesserten Jagdmethoden,
Jetzt nach der Erfindung der Schußwaffen und stehenden Armeen,
Um wie viel einfacher wäre eine solche Jagd!
Vielleicht könnten in der am dichtesten bevölkerten Gegend
Etwa drei Tage pro Jahr ausreichen, um alle gesunden Armen zu erschießen,
Die sich innerhalb des Jahres angesammelt haben.
  Carlyle.

ZUALLERERST muß ich meinen Körper um Verzeihung bitten für die Scheußlichkeit, durch die ich ihn geschleppt habe, und meinen Magen für die Scheußlichkeit, die ich in ihn hineingedrängt habe. Ich war im Arbeitshaus, wo ich auch schlief und aß; und außerdem bin ich von dort weggelaufen.

Nach meinen beiden erfolglosen Versuchen, in die zwanglose Abteilung in Whitechapel einzudringen, habe ich mich früh aufgemacht und mich vor drei Uhr nachmittags zu der traurigen Reihe gesellt. Sie gewährten nicht vor sechs Uhr „Einlaß", aber zu dieser frühen Stunde war ich die Nummer zwanzig, während die Nachricht durchsickerte, daß nur zweiundzwanzig eingelassen werden sollten. Um vier Uhr waren vierunddreißig in der Reihe, die letzten zehn blieben in der schwachen Hoffnung hängen, durch irgendein Wunder hineinzukommen. Viele weitere kamen, sahen die Warteschlange und gingen wieder weg, sich der bitteren Tatsache bewußt, daß es dort „voll" sein würde. Die Unterhaltung war zunächst verhalten, bis der Mann auf der einen und der Mann auf der anderen Seite von mir entdeckten, daß sie zur selben Zeit im Pockenspital gewesen waren, obwohl ein volles Haus von sechzehnhundert Patienten eine Begegnung verhindert hatte. Aber sie machten es wieder gut, diskutierten und verglichen die abscheulichsten Merkmale ihrer Krankheit auf die kaltblütigste, sachlichste Art und Weise. Ich erfuhr, daß die durchschnittliche Sterblichkeit bei einem von sechs lag, daß einer von ihnen drei Monate darin gewesen war und der andere dreieinhalb Monate, und daß sie „darin verrottet" waren. Worauf sich mir die Nackenhaare sträubten, und ich sie fragte, wie lange sie schon draußen waren. Einer war seit zwei Wochen und der andere seit drei Wochen draußen. Ihre Gesichter waren übel zerkratert (obwohl jeder dem anderen versicherte, daß dem nicht so sei), und sie zeigten mir ferner ihre Hände, wo unter den Nägeln noch immer Pockenbeulen aufbrachen. Mehr noch, einer von ihnen öffnete zu meiner Erbauung eine Pocke, und der Inhalt brach direkt aus seinem Fleisch und flog durch die Luft. Ich versuchte, in meinen Kleidern zu schrumpfen, und hegte eine inbrünstige, aber stille Hoffnung, daß nichts davon auf mich gefallen war.

In beiden Fällen, erfuhr ich, waren die Pocken die Ursache dafür, daß sie „am Boden" waren, was Obdachlosigkeit bedeutet. Beide hatten gearbeitet, als sie von der Krankheit befallen wurden, und beide waren „gebrochen" aus dem Krankenhaus herausgekommen, mit der düsteren Aufgabe, nach Arbeit zu suchen. Bis jetzt hatten sie keine gefunden, und sie waren nach drei Tagen und Nächten auf der Straße zum „Rasten" ins Arbeitshaus gekommen.

Es scheint, daß nicht nur der Mann, der alt wird, für sein unfreiwilliges Unglück bestraft wird, sondern auch der Mann, der von Krankheit oder Unfall betroffen ist. Später sprach ich mit einem anderen Mann, „Ginger", nannten wir ihn – der an der Spitze der Reihe stand – ein sicheres Zeichen dafür, daß er seit ein Uhr gewartet haben mußte. Ein Jahr zuvor, eines Tages, während er bei einem Fischhändler beschäftigt war, hatte er eine schwere Kiste mit Fisch getragen, die ihm zu viel war. Ergebnis: „Etwas ist kaputt gegangen", und dann lag die Kiste auf dem Boden und er auf dem Boden daneben.

Im ersten Krankenhaus, wohin er sofort getragen wurde, sagten sie, es sei ein Bruch, verringerten die Schwellung, gaben ihm etwas Vaseline, um sie darauf zu verreiben, behielten ihn vier Stunden lang und sagten ihm dann, er solle wieder gehen. Aber er war nicht mehr als zwei oder drei Stunden auf der Straße, als er schon wieder auf dem Rücken lag. Dieses Mal ging er in ein anderes Krankenhaus und wurde geflickt. Der springende Punkt ist jedoch, daß der Arbeitgeber nichts getan hat, absolut gar nichts für den Mann, der verletzt wurde, während er für ihn arbeitete, und, als er herauskam, sich sogar geweigert hat, „ihm hin und wieder leichtere Arbeit zu geben". Was Ginger betrifft, so ist er ein gebrochener Mann. Seine einzige Möglichkeit, seinen Lebensunterhalt zu verdienen, war schwere Arbeit. Er ist jetzt unfähig, schwere Arbeit zu verrichten, und von nun an, bis er stirbt, sind das Arbeitshaus, öffentliche Armenspeisungen und die Straße alles, worauf er sich im Hinblick auf Nahrung und Unterkunft freuen kann. Die Sache ist gelaufen – und das war's. Er stemmte seinen Rücken unter eine zu große Ladung Fische, und seine Chance auf Glück im Leben wurde aus den Büchern gestrichen.

Mehrere Männer in der Reihe waren in den Vereinigten Staaten gewesen, und sie wünschten sich, daß sie dort geblieben wären, und verfluchten sich selbst für ihre Torheit, jemals wieder dort weggegangen zu sein. England war für sie ein Gefängnis geworden, ein Gefängnis, aus dem keine Hoffnung auf Flucht bestand. Es war ihnen unmöglich zu entkommen. Sie konnten weder das Geld für die Passage zusammenkratzen, noch hatten sie die Möglichkeit, ihre Überfahrt zu erarbeiten. Das Land war zu sehr von armen Teufeln überrannt worden.

Ich spielte wieder meine „Seemann, der seine Kleidung und Geld verloren hätte-Karte", und sie alle bemitleideten mich und gaben mir viele gute Ratschläge. Um es zusammenzufassen, lautete der Rat in etwa folgendermaßen: Sich von allen Orten wie dem Arbeitshaus fernzuhalten. Dort gebe es nichts Gutes für mich. An die Küste zu gehen und alles dafür zu tun, um auf einem Schiff davonzukommen. Wenn möglich, Arbeit zu suchen und ein Pfund oder so zusammenzukratzen, mit dem ich einen Steward oder Untergebenen bestechen könnte, um mir die Möglichkeit zu geben, meine Überfahrt zu erarbeiten. Sie beneideten mich um meine Jugend und Stärke, die mich früher oder später außer Landes bringen würde. Diese besaßen sie nicht mehr. Alter und englisches Elend hatten sie gebrochen, und für sie war das Spiel aus und vorbei.

Es gab jedoch einen, der noch jung war und der, da bin ich mir sicher, es am Ende schaffen wird. Er war als junger Mann in die Vereinigten Staaten gegangen, und in den vierzehn Jahren seines Aufenthalts war die längste Zeit, die er arbeitslos war, zwölf Stunden gewesen. Er hatte sein Geld gespart, war zu wohlhabend geworden und in sein Heimatland zurückgekehrt. Jetzt stand er in der Warteschlange vor dem Arbeitshaus.

In den letzten zwei Jahren, erzählte er mir, habe er als Koch gearbeitet. Seine Arbeitszeit war von 7.00 bis 22.30 Uhr und am Samstag bis 12.30 Uhr gewesen – fünfundneunzig Stunden pro Woche, für die er zwanzig Schilling oder fünf Dollar erhalten hatte.

„Aber die Arbeit und die lange Arbeitszeit brachten mich um", sagte er, „und ich mußte die Stelle aufgeben. Ich hatte ein wenig Geld gespart, aber ich verbrauchte es für meinen Lebensunterhalt und die Suche nach einem anderen Arbeitsplatz."

Dies war seine erste Nacht im Arbeitshaus, und er war nur hereingekommen, um sich auszuruhen. Sobald er wieder hinaus wäre, wollte er nach Bristol aufbrechen, ein Weg von einhundertfünfzehn Kilometern, wo er glaubte, er würde irgendwann auf ein Schiff kommen, das in Richtung Amerika ablegte.

Aber die Männer in der Reihe waren nicht alle von diesem Kaliber. Manche waren arme, elende Tiere, unartikuliert und gefühllos, aber dennoch in vielerlei Hinsicht sehr menschlich. Ich erinnere mich an einen Kutscher, der offenbar nach seinem Tagwerk nach Hause zurückkehrte und seinen Wagen vor uns anhielt, damit sein junger Hoffnungsträger, der ihm entgegengerannt war, hineinklettern konnte. Aber der Wagen war groß, der junge Hoffnungsträger klein, und er versagte mehrere Male darin, hinaufzuklettern. Daraufhin trat einer der am verkommensten aussehenden Männer aus der Reihe und hievte ihn hinein. Nun liegt die Tugend und die Freude in dieser Handlung darin, daß es ein Dienst der Liebe war, und kein beauftragter. Der Kutscher war arm, und der Mann wußte es; und der Mann stand in der Schlange vor dem Arbeitshaus, und der Kutscher wußte es; und der Mann hatte die kleine Tat getan, und der Kutscher hatte ihm gedankt, so wie Sie und ich gehandelt und sich bedankt hätten.

Eine weitere schöne Begegnung war die des „Hopfers" und seinem „alten Mädchen". Er war etwa eine halbe Stunde in der Schlange gewesen, als das „alte Mädchen" (seine Gefährtin) auf ihn zukam. Sie war recht gut gekleidet für ihre Klasse, mit einer verwitterten Haube auf ihrem grauen Kopf und einem Sackleinenbündel in ihren Armen. Während sie mit ihm redete, streckte er die Hand aus, fing eine Strähne der weißen Haare auf, die wild umherflogen, verzwirbelte sie geschickt zwischen seinen Fingern und steckte sie ihr ordentlich hinters Ohr. Aus all dem kann man viele Dinge schließen. Er mochte sie auf jeden Fall gut genug leiden, um sich zu wünschen, daß sie sauber und ordentlich war. Er war stolz auf sie, wie sie da in der Warteschlange vor dem Arbeitshaus stand, und es war sein Wunsch, daß sie in den Augen der anderen Unglücklichen, die in der Warteschlange standen, gut aussehen sollte. Aber das Letzte und Beste, und allen diesen Motiven zugrundeliegend, war eine starke Zuneigung, die er für sie empfand; denn man neigt nicht dazu, sich bei einer Frau, die einem gleichgültig ist, den Kopf über Ordentlichkeit und Sauberkeit zu zerbrechen, noch wäre es wahrscheinlich, daß man stolz auf eine solche Frau wäre.

Und ich fragte mich, warum dieser Mann und seine Gefährtin, harte Arbeiter, wie ich aus ihrem Gespräch hörte, ein Armenquartier suchen sollten. Er empfand Stolz, Stolz auf sein altes Mädchen und Stolz auf sich selbst. Als ich ihn fragte, was er denke, wie viel ich Grünschnabel, erwarten könne, beim Hopfenpflücken zu verdienen, sah er mich abschätzend an und sagte, daß es ganz davon abhinge. Viele Leute seien zu langsam, um Hopfen zu pflücken und scheiterten daran. Ein Mann müsse, um erfolgreich zu sein, seinen Kopf benutzen und mit seinen Fingern schnell sein, müsse außerordentlich schnell mit seinen Fingern sein. Jetzt waren er und sein altes Mädchen sehr gut darin, den einen Behälter zwischen sich und nicht darüber einschlafend; aber andererseits waren sie auch schon seit Jahren dabei.

„Ich habe einen Kumpel, der letztes Jahr runtergegangen ist", sprach da ein Mann. „Es war schnell, er kam mit zwei Pfund zehn in seiner Tasche zurück, und war nur einen Monat fort gewesen."

„Da hast du's", sagte der Hopfenpflücker voller Bewunderung. „Er war schnell. Er war einfach dazu geboren, oh ja."

Ein typischer Londoner Hopfenpflücker
und seine Kameradin, die sich in Kent „die Füße platt treten."

Zwei Pfund zehn – zwölfeinhalb Dollar – für einen Monat Arbeit, wenn man „einfach dazu geboren ist!" Und dafür ohne Decken draußen zu schlafen und Gott weiß, wovon zu leben. Es gibt Momente, in denen ich dankbar bin, daß ich kein „einfach dazu geborenes" Genie in irgendetwas war, nicht einmal für das Hopfenpflücken,

Auf meine Frage, woher ich eine Ausrüstung für das Hopfenpflücken bekäme, gab mir der Hopfenpflücker einige wertvolle Ratschläge, auf die ihr weichherzigen und zarten Leute, für den Fall, daß ihr jemals in London Town strandet, achten solltet.

„Wenn du keine Dosen und Kochsachen hast, kannst du bloß Brot und Käse bekommen. Das ist verflucht schlecht! Du mußt heißen Tee haben, und Gemüse, und hin und wieder ein bißchen Fleisch, wenn du eine solche Arbeit machst. Das schaffst du nicht mit solchen kalten Kleinigkeiten. Ich sag dir, was du tust, Junge. Lauf morgens herum und schau in die Kehrichtschaufeln. Da wirst du viele Dosen zum Kochen finden. Feine Dosen, manche sind richtig gut. Ich und das alte Mädchen haben unsere auf diese Weise bekommen." (Er deutete auf das Bündel, das sie hielt, während sie stolz nickte und mich gutmütig und im Bewußtsein von Erfolg und Wohlstand anstrahlte.) „Dieser Mantel ist so gut wie eine Decke", fuhr er fort und schob den Saum vor, damit ich seine Dicke spüren konnte. „Und wer weiß, vielleicht finde ich bald eine Decke."

Wieder nickte die alte Frau und strahlte, diesmal in der absoluten Gewißheit, daß er bald eine Decke finden würde.

„Ich nenne das Hopfenpflücken einen Urlaub", schloß er verzückt. „Eine saubere Art, zwei oder drei Pfund zusammenzubekommen und sich auf den Winter vorzubereiten. Das einzige, was mir nicht gefällt" – und da liegt der Hund begraben – „ist sich da unten die Füße plattzutreten."

Es war klar, daß dieses tatkräftige Paar sein Alter spürte, und während sie die schnelle Arbeit mit den Fingern genossen, begann das Herumlaufen ihnen schwer zuzusetzen. Und ich schaute auf ihre grauen Haare und zehn Jahre in die Zukunft, und fragte mich, wie es ihnen ergehen würde.

Ich bemerkte einen anderen Mann und sein altes Mädchen, beide über fünfzig. Die Frau wurde, weil sie eine Frau war, ins Arbeitshaus eingelassen; aber er war zu spät dran, und wurde, getrennt von seiner Gefährtin, fortgeschickt, um die ganze Nacht in den Straßen zu verbringen.

Die Straße in der wir standen, war von Wand zu Wand kaum zwanzig Fuß breit. Die Gehwege waren drei Fuß breit. Es war eine Wohngegend. Arbeiter und ihre Familien existierten irgendwie in den Häusern gegenüber. Und jeden Tag, jeden einzelnen Tag, von ein Uhr am Nachmittag bis sechs Uhr, ist die elende Schlange vor dem Arbeitshaus das Hauptmerkmal der Aussicht, die von ihren Vordertüren und Fenstern geboten wird. Ein Arbeiter saß direkt vor uns in seiner Tür und genoß seine Ruhe und etwas Luft nach der Arbeit des Tages. Seine Frau kam, um sich mit ihm zu unterhalten. Die

Tür war zu klein für zwei, deswegen blieb sie stehen. Ihre Kinder krabbelten zu ihren Füßen. Und hier war die Warteschlange, weniger als ein paar Meter entfernt – weder Privatsphäre für den Arbeiter noch Privatsphäre für den Armen. Die Kinder der Nachbarschaft spielten um unsere Füße herum. Für sie war unsere Anwesenheit nichts Ungewöhnliches. Wir waren keine Eindringlinge. Wir waren so natürlich und gewöhnlich wie die Ziegelmauern und Bordsteine ihrer Umgebung. Sie waren mit dem Anblick der Warteschlange geboren worden, und hatten sie an jedem ihrer bisherigen Tage gesehen.

Um sechs Uhr rückte die Schlange vor und wir wurden in Dreiergruppen aufgenommen. Name, Alter, Beruf, Geburtsort, Zustand des Elends und der Schlafplatz der vergangenen Nacht wurden vom Aufseher in Windeseile notiert; und als ich mich umdrehte, erschrak mich ein Mann, der mir etwas in die Hand drückte, das sich wie ein Ziegelstein anfühlte, und mir ins Ohr schrie: „Irgendwelche Messer, Streichhölzer oder Tabak?" „Nein, Sir", log ich, wie jeder Mann log, der eintrat. Als ich nach unten in den Keller ging, schaute ich auf den Ziegelstein in meiner Hand und sah, daß er, wenn der Sprache Gewalt angetan würde, als „Brot" bezeichnet werden könnte. Durch sein Gewicht und seine Härte mußte es sicher ungesäuert sein.

Das Licht im Keller war sehr schwach, und bevor ich wußte, wie mir geschah, hatte ein anderer Mann eine Schale in meine andere Hand gedrückt. Dann stolperte ich in einen noch dunkleren Raum, in dem sich Bänke, Tische und Männer befanden. Der Ort roch übel, und die trübe Finsternis und das Murmeln von Stimmen aus der Dunkelheit ließen ihn eher wie ein Vorzimmer zur Hölle erscheinen.

Die meisten Männer litten unter wunden Füßen, und sie begannen ihr Mahl damit, daß sie ihre Schuhe auszogen und die schmutzigen Lumpen, mit denen sie ihre Füße umwickelt hatten, losbanden. Dies trug zu der allgemeinen Widerwärtigkeit bei, während es mir den Appetit verdarb.

In der Tat stellte ich fest, daß ich einen Fehler gemacht hatte. Ich hatte vor fünf Stunden ein herzhaftes Mittagessen zu mir genommen, und um der Kost vor mir gerecht zu werden, hätte ich ein paar Tage fasten müssen. Die Schale enthielt drei Achtel Liter Grütze, eine Mischung aus Mais und heißem Wasser. Die Männer tauchten ihr Brot in Salzhaufen, die über die schmutzigen Tische verteilt waren. Ich versuchte das Gleiche, aber das Brot schien in meinem Mund zu haften, und ich erinnerte mich an die Worte des Zimmermanns: „Du brauchst einen halben Liter Wasser, um das Brot schön zu essen."

Ich ging in eine dunkle Ecke hinüber, wo ich andere Männer hingehen beobachtet hatte und fand das Wasser. Dann kehrte ich zurück und machte mich über die Grütze her. Sie war grobkörnig, ungewürzt, klumpig und bitter. Diese Bitterkeit, die nach dem Essen der Grütze beharrlich im Mund haften blieb, fand ich besonders abstoßend. Ich kämpfte männlich, wurde aber von meiner Übelkeit besiegt, und ein halbes Dutzend Mundvoll Grütze und Brot war mein ganzer Erfolg. Der Mann neben mir aß seinen eigenen Teil, und meinen dazu, kratzte die Schalen aus und sah sich hungrig nach mehr um.

„Ich traf einen Herrn, der mir ein gutes Mittagessen spendierte", erklärte ich.

„Und ich hatte seit gestern Morgen keinen Bissen mehr", antwortete er.

„Was ist mit Tabak?", fragte ich. „Wird es deswegen Probleme geben?"

„Oh nein", antwortete er mir. „Keine Angst. Dies ist das lockerste Arbeitshaus. Du solltest einige von den anderen sehen. Die durchsuchen dich bis auf die Haut."

Als die Schalen sauber gekratzt waren, begann die Unterhaltung aufzulockern. „Dieser Verwalter schreibt immer in den Zeitungen über uns", sagte der Mann auf der anderen Seite zu mir.

„Was sagt er?", fragte ich.

„Oh, er sagt, daß wir zu nichts gut sind, lauter Schurken und Gauner, die nicht arbeiten wollen. Erzählt all die alten Tricks, von denen ich seit zwanzig Jahren höre und die ich noch nie einen von hier tun gesehen habe. Die letzte Sache ist, daß er von einem erzählte, der von hier herausgegangen ist, mit einer Brotkruste in seiner Tasche. Und als er einen netten alten Herrn die Straße entlang gehen sieht, schiebt er die Kruste in den Rinnstein, und leiht sich den Stock des alten Herrn, um sie herauszufischen. Und dann gibt ihm der alte Herr ein Sixpence-Stück."

Ein Beifallsgeheul ertönte auf die alte Geschichte hin, und von irgendwo in der tieferen Dunkelheit kam eine andere Stimme, die wütend sprach:

„Da spricht er darüber, daß man auf dem Land gut herumkommen würde; das würde ich gerne sehen. Ich komme gerade von Dover, und bekam herzlich wenig zu essen. Sie wollen einem noch nicht einmal Wasser zu trinken geben, oh nein, und noch weniger etwas zu essen."

„Es gibt welche, die nie aus Kent herauskommen", sagte eine zweite Stimme, „und die lassen es sich allezeit wohl ergehen."

„Ich bin durch Kent gekommen", fuhr die erste Stimme noch wütender fort, „und Gott verfluche mich, wenn ich irgendwo etwas zu essen gesehen habe. Und ich merke immer, wie die Kerle darüber reden, wie viel sie bekommen können; und wenn sie in der Penne sind, können sie meinen Anteil an Grütze ebenso wie ihren eigenen essen."

„In London gibt es Kerle", sagte ein Mann auf der anderen Seite des Tisches, „die alles Essen bekommen, das sie wollen, und sie denken nie daran, aufs Land zu gehen. Bleiben das ganze Jahr in London. Sie denken auch nicht daran, nach einem Schlafplatz zu suchen, bis es neun oder zehn Uhr nachts ist."

Ein zustimmender Chor bestätigte diese Aussage.

„Aber sie sind verflucht gerissen, diese Kerle", sagte eine bewundernde Stimme.

„Natürlich sind sie das", sagte eine andere Stimme. „Aber es ist nicht so, daß du und ich das könnten. Du mußt dazu geboren sein, sage ich. Die Kerle haben seit dem Tag ihrer Geburt Kutschenschläge geöffnet und Zeitungen verkauft, und ihre Väter und Mütter vor ihnen. Es ist alles Übung, sage ich, und solche wie du und ich würden dabei verhungern."

Auch dies wurde vom zustimmenden Chor bestätigt, und ebenso die Aussage, daß es welche gäbe, „die das ganze Jahr hindurch im Arbeitshaus leben und nie etwas anderes zu essen bekämen als Arbeitshausgrütze und Brot."

„Ich habe einmal eine halbe Krone im Stratford-Arbeitshaus bekommen", sagte eine neue Stimme. Im Nu wurde es still, und alle lauschten der wundersamen Geschichte. „Wir waren zu dritt, um Steine zu brechen. Winterzeit, und die Kälte war grausam. Die anderen zwei sagten, sie sollten verflucht sein, wenn sie Steine klopften, und sie taten es auch nicht; aber ich habe mich angestrengt, um mich aufzuwärmen, versteht ihr? Und dann kommen die Wärter, und die anderen Kerle werden für vierzehn Tage eingesperrt, und die Wärter geben mir, als sie sehen, was ich getan habe, jeweils einen Sixpence, fünf von ihnen, und das hat mich aufgerichtet."

Die Mehrheit dieser Männer, nein, jeder von ihnen, fand ich heraus, mögen das Arbeitshaus nicht, und kommen nur dorthin, wenn sie dazu gezwungen sind. Nach dem „Rasten" halten sie wieder zwei oder drei Tage und Nächte auf den Straßen aus, bis sie wieder für eine weitere Rast zurückkommen. Natürlich schlägt ihnen diese fortwährende Not schnell auf ihre Gesundheit, und sie bemerken es, wenn auch nur in vager Weise; da es so sehr der übliche Lauf der Dinge ist, machen sie sich keine Sorgen darüber.

„Auf der Penne" nennen sie die Landstreicherei hier, was in den USA „auf der Straße" entspricht. Die Übereinstimmung ist, daß das Nicken, Pennen oder Schlafen das schwierigste Problem ist, dem sie sich stellen müssen, härter sogar als das des Essens. Das rauhe Wetter und die harten Gesetze sind hauptsächlich dafür verantwortlich, während die Männer selbst ihre Obdachlosigkeit der Einwanderung von Ausländern zuschreiben, besonders der polnischen und russischen Juden, die ihre Arbeitsplätze zu niedrigeren Löhnen einnehmen und das Schwitzsystem etablieren.

Um sieben Uhr wurden wir weggerufen, um zu baden und zu Bett zu gehen. Wir zogen unsere Kleider aus, wickelten sie in unsere Mäntel, banden unsere Gürtel um sie herum und deponierten sie in einem überfüllten Gestell und auf dem Boden – eine schöne Idee für die Verbreitung von Ungeziefer. Dann betraten wir jeweils zu zweit das Badezimmer. Es gab zwei einfache Wannen, und das eine weiß ich: Die beiden vorhergehenden Männer hatten sich in diesem Wasser gewaschen, wir wuschen uns im selben Wasser, und es wurde für die zwei Männer, die uns folgten, nicht erneuert. Das weiß ich; aber ich bin mir sogar sicher, daß alle zweiundzwanzig von uns sich im selben Wasser wuschen.

Ich tat nur so, als ob ich mich wusch, indem ich etwas von dieser zweifelhaften Flüssigkeit auf mich spritzte, während ich sie hastig mit einem Handtuch abwischte, das naß von den Leibern anderer Männer war. Meine Gelassenheit wurde nicht wiederhergestellt, als ich den Rücken eines armen Kerls voller Blut von Schädlingsangriffen und Vergeltungskratzern sah.

Ein Hemd wurde mir ausgehändigt – ich konnte nicht anders, als mich zu fragen, wie viele anderen Männer es getragen hatten; und mit ein paar Decken unter dem Arm stapfte ich in den Schlafsaal. Dies war ein langer, schmaler Raum, durchzogen von zwei niedrigen Eisenschienen. Zwischen diesen Schienen waren nicht etwa Hängematten gespannt, sondern Leinwandstücke, sechs Fuß lang und weniger als zwei Fuß breit. Das waren die Betten, und sie waren fünfzehn Zentimeter voneinander entfernt und etwa zwanzig Zentimeter über dem Boden. Die Hauptschwierigkeit bestand darin, daß der Kopf etwas höher als die Füße war, was den Körper ständig zum Abrutschen brachte. Da sie an den gleichen Schienen befestigt waren, kam immer, wenn ein Mann sich, egal wie leicht, bewegte, der Rest ins Schaukeln; und jedesmal, wenn ich eindöste, kämpfte sich nur zu gewiß wieder jemand in die Position zurück, aus der er gerutscht war, und weckte mich wieder auf.

Es vergingen viele Stunden, ehe ich Schlaf fand. Es war erst sieben Uhr abends, und die schrillen Stimmen der Kinder, die auf der Straße spielten, ertönten bis fast Mitternacht. Der Geruch war furchtbar und widerwärtig, während sich meine Einbildung selbständig machte und meine Haut zu kribbeln begann, bis ich fast verzweifelte. Grunzen, Ächzen und Schnarchen erhoben sich wie die Geräusche eines Seeungeheuers, und mehrere Male, vom Alptraum geplagt, weckte der eine oder andere uns alle durch sein Schreien und Rufen. Gegen Morgen wurde ich von einer Ratte oder einem ähnlichen Tier auf meiner Brust geweckt. In dem schnellen Übergang vom Schlaf zum Erwachen gab ich, ehe ich noch ganz bei mir war, einen Schrei von mir, mit dem ich die Toten hätte erwecken können. Zumindest weckte ich die Lebenden, und sie verfluchten mich allesamt wegen meiner schlechten Manieren.

Whitechapel-Krankenhaus.

Aber der Morgen kam, mit einem 6-Uhr-Frühstück von Brot und Grütze, das ich verschenkte, und wir wurden zu unseren verschiedenen Aufgaben geschickt. Einige wurden zum Schrubben und Putzen abgeordnet, andere zum Wergzupfen, und acht von uns wurden auf die andere Straßenseite in die Whitechapel-Krankenstube gebracht, wo wir zur Müllentsorgung abgestellt wurden. Solcherart bezahlten wir unsere Grütze und die Leinwand, und ich für meinen Fall weiß, daß ich viele Male vollständig bezahlt habe.

Obwohl wir die empörendsten Aufgaben zu erledigen hatten, galt unsere Zuteilung als die beste und die anderen Männer schätzten sich glücklich, daß sie ausgewählt wurden, um die Arbeit durchzuführen.

„Faß das Zeug nicht an, Kamerad, die Schwester sagt, es sei tödlich", warnte mein Arbeitskollege, als ich einen Sack offen hielt, in den er einen Abfalleimer entleerte.

Der Abfall kam von den Krankenstuben und ich sagte ihm, daß ich ihn weder anzufassen beabsichtigte, noch es ihm erlauben würde, mich zu berühren. Nichtsdestoweniger mußte ich diesen Sack und andere Säcke fünf Treppen hinunter tragen und sie in ein Gefäß leeren, wo die verseuchten Abfälle schnell mit starkem Desinfektionsmittel besprengt wurden.

Vielleicht liegt in all dem eine weise Gnade. Diese Männer des Arbeitshauses, der Armenspeisung und der Straße sind Lasten. Sie sind für niemanden zu etwas gut oder nütze, nicht einmal für sich selbst. Sie belasten die Erde mit ihrer Anwesenheit und sind besser aus dem Weg. Gebrochen durch die Not, schlecht genährt und noch schlechter gepflegt, sind sie stets die ersten, die von Krankheiten heimgesucht werden, an denen sie außerdem am schnellsten sterben. Sie fühlen selbst, daß die Kräfte der Gesellschaft dazu neigen, sie aus der Existenz zu werfen.

Wir versprengten Desinfektionsmittel vor der Leichenhalle, als der Leichenwagen vorfuhr und fünf Leichen hineingepackt wurden. Das Gespräch drehte sich um den „Weißen Trank" und die „Schwarze Mixtur", und ich erfuhr, daß sie sich alle einig darüber waren, daß die arme Person, Mann oder Frau, die in der Krankenstation zu viel Ärger machte oder in einer schlimmen Verfassung war, „abserviert" wurde. Das heißt, die Unheilbaren und die Unerschrockenen erhielten eine Dosis „Schwarze Mixtur" oder den „Weißen Trank" und wurden ins Jenseits geschickt. Es ist völlig gleichgültig, ob das tatsächlich so ist oder nicht. Der Punkt ist, sie haben das Gefühl, daß es so ist, und sie haben die Sprache geschaffen, mit der man dieses Gefühl ausdrücken kann – „Schwarze Mixtur", „Weißer Trank", „Abservieren".

Um acht Uhr gingen wir in einen Keller unter dem Krankenhaus, wo uns Tee gebracht wurde, und die Reste des Krankenhausessens. Sie lagen aufgehäuft auf einer riesigen Platte und bestanden aus einer unbeschreiblichen Masse von Brot, Fettstücken und fettem Schweinefleisch, verbrannter Haut, Knochen, kurz gesagt, all den Hinterlassenschaften von den Fingern und den Mündern der Kranken, die an allerlei Krankheiten litten. In dieses Durcheinander stürzten die Männer ihre Hände, gruben, scharrten, drehten um, prüften, verschmähten und suchten weiter. Es war nicht schön. Schweine hätten es nicht übler machen können. Aber die armen Teufel waren hungrig, und sie aßen den Fraß gierig, und als sie nichts mehr essen konnten, banden sie das, was noch übrig war, in ihre Taschentücher und steckten es unter ihre Hemden.

„Einmal, als ich schon einmal da war, habe ich da draußen eine ganze Menge Schweinerippen gefunden", sagte Ginger zu mir. Mit „da draußen" meinte er den Ort, an dem die verseuchten Abfälle abgeladen und mit starkem Desinfektionsmittel besprengt wurden. „Sie waren erstklassig, endlos Fleisch auf ihnen, und ich lud sie in meine Arme und war aus dem Tor und die Straße hinunter, und hielt Ausschau nach jemandem, dem ich sie geben könnte. Ich konnte keine Seele sehen, und ich rannte wie wild herum. Der Aufseher rannte hinter mir her und dachte, daß ich weglaufen wollte. Aber gerade, ehe er mich erwischte, sah ich eine alte Frau und stopfte die Knochen in ihre Schürze."

O Wohltätigkeit, o Menschenliebe, steige zum Arbeitshaus herab und nimm dir ein Beispiel an Ginger. Am Grunde des Abgrunds vollführte er eine solch altruistische Handlung, wie sie nur je außerhalb des Abgrunds vollführt wurde. Es war eine feine Tat von Ginger, und selbst wenn die alte Frau sich durch das „endlose Fleisch" auf den Schweinerippen mit irgendetwas angesteckt haben sollte, war sie immer noch gut, wenn auch nicht ganz so gut. Aber die bemerkenswerteste Sache bei diesem Vorfall, so scheint mir, ist der arme Ginger, wie er „schier verrückt" wurde, als er sah, daß so viel Essen verschwendet werden sollte.

Es ist die Regel der zwanglosen Abteilung, daß ein Mann, der eintritt, zwei Nächte und einen Tag bleiben muß; aber ich hatte genug für meinen Zweck gesehen, hatte für meine Grütze und Leinwand gezahlt, und schickte mich an, davonzulaufen.

„Komm schon, laß uns die Fliege machen", sagte ich zu einem meiner Freunde und zeigte auf das offene Tor, durch das der Leichenwagen gekommen war.

„Um vierzehn Tage einzufahren?"

„Nein, um fortzukommen."

„Ach, ich bin hergekommen, um mich auszuruhen", sagte er friedlich. „Eine weitere Nacht dort kann nicht schaden."

Sie waren alle dieser Meinung, also war ich gezwungen, alleine die Fliege zu machen.

„Du kannst nie wieder zurückkommen, um hier zu pennen", warnten sie mich.

„Das macht nichts", sagte ich mit einer Begeisterung, die sie nicht verstehen konnten; und ich flog aus dem Tor und raste die Straße hinunter. Direkt in mein Zimmer eilte ich, zog mich um, und weniger als eine Stunde nach meiner Flucht schwitzte ich in einem türkischen Bad heraus, was auch immer an Keimen und anderen Dingen in meine Haut eingedrungen war, und wünschte nur, ich hätte eine Temperatur dreimal so hoch wie der Siedepunkt vertragen können.

10. KAPITEL

DAS BANNER TRAGEN

Ich hätte den Arbeiter nicht dem Ergebnis geopfert.
Ich würde den Arbeiter weder meiner Bequemlichkeit
Und meinem Stolz opfern,
Noch dem einer ganzen Klasse von meinesgleichen.
Soll es schlechte Baumwolle und bessere Männer geben.
Der Weber sollte keinen geringeren Wert als seine Arbeit haben.
Emerson.

„DAS Banner tragen" heißt, die ganze Nacht durch die Straßen gehen; und ich, das symbolische Abzeichen hissend, ging hinaus, um zu sehen, was es zu sehen gäbe. Männer und Frauen gehen nachts überall in dieser großartigen Stadt durch die Straßen, aber ich wählte das West End, machte den Leicester Square zu meinem Ausgangspunkt und spazierte vom Ufer der Themse bis zum Hyde Park.

Der Regen fiel schwer herab, als die Theater schlossen, und die glänzende Menge, die aus den Vergnügungsstätten strömte, hatte große Mühe, Wagen zu finden. Die Straßen waren von einer Flut von Droschken überschwemmt, von denen die meisten jedoch besetzt waren; und hier sah ich die verzweifelten Versuche von zerlumpten Männern und Jungen, etwas Geld für einen Schutz vor der Nacht zu bekommen, indem sie Wagen für die droschkenlosen Damen und Herren beschafften. Ich benutze das Wort „verzweifelt" mit Bedacht, denn diese elenden Obdachlosen setzten die Nässe gegen ein Bett, und die meisten von ihnen, wie ich bemerkte, bekamen die Nässe und kein Bett. Nun, mit nasser Kleidung durch eine stürmische Nacht zu gehen, und außerdem schlecht genährt zu sein und seit einer Woche oder einem Monat kein Fleisch mehr geschmeckt zu haben, ist so ziemlich die schwerste Not, die ein Mensch nur erleiden kann. Gut genährt und gut gekleidet war ich den ganzen Tag bei Temperaturen bis zu Minus siebenundvierzig Grad Celsius – Minus einhundertsechs Grad Fahrenheit – gereist (Dies war in Klondike. — J. L.); und obwohl ich litt, war das nichts im Vergleich zu den Leiden eines Menschen, der die ganze Nacht das Banner tragen muß, der schlecht genährt, schlecht gekleidet und bis auf die Haut durchnäßt ist.

Abends am Leicester Square.

Die Straßen wurden öde und still, nachdem das Theaterpublikum nach Hause gegangen war. Man sah nur die allgegenwärtigen Polizisten, die mit ihren Laternen in Eingänge und Gassen leuchteten, und Männer, Frauen und Knaben, die im Windschatten von Gebäuden Schutz vor Wind und Regen suchten. Piccadilly war jedoch nicht ganz so verlassen. Die Bürgersteige wurden von gut gekleideten Frauen ohne Begleitung belebt, und dort fand wegen des Prozesses der Suche nach Begleitung mehr Leben und Handlung statt als anderswo. Aber um drei Uhr war die letzte von ihnen verschwunden, und dann war es wirklich einsam.

Um halb zwei hörte der stetige Regen auf, und danach fielen nur noch Schauer. Die Obdachlosen kamen aus dem Schutz der Gebäude heraus und liefen überall auf und ab, um die Blutzirkulation anzuregen und sich warm zu halten.

Eine alte Frau, zwischen fünfzig und sechzig, ein unansehnliches Wrack, hatte ich schon in der Nacht bemerkt, als ich am Piccadilly, nicht weit vom Leicester Square, stand. Sie schien weder Lust noch Kraft zu haben, aus dem Regen herauszukommen oder weiterzugehen, sondern stand dröge da, wenn sie die Gelegenheit hatte; um über vergangene Tage nachzudenken, vermute ich, als das Leben jung und das Blut noch heiß war. Aber sie hatte nicht oft Gelegenheit dazu. Sie wurde von jedem Schutzmann aufgescheucht, und es erforderte durchschnittlich sechs fahrige Bewegungen, um sie von einem

Schutzmann zum anderen zu schicken. Um drei Uhr war sie bis zur St. James Street vorgedrungen, und als die Uhren vier Uhr anzeigten, sah ich sie, gegen die eisernen Geländer des Green Parks gelehnt, tief und fest schlafen. Zu dieser Zeit fiel ein kräftiger Schauer, und sie mußte bis auf die Haut durchnäßt sein.

Nur um von den Polizisten gesehen zu werden,
die mit ihren Lampen in Eingänge und Gassen leuchteten.

Ich sah eine alte Frau, ein unansehnliches Wrack, tief schlafen.

Nun, sagte ich um ein Uhr zu mir; bedenke, daß du ein armer junger Mann, und mittellos in London Town bist, und daß du morgen nach Arbeit suchen mußt. Es ist daher notwendig, daß du etwas Schlaf bekommst, damit du Kraft hast, nach Arbeit zu suchen und Arbeit zu erledigen, falls du sie findest.

Also setzte ich mich auf die steinernen Stufen eines Gebäudes. Fünf Minuten später sah ein Schutzmann zu mir. Meine Augen waren weit geöffnet, so daß er nur grunzte und weiterging. Zehn Minuten später sank mein Kopf auf meine Knie, ich döste, und derselbe Schutzmann sagte schroff: „Du da, steh auf!"

Unter den Brückenbögen.

Ich tat es. Und wie die alte Frau fuhr ich fort, es zu tun; denn jedes Mal, wenn ich eindöste, war ein Schutzmann da, um mich wieder zu vertreiben. Nicht lange danach, als ich das aufgegeben und mich einem jungen Londoner (der in den Kolonien gewesen war und wünschte, er wäre wieder dort) angeschlossen hatte, bemerkte ich einen offenen Durchgang, der unter ein Gebäude führte und in der Dunkelheit verschwand. Ein niedriges eisernes Tor versperrte den Eingang.

„Komm schon", sagte ich. „Laß uns da reinklettern und gut schlafen."

„Was?", antwortete er und wich vor mir zurück. „Und drei Monate eingebuchtet werden! Verdammt soll ich sein, wenn ich das tue!"

Später ging ich mit einem vierzehn- oder fünfzehnjährigen Jungen am Hyde Park vorbei, einem elend aussehenden jungen Mann, hager, hohläugig und krank.

„Laß uns über den Zaun gehen", schlug ich vor, „und ins Gebüsch krabbeln, um zu schlafen. Die Schutzleute würden uns dort nicht finden."

„Die vielleicht nicht", antwortete er. „Aber die Parkwächter, und sie würden dich für sechs Monate einsperren lassen."

Ach! die Zeiten haben sich geändert. Als ich ein Junge war, habe ich von obdachlosen Jungen gelesen, die in Eingängen schliefen. Das ist schon zur Tradition geworden. Derart wird dies zweifellos noch ein Jahrhundert in der Literatur herumgeistern, aber als Tatsache ist es nicht mehr so. Hier sind die Eingänge, und dort sind die Jungen, aber glückliche Verbindungen werden nicht mehr bewirkt. Die Eingänge bleiben leer, und die Jungen bleiben wach und tragen das Banner.

„Ich war unten unter den Bögen", grummelte ein anderer junger Gefährte. Mit „Bögen" meinte er diejenigen, mit denen die Brücken beginnen, die die Themse überspannen. „Ich war unten unter den Bögen, als es am ärgsten regnete, und ein Schutzmann kommt rein und jagt mich heraus. Aber ich komme zurück, und er kommt auch. ‚Du', sagt er, ‚was machst du da?' Und ich gehe wieder hinaus, aber ich sage: ‚Glauben Sie, ich will die verdammte Brücke stehlen?'"

Unter denen, die das Banner tragen, hat Green Park den Ruf, früher als die anderen Parks seine Tore zu öffnen, und um viertel nach vier gingen ich und viele andere in den Green Park. Es regnete wieder, aber sie waren erschöpft vom nächtlichen Umhergehen, und sie legten sich auf die Bänke und schliefen sofort ein. Viele der Männer streckten sich in voller Länge auf dem tropfnassen Gras aus und schliefen den Schlaf der Erschöpfung, während der Regen stetig auf sie fiel.

Green Park.

Und jetzt möchte ich die Obrigkeit kritisieren. Sie *sind* die Machthaber, deshalb können sie entscheiden, was immer ihnen beliebt; dennoch möchte mich nur erkühnen, die Lächerlichkeit ihrer Dekrete zu kritisieren. Die ganze Nacht lassen sie die Obdachlosen auf und ab gehen. Sie treiben sie aus Hauseingängen und Passagen und sperren sie aus den Parks aus. Die offensichtliche Absicht all dessen ist es, sie des Schlafes zu berauben. Das ist ja alles gut und schön, die Obrigkeit hat die Macht, ihnen den Schlaf oder auch anderes zu entziehen; aber warum nur öffnen sie dann die Tore der Parks um fünf Uhr morgens und lassen die Obdachlosen hineingehen und schlafen? Wenn sie beabsichtigen, ihnen den Schlaf zu entziehen, warum lassen sie sie nach fünf Uhr morgens schlafen? Und wenn es nicht ihre Absicht ist, sie des Schlafes zu berauben, warum lassen sie sie nicht früher in der Nacht schlafen?

In diesem Zusammenhang will ich anführen, daß ich am selben Tag um ein Uhr nachmittags am Green Park vorbeikam, und daß ich Dutzende der zerlumpten armen Wesen, die im Grase schliefen, zählte. Es war Sonntagnachmittag, die Sonne schien gelegentlich hinter den Wolken hervor, und die gut gekleideten Leute aus dem West End waren zu Tausenden mit ihren Frauen und Nachkommen unterwegs und genossen die Luft. Es war kein angenehmer Anblick für sie, diese schrecklichen, ungepflegten, schlafenden

Vagabunden; während die Vagabunden selbst, wie ich weiß, lieber in der Nacht zuvor geschlafen hätten.

Und so, liebe weichherzige Leute, solltet ihr jemals London Town besuchen und diese Männer auf den Bänken und im Gras schlafen sehen, denkt bitte nicht, daß sie faule Kreaturen sind, die lieber schlafen, als zu arbeiten. Wisset, daß die Obrigkeit sie die ganze Nacht lang herumlaufen ließ, und daß sie am Tag nirgendwo anders schlafen können.

Die gut gekleideten Leute aus dem West End waren zu Tausenden mit ihren Frauen und Nachkommen unterwegs und genossen die Luft.

11. KAPITEL

DIE ARMENSPEISUNG

Und ich glaube, daß diese Forderung nach einem gesunden Körper für uns
Alle anderen gerechtfertigten Forderungen in sich birgt:
Denn wer weiß, woher die Saaten der Krankheit,
Woran selbst reiche Leute leiden, stammen?
Von einem reichen Vorfahren vielleicht;
Öfter jedoch, vermute ich, von einem armen.
    William Morris.

ABER nachdem ich die ganze Nacht das Banner getragen hatte, schlief ich nicht im Green Park, als der Morgen dämmerte. Ich war buchstäblich naß bis auf die Haut, und ich hatte seit vierundzwanzig Stunden nicht geschlafen; aber, mich immer noch als mitteloser Mann auf Arbeitssuche ausgebend, mußte ich mich zuerst um ein Frühstück und dann um Arbeit bemühen.

In der Nacht hatte ich von einem Ort auf der Surrey-Seite der Themse gehört, wo die Heilsarmee jeden Sonntagmorgen ein Frühstück an die Ungewaschenen verteilte. (Und übrigens, die Männer, die das Banner tragen, *sind* am Morgen ungewaschen, und wenn es nicht regnet, haben sie auch nicht viel Gelegenheit, sich zu waschen.) Das, dachte ich, ist genau das Richtige – Frühstück im Morgen, und dann den ganzen Tag, um nach Arbeit zu suchen.

Es war ein ermüdender Spaziergang. Ich schleppte meine müden Beine die St. James Street hinab, durch die Pall Mall, am Trafalgar Square vorbei zum Ufer. Ich überquerte die Waterloo Bridge bis zur Surrey-Seite, überquerte die Blackfriars Road, kam in der Nähe des Surrey Theatres heraus und erreichte die Kaserne der Heilsarmee vor sieben Uhr. Dies war die „Stütze". Und unter der „Stütze" wird im Jargon der Ort verstanden, an dem eine freie Mahlzeit erhalten werden kann.

Hier hatte sich eine bunt zusammengewürfelte Menge verzweifelter Elender eingefunden, die die Nacht im Regen verbracht hatten. Solch furchtbares Elend! und so viel davon! Alte Männer, junge Männer, alle möglichen Männer und alle möglichen Knaben dazu. Einige dösten im Stehen; ein halbes Dutzend von ihnen war auf den Steinstufen in den schmerzhaftesten Positionen ausgestreckt, alle in tiefem Schlaf versunken, die Haut ihrer Körper leuchtete rot durch die Löcher und Risse in ihren Lumpen. Und die

Straße hinauf und hinab und auf der anderen Straßenseite, in jeder Richtung, hatte jede Eingangsstufe zwei bis drei Bewohner, die alle eingeschlafen waren und ihre Köpfe auf die Knien beugten. Und es muß daran erinnert werden, daß dies keine schweren Zeiten in England sind. Die Dinge laufen so weiter, wie sie es normalerweise tun, und die Zeiten sind weder gut noch schlecht.

Kaserne der Heilsarmee in der Nähe des Surrey Theaters.

Und dann kam der Schutzmann. „Geh raus da, du Schwein! He! He! Scher dich fort!" Und als wären sie Schweine, trieb er sie von den Türen und zerstreute sie in alle vier Winde von Surrey. Aber als er der auf den Stufen schlafenden Menge begegnete, war er erstaunt. „Schockierend!", rief er aus. „Schockierend! Und das an einem Sonntagmorgen! Ein schöner Anblick! He! He! Schert euch fort, ihr verfluchten Nervensägen!"

Natürlich war es ein schockierender Anblick, ich war selbst schockiert. Und ich hätte nicht gewollt, daß meine eigene Tochter ihre Augen mit solch einem Anblick verschmutzt, oder innerhalb einer halben Meile davon kommt; aber – und da waren wir, und da bist du, und „aber" ist alles, was gesagt werden kann.

Der Schutzmann ging weiter, und wir drängten uns wieder zusammen, wie Fliegen um einen Honigtopf. Denn gab es hier nicht diese wunderbare Sache, ein Frühstück, das uns erwartete? Wir hätten uns nicht beharrlicher und verzweifelter zusammendrängen können, wenn sie Millionen-Dollar-Banknoten verschenkt hätten. Einige waren schon eingeschlafen, als der Schutzmann zurückkam und wir zerstreuten uns wieder; aber nur, um wiederzukommen, sobald die Luft wieder rein war.

Um halb acht öffnete sich eine Tür, und ein Soldat der Heilsarmee streckte den Kopf aus. „Es macht keinen Sinn, den Weg auf diese Weise zu blockieren", sagte er. „Diejenigen, die Marken haben, können jetzt reinkommen, und diejenigen, die keine haben, können nicht vor neun rein."

Sonntagmorgen im Hof der Heilsarmee-Kaserne.

Oh, dieses Frühstück! Neun Uhr! Anderthalb Stunden länger! Die Männer, die Marken hatten, wurden sehr beneidet. Sie durften hineingehen, sich waschen, und sich bis zum Frühstück hinsetzen und ausruhen, während wir auf der Straße auf das gleiche Frühstück warteten. Die Marken waren in der vergangenen Nacht auf den Straßen und entlang des Ufers verteilt worden, und der Besitz von ihnen war keine Frage des Verdienstes, sondern des Zufalls.

Um acht Uhr dreißig wurden mehr Männer mit Marken eingelassen, und um neun Uhr wurde uns das kleine Tor geöffnet. Wir brachen irgendwie hindurch und fanden uns zusammengedrängt wie Sardinen in einem Hof wieder. Als Yankee im Yankeeland mußte ich bei mehr als einer Gelegenheit für mein Frühstück arbeiten; aber für kein Frühstück habe ich jemals so hart gearbeitet wie für dieses. Mehr als zwei Stunden hatte ich draußen gewartet, und mehr als eine weitere Stunde wartete ich in diesem überfüllten Hof. Ich hatte die ganze Nacht nichts zu essen gehabt, und ich fühlte mich schwach und schwindelig, während der Geruch der verschmutzten Kleider und ungewaschenen Körper, die von der eingeschlossenen Stallwärme dampften und mich fest umschlossen, mir fast den Magen umdrehte. So eng waren wir gedrängt, daß einige Männer die Gelegenheit nutzten und im Stehen fest einschliefen.

Nun, über die Heilsarmee im Allgemeinen weiß ich nichts, und welche Kritik ich hier auch immer vorbringen werde, bezieht sich auf jene Abteilung der Heilsarmee, die sich in der Blackfriars Road in der Nähe des Surrey Theatre befindet. Vor allem ist dieser Zwang, stundenlang auf ihren Füßen zu stehen, für die Männer, die die ganze Nacht wach geblieben sind, so grausam wie unnötig. Wir waren schwach, ausgehungert und erschöpft von der Not und dem Schlafmangel unserer Nacht, und doch standen wir da und standen und standen ohne ersichtlichen Grund.

Seeleute waren in dieser Menge sehr zahlreich. Es schien mir, als suchte jeder vierte Mann ein Schiff, und ich erfuhr, daß mindestens ein Dutzend von ihnen amerikanische Seeleute waren. Angesichts dessen, daß sie „gestrandet" waren, erfuhr ich von jedem die gleiche Geschichte, und aus meiner Kenntnis der Seeangelegenheiten klang diese Geschichte wahr. Englische Schiffe heuerten ihre Seeleute für die ganze Reise an, was die Hin- und Rückfahrt bedeutet und manchmal bis zu drei Jahren dauert; und sie können ihre Entlassung nicht entgegennehmen, ehe sie den Heimathafen erreichen, der England ist. Die Löhne sind niedrig, das Essen ist schlecht und die Behandlung schlechter. Sehr oft werden sie wirklich von ihren Kapitänen gezwungen, in der Neuen Welt oder in den Kolonien von Bord zu gehen, wobei sie eine ansehnliche Summe von Löhnen hinter sich lassen - ein deutlicher Gewinn, entweder für den Kapitän oder die Eigner oder für beide. Aber ob nun allein aus diesem Grund oder nicht, ist es eine Tatsache, daß viele von ihnen desertieren. Dann heuert das Schiff für die Heimreise alle Matrosen an, die es am Strand finden kann. Diese Männer werden zu den etwas höheren Löhnen beschäftigt, die in anderen Teilen der Welt erhalten werden, unter der Bedingung, daß sie sich abmustern, wenn sie England erreichen. Der Grund dafür ist offenkundig; denn es wäre schlechte Geschäftspolitik, sie für längere Zeit anzuheuern, da die Löhne für Matrosen in England niedrig sind und England immer mit gestrandeten Matrosen überfüllt ist. Und dies traf völlig auf die amerikanischen Matrosen vor den Kasernen der Heilsarmee zu. Um aus anderen unbequemen Orten, an denen sie gestrandet waren, fortzukommen, waren sie nach England gekommen und dort an der haarsträubendsten Stelle von allen gestrandet.

Es gab sicher ein Dutzend Amerikaner in der Menge, die Nichtseeleute waren „königliche Landstreicher", jene Männer, deren „Genosse der Wind ist, der die Welt bereist". Sie waren alle fröhlich, und stellten sich den Dingen mit dem Mut, der ihre Haupteigenschaft ist und der sie nie zu verlassen scheint, während sie das Land mit lebhaften Metaphern verfluchten, die nach einem Monat des einfallslosen, eintönigen Cockney-Fluchens recht erfrischend sind. Der Cockney-Dialekt verfügt über einen Fluch und zwar nur einen, den unanständigsten in der Sprache, den er bei jeder Gelegenheit benutzt. Ganz anders ist das strahlende und abwechslungsreiche westliche Fluchen, das eher zur Blasphemie als zur Unanständigkeit neigt. Und schließlich, da Männer ohnehin fluchen werden, denke ich, daß ich Blasphemie der Unzucht vorziehe; es liegt eine Kühnheit darin, eine Abenteuerlust und ein Trotz, die besser sind als bloße Schmutzigkeit.

Es gab einen amerikanischen Landstreicher, den ich besonders unterhaltsam fand. Ich bemerkte ihn zuerst auf der Straße, schlafend vor einer Tür, den Kopf auf den Knien, aber einen Hut auf dem Kopf, wie man ihn auf dieser Seite des Atlantischen Ozeans nicht findet. Als der Schutzmann ihn aufscheuchte, stand er langsam und bedächtig auf, sah den Schutzmann an, gähnte und streckte sich, sah wieder den Schutzmann an und sagte, er wisse nicht, ob er gehen wolle oder nicht, und schlenderte dann gemächlich den Bürgersteig hinunter. Zuerst hatte ich nur den Hut als zweifelsohne aus Amerika stammend erkannt, nun wußte ich aber sicher, daß auch sein Träger von dort kam.

In dem Gedränge drinnen fand ich mich neben ihm, und wir unterhielten uns. Er hatte Spanien, Italien, die Schweiz und Frankreich durchquert und die praktisch unmögliche Leistung vollbracht, als blinder Passagier dreihundert Meilen auf einer französischen Eisenbahn zu fahren, ohne am Ziel erwischt zu werden. Wo ich mich aufhielte?, fragte er. Und wie ich zum „Pennen" käme. Ob ich mich hier gut zurechtfände? Er käme zurecht, obwohl das Land „öde" und die Städte „mies" seien. Es sei schon furchtbar, nicht wahr? Nirgends konnte man betteln, ohne erwischt zu werden. Aber er würde nicht aufgeben. Buffalo Bills Show käme bald vorbei, und ein Mann, der acht Pferde lenken könne, würde jederzeit eine Beschäftigung finden. Diese Trottel hier drüben wüßten nichts über das Lenken von mehr als einem Gespann. Wie es mit mir wäre, ob ich auch auf Buffalo Bill warten wolle? Er sei sicher, daß ich irgendwie mitmachen könne.

Blut ist doch dicker als Wasser. Wir waren Landsleute und Fremde in einem fremden Land. Beim Anblick seines verbeulten alten Huts erwärmte sich mein Herz, und er war so besorgt um mein Wohlergehen, als wären wir Blutsbrüder. Wir tauschten alle möglichen nützlichen Informationen über das Land und seine Bewohner aus, über Methoden, wie man an Nahrung und Unterkunft kommen kann, und wie nicht, und als wir uns trennten, bedauerten wir aufrichtig, daß wir uns voneinander verabschieden mußten.

Für eine Stunde standen wir ruhig in diesem überfüllten Hof.

Besonders auffällig in dieser Menge war die geringe Körperhöhe. Ich, der ich bloß mittelgroß bin, schaute neun von zehn über die Köpfe. Die Einheimischen waren alle klein, ebenso wie die ausländischen Seeleute. Es gab nur fünf oder sechs in der Menge, die man ziemlich groß nennen konnte, und das waren Skandinavier und Amerikaner. Der größte Mann dort war jedoch eine Ausnahme. Er war Engländer, aber kein Londoner. „Kandidat für die Leibgarde", bemerkte ich zu ihm. „Da liegst du richtig, Kamerad", war seine Antwort; „ich habe dort meinen Dienst geleistet, und so wie die Dinge sind, werde ich bald wieder dort sein."

Für eine Stunde standen wir still in diesem überfüllten Hof. Dann begannen die Männer unruhig zu werden. Es gab ein Gedränge und Geschiebe und ein leises Stimmengewirr. Nichts Grobes jedoch, und nichts Gewalttätiges; nur die Ruhelosigkeit müder und hungriger Männer. An dieser Stelle kam der Adjutant. Ich mochte ihn nicht. Seine Augen waren nicht gut. Es gab nichts von dem bescheidenen Galiläer an ihm, sondern einen großen Teil des Centurions, der sagte: „Denn auch ich bin ein Mensch unter Befehlsgewalt und habe Soldaten unter mir; und ich sage zu diesem: Geh hin!, und er geht; und zu einem anderen: Komm!, und er kommt; und zu meinem Knecht: Tu dies!, und er tut es."

Nun, er sah uns genau so an, und diejenigen, die ihm am nächsten standen, zitterten. Dann erhob er seine Stimme.

„Hört jetzt auf damit, oder ich drehe euch in die andere Richtung und schicke euch fort, und ihr werdet kein Frühstück bekommen."

Ich kann durch die geschriebene Sprache nicht die unerträgliche Weise, in der er dies sagte, vermitteln. Es schien mir, als gefiele er sich darin, daß er ein Mann mit Autorität war, der in der Lage war, zu fünfhundert zerlumpten Elenden zu sagen: „Ich entscheide, ob ihr eßt oder hungert."

Uns nach stundenlangem Stehen unser Frühstück zu verweigern! Es war eine furchtbare Drohung, und die jämmerliche, erbärmliche Stille, die sofort eintrat, bezeugte ihre Scheußlichkeit. Und es war eine feige Drohung. Wir konnten nicht zurückschlagen, weil wir verhungerten; und es ist der Gang der Welt, daß, wenn ein Mensch einen anderen füttert, er der Meister dieses Menschen ist. Aber der Centurion – ich meine der Adjutant – war noch nicht zufrieden. In der Totenstille hob er erneut seine Stimme und wiederholte die Drohung und verdeutlichte sie.

Endlich durften wir den Bankettsaal betreten, wo wir die „Markenmänner" zwar gewaschen, aber ungefüttert fanden. Alles in allem mußten es fast siebenhundert von uns sein, die sich hinsetzten – nicht zu Fleisch oder Brot, sondern zu Ansprache, Gesang und Gebet. Von all dem bin ich überzeugt, daß Tantalus auf dieser Seite der Höllenregionen in vielerlei Gestalt leidet. Der Adjutant machte das Gebet, aber ich nahm es nicht zur Kenntnis, weil ich zu sehr in das Bild des Elends vor mir vertieft war. Aber die Rede lautete in etwa so: „Du wirst im Paradies schlemmen. Egal, wie du hier hungert und leidest, im Paradies wirst du schlemmen, vorausgesetzt, daß du den Anweisungen folgst." Und so weiter und so fort. Ein schlauer Akt der Propaganda, wie ich verstand, aber aus zwei Gründen vergeblich. Erstens waren die Männer, an die sie angewandt wurde, phantasielos und materialistisch, wußten nichts von der Existenz eines Unsichtbaren und waren auch zu sehr in der Hölle auf Erden gefangen, um von der kommenden Hölle erschreckt zu werden. Und zweitens waren sie müde und erschöpft von der schlaflosen und elenden Nacht, litten unter dem langen Herumstehen auf ihren Füßen, und sehnten sich, ohnmächtig vor Hunger, nicht nach Erlösung, sondern nach Nahrung. Die „Seelenfänger" (wie diese Männer alle religiösen Propagandisten nennen) sollten die physiologischen Grundlagen der Psychologie ein wenig studieren, wenn sie ihre Bemühungen effektiver machen wollen.

Zeitig gegen elf Uhr war das Frühstück da. Es kam nicht auf Tellern, sondern in Papierpäckchen. Ich bekam nicht alles, was ich wollte, und ich bin mir sicher, daß dort kein Mann alles bekam, was er wollte, oder nur die Hälfte von dem, was er wollte oder brauchte. Ich trat einen Teil meines Brotes an den königlichen Landstreicher ab, der auf Buffalo Bill wartete, und er war am Ende genauso hungrig wie am Anfang. Dies ist das Frühstück: zwei Scheiben Brot, ein kleines Stück Brot mit Rosinen darin und „Kuchen" genannt, ein Stück Käse, und ein Becher dünner Tee. Eine große Anzahl der Männer hatte seit fünf Uhr darauf gewartet, während wir alle mindestens vier Stunden gewartet hatten; und außerdem waren wir wie Schweine gedrängt worden, wie Sardinen eingezwängt und wie Hunde behandelt, und es wurde für uns gepredigt und gesungen und gebetet. Und das war noch nicht alles.

Kaum war das Frühstück vorbei (und es war fast so schnell vorbei, wie es brauchte, es zu erzählen), als die müden Köpfe zu nicken und herabzusinken begannen, und nach fünf Minuten war die Hälfte von uns fest eingeschlafen. Es gab keine Anzeichen dafür, daß wir entlassen wurden, wohingegen es unmißverständliche Anzeichen für eine Vorbereitung auf eine Versammlung gab.

Ich schaute auf eine kleine Uhr, die an der Wand hing. Sie zeigte fünfundzwanzig Minuten vor zwölf an. Oho, dachte ich, die Zeit fliegt, und ich muß doch noch nach Arbeit suchen.

„Ich möchte gehen", sagte ich zu ein paar wachen Männern in meiner Nähe.

„Du mußt noch zum Gottesdienst dableiben", war die Antwort.

„Wollt ihr bleiben?", fragte ich.

Sie schüttelten ihre Köpfe.

„Dann laßt uns gehen und ihnen sagen, daß wir raus wollen", fuhr ich fort. „Kommt schon."

Aber die armen Kreaturen waren entsetzt. Also überließ ich sie ihrem Schicksal und ging zum nächsten Heilsarmee-Mann.

„Ich möchte gehen", sagte ich. „Ich bin zum Frühstück hierher gekommen, damit ich in Form bin, um nach Arbeit zu suchen. Ich dachte nicht, daß es so lange dauern würde, um Frühstück zu bekommen. Ich glaube, ich habe eine Chance in Stepney eine Arbeit zu finden, und je früher ich losgehe, desto bessere Chancen habe ich, sie zu bekommen."

Er war wirklich ein guter Kerl, obwohl er von meiner Bitte erschreckt wurde. „Nun", sagte er, „wir halten gleich Gottesdienst, und du solltest besser bleiben."

„Aber das wird meine Chancen auf eine Arbeit verderben", drängte ich. „Und Arbeit ist gerade jetzt das Wichtigste für mich."

Da er nur ein einfacher Soldat war, verwies er mich an den Adjutanten, und vor dem Adjutanten wiederholte ich meine Gründe, warum ich zu gehen wünschte, und bat höflich, er möge mich gehen lassen.

„Aber das geht doch nicht", sagte er, ganz empörte Tugend über solche Undankbarkeit. „Die Idee!", schnaubte er. „Die Idee!"

„Wollen Sie damit sagen, daß ich hier nicht hinauskommen kann?", wollte ich wissen. „Daß Sie mich gegen meinen Willen hierbehalten werden?"

„Ja", schnaubte er.

Ich weiß nicht, was hätte geschehen können, denn ich wurde selbst empört; aber die „Versammlung" hatte die Situation bemerkt, und er zog mich in eine Ecke des Raumes und dann in ein anderes Zimmer. Hier forderte er mich erneut auf, meine Gründe für den Wunsch zu gehen zu erläutern.

„Ich möchte gehen", sagte ich, „weil ich in Stepney nach Arbeit suchen will und jede Stunde Verzögerung meine Chance, Arbeit zu finden, verringert. Es ist jetzt fünfundzwanzig Minuten vor zwölf. Als ich reinkam, dachte ich nicht, daß es so lange dauern würde, ein Frühstück zu bekommen."

„Du hast zu tun, was?", höhnte er. „Ein Geschäftsmann bist du, was? Warum bist du denn dann hergekommen?"

„Ich war die ganze Nacht draußen, und ich brauchte ein Frühstück, um mich zu stärken, um Arbeit zu finden. Deshalb bin ich hierher gekommen."

„Eine schöne Sache", fuhr er höhnisch fort. „Ein Geschäftsmann sollte nicht hierherkommen. Du hast einem armen Mann heute Morgen sein Frühstück weggenommen, das hast du getan."

Was eine Lüge war, denn jeder von uns war hineingekommen.

Jetzt frage ich, war das christlich, oder überhaupt ehrlich von ihm? — nachdem ich klar gesagt hatte, daß ich obdachlos und hungrig war, und daß ich nach Arbeit suchen wollte, meine Arbeitssuche „Geschäft" zu nennen, und mich darum einen Geschäftsmann zu nennen, und die Folgerung daraus zu ziehen, daß ein gut situierter Geschäftsmann kein wohltätiges Frühstück brauchte, und daß ich bei einem wohltätigen Frühstück ein paar hungrige Obdachlose ausgeraubt hätte, die keine Geschäftsleute waren.

Ich behielt die Beherrschung, aber ich ging noch einmal auf die Tatsachen ein und zeigte ihm klar und deutlich, wie ungerecht er war und wie er die Tatsachen verdreht hatte. Als ich keine Anzeichen von Zurückweichen zeigte (und ich bin mir sicher, daß meine Augen zu zucken begannen), führte er mich zur Rückseite des Gebäudes, wo auf einem offenen Platz ein Zelt stand. Im gleichen höhnischen Tonfall informierte er ein paar einfache Soldaten, die dort standen: „Hier ist ein Kerl, der geschäftlich zu tun hat und vor dem Gottesdienst gehen will."

Sie waren angemessen schockiert und sahen mit unsäglichem Entsetzen zu, wie er ins Zelt ging und den Major herausholte. Immer noch auf die gleiche spöttische Art und mit besonderer Betonung auf das „Geschäft", brachte er meinen Fall vor den Kommandanten. Der Major war eine andere Sorte Mensch. Ich mochte ihn, sobald ich ihn sah, und ich erklärte meinen Fall auf die gleiche Weise wie zuvor.

„Wußtest du nicht, daß du zum Gottesdienst bleiben mußt?", fragte er.

„Ganz und gar nicht", antwortete ich, „sonst wäre ich ohne Frühstück gegangen. Sie haben weder Plakate zu diesem Zweck angeschlagen, noch wurde ich darüber informiert, als ich den Ort betrat."

Er überlegte einen Moment. „Du kannst gehen", sagte er.

Es war zwölf Uhr, als ich wieder auf der Straße war, und ich konnte mich nicht entscheiden, ob ich in der Armee oder im Gefängnis gewesen war. Der Tag war halb vorbei, und Stepney war weit entfernt. Und außerdem war es Sonntag, und warum sollte selbst ein verhungerter Mann am Sonntag nach Arbeit suchen? Außerdem fand ich, daß ich eine harte Nacht damit verbracht hatte, durch die Straßen zu gehen, und einen harten Arbeitstag, um mein Frühstück zu bekommen; also gab ich mein Vorhaben auf, als verhungernder junger Mann Arbeit zu suchen, hielt einen Bus an und kletterte an Bord.

Nach einer Rasur und einem Bad, kroch ich ohne alle meine Kleidung zwischen saubere weiße Laken und schlief ein. Es war sechs Uhr abends, als ich meine Augen schloß. Als sie sich wieder öffneten, schlugen die Uhren neun Uhr am nächsten Morgen. Ich hatte fünfzehn Stunden hindurch geschlafen. Und während ich noch schläfrig dort lag, wanderten meine Gedanken zurück zu den siebenhundert Unglücklichen, die ich auf den Gottesdienst wartend zurückgelassen hatte. Kein Bad, keine Rasur für sie, keine sauberen weißen Laken und alle Kleider ausgezogen und fünfzehn Stunden Schlaf.

Nach dem Gottesdienst waren sie wieder auf der Straße, auf eine Brotkruste vor der Nacht hoffend, die lange schlaflose Nacht auf der Straße vor sich und das Nachdenken darüber, wie sie am nächsten Morgen eine Brotkruste bekommen könnten.

12. KAPITEL

KRÖNUNGSTAG

Oh du, durch Meere getrennt
Von ungeschützten Ländern!
Willst du jene ewig ertragen,
O Milton's England?
Seine Republik warst du,
Und da willst du ihre Knie umklammern?
Diese rostzerfreßnen Steuern,
Diese wurmzerfreßnen Lügen,
Die dein Haupt im Sturme peitschen,
Und man sieht es so klar, wie die Sonne
Durch die offne Luft und
Wolkenlose Himmel scheint!
Swinburne.

VIVAT Rex Eduardus! Sie haben heute einen König gekrönt, und es hat großen Jubel und ausgeklügelte Possen gegeben, und ich bin bestürzt und traurig. Ich habe nie etwas gesehen, das mit dem Schauspiel verglichen werden konnte, außer amerikanische Zirkusaufzüge und spanische Balletts, noch habe ich jemals etwas so Hoffnungsloses und so Tragisches gesehen.

Um die Krönungsprozession genießen zu können, hätte ich direkt aus Amerika zum Hotel Cecil kommen sollen, und dann direkt vom Hotel Cecil zu einem Fünf-Guinea-Platz zwischen den Gewaschenen. Mein Fehler war, daß ich von den Ungewaschenen des East Ends kam. Es waren nicht viele da, die aus diesem Viertel kamen. Das East End blieb als Ganzes im East End und betrank sich. Die Sozialisten, Demokraten und Republikaner gingen für einen Hauch frischer Luft aufs Land, völlig ungerührt von der Tatsache, daß vierhundert Millionen Menschen sich einen gekrönten und gesalbten Herrscher zulegten. Sechstausendfünfhundert Prälaten, Priester, Staatsmänner, Prinzen und Soldaten sahen die Krönung und Salbung, und der Rest von uns die Prozession, als sie vorüberzog.

Die Krönungsprozession in der St. James Street.

Ich sah sie auf dem Trafalgar Square, „dem schönsten Ort Europas", und dem innersten Herzen des Reiches.

Es waren viele Tausende von uns, die alle durch eine hervorragende Demonstration bewaffneter Macht kontrolliert und in Schach gehalten wurden. Die Marschlinie war von einer doppelten Reihe von Soldaten gesäumt. Der Fuß der Nelsonsäule war dreifach gesäumt mit Marinesoldaten. Nach Osten hin, am Eingang des Platzes, stand die königliche Marineartillerie. Im Dreieck der Pall Mall und Cockspur Street, wurde die Statue von George III. auf beiden Seiten von den Ulanen und Husaren unterstützt. Im Westen sah man die Röcke der Royal Marines, und vom Union Club bis zum Beginn von Whitehall wogte die glitzernde, massive Kurve der Ersten Leibgarde – hünenhafte Männer auf riesigen Pferden, mit gestählter Brust, stählernem Helm, mit stählernem Geschirr, und einem großen stählernen Kriegsschwert, griffbereit für die Machthaber. Und weiter, quer durch die Menge hindurch, waren lange Reihen der städtischen Polizei aufgereiht, während im Hintergrund die Reserveoffiziere standen – große, gut genährte Männer, mit Waffen und Muskeln, derer man sich leicht bedienen konnten, wenn man sie benötigte.

Und so wie es auf dem Trafalgar Square war, so war es entlang der ganzen Marschlinie – Macht, überwältigende Macht; Myriaden von Männern, prächtige Männer, die Auserlesenen des Volkes, deren einzige Funktion im Leben ist, blind zu gehorchen und blind zu töten und zu zerstören und das

Leben auszumerzen. Und damit sie gut genährt, gut gekleidet und gut bewaffnet sein können und Schiffe haben, die sie bis ans Ende der Welt bringen, leidet, verrottet und stirbt das Londoner East End und das „East End" von ganz England.

Es gibt ein chinesisches Sprichwort, daß, wenn ein Mann in Müßiggang lebt, ein anderer Hungers sterben wird; und Montesquieu hat gesagt: „Die Tatsache, daß viele Männer damit beschäftigt sind, Kleidung für einen einzigen zu machen, ist der Grund dafür, daß viele Menschen ohne Kleidung sind." So erklärt eines das andere. Wir können den ausgehungerten und kleingewachsenen Arbeiter des East Ends nicht verstehen (er lebt mit seiner Familie in einem Ein-Zimmer-Verschlag und läßt den Boden frei, um anderen hungernden und kleingewachsenen Arbeitern Unterkunft zu geben), bis wir die strammen Leibgardisten vom West End sehen, und zur Erkenntnis kommen, daß der eine den anderen füttern, kleiden und versorgen muß.

Und während in der Westminster Abbey das Volk sich einen König nahm, dachte ich, eingeklemmt zwischen der Leibgarde und der Polizei des Trafalgar Square, über die Zeit nach, als das Volk Israel sich das erste Mal einen König nahm. Sie wissen alle, wie es ablief. Die Ältesten kamen zum Propheten Samuel und sagten: „Setze einen König über uns, damit er über uns Richter sei, wie es bei allen Nationen ist."

„Und der Herr sprach zu Samuel: „Und nun höre auf ihre Stimme! Doch warne sie mit allem Ernst und mach ihnen das Recht des Königs bekannt, der über sie herrschen wird."

Und Samuel sagte dem Volk, das einen König von ihm begehrte, alle Worte des Herrn.

Und er sagte: Dies wird das Recht des Königs sein, der über euch regieren wird: Eure Söhne wird er nehmen, um sie für seinen Wagen und seine Gespanne einzusetzen, damit sie vor seinem Wagen herlaufen, und um sie sich zu Obersten über Tausend und zu Obersten über Fünfzig zu bestellen, damit sie seine Äcker pflügen und seine Ernte einbringen und damit sie seine Kriegsgeräte und seine Wagengeräte anfertigen. Und eure Töchter wird er zum Salbenmischen, zum Kochen und Backen nehmen. Und eure besten Felder, Weinberge und Olivengärten, die wird er nehmen und sie seinen Knechten geben. Und von euren Kornfeldern und euren Weinbergen wird er den Zehnten nehmen und ihn seinen Kämmerern und Beamten geben. Und eure Knechte und eure Mägde und eure besten jungen Männer und eure Esel wird er nehmen und sie in seinen Dienst stellen. Von euren Schafen wird er den Zehnten nehmen, und ihr, ihr müßt seine Knechte sein. Wenn ihr an jenem Tage wegen eures Königs um Hilfe schreien werdet, den ihr euch erwählt habt, dann wird euch der Herr an jenem Tag nicht antworten."

All dies geschah an jenem vergangenen Tag, und das ganze Volk sagte zu Samuel: „Bitte den Herrn, deinen Gott, für deine Knechte, daß wir nicht sterben! Denn zu all unsern Sünden haben wir das Böse begangen, einen König für uns zu erbitten." Und nach Saul, David und Salomon kam Rehabeam, der dem Volk grob antwortete: „Nun, mein Vater hat auf euch ein schweres Joch gelegt, ich aber will's euch noch schwerer machen. Mein Vater hat euch mit Peitschen gezüchtigt, ich will euch mit Skorpionen züchtigen."

Und in diesen letzten Tagen besitzen fünfhundert Personen des Erbadels ein Fünftel von ganz England; und sie, und die Offiziere und Diener unter dem König, und diejenigen, die die Regierung bilden werden, geben jährlich in verschwenderischem Luxus 1,850 Millionen Dollar, oder 370 Millionen Pfund aus, was zweiunddreißig Prozent des gesamten Reichtums entspricht, der von allen Werktätigen des Landes produziert wird.

In der Abtei, in wundervolle goldene Gewänder gehüllt, inmitten von Trompeten und Musiktakten, umgeben von einer glänzenden Schar von Herren, Adligen und Herrschern, wurde der König mit den Insignien seiner Macht ausgestattet. Die Sporen wurden ihm vom Großkämmerer an die Fersen gelegt, und ein Staatsschwert in purpurner Scheide wurde ihm vom Erzbischof von Canterbury mit folgenden Worten überreicht:

„Empfange dieses königliche Schwert, das jetzt vom Altar Gottes gebracht wurde und dir von den Händen der Bischöfe und Dienern Gottes übergeben wurde, obwohl diese unwürdig sind."

Worauf er gegürtet die Ermahnung des Erzbischofs anhörte:

„Lasse mit diesem Schwert Gerechtigkeit walten, halte das Wachstum der Ungerechtigkeit auf, beschütze die heilige Kirche Gottes, helfe und verteidige Witwen und Waisen, stelle die Dinge, die zerfallen sind, wieder her, erhalte die Dinge, die wiederhergestellt wurden, bestrafe und reformiere, was falsch ist, und bestätige, was gut ist."

Doch hört! Da ertönt ein Jubel von Whitehall her; die Menge wogt, die doppelten Wälle der Soldaten werden aufmerksam, und da kommen auch schon die Vorreiter des Königs in Sichtweite, in phantastischen mittelalterlichen roten Gewändern, wie die Züge einer Zirkusparade. Dann eine königliche Kutsche, angefüllt mit Damen und Herren des Haushalts, mit gepuderten Lakaien und Kutschern, die auf das Prächtigste angeordnet waren. Weitere Kutschen, Lords und Kammerherrn, Vicomtes, Hofdamen – sämtliche Lakaien. Dann kommen die Soldaten, eine königliche Eskorte, Generäle, sehnig und wettergegerbt, von allen Enden der Welt nach London Town geeilt, Offiziere des Freiwilligenkorps, der Miliz und der regulären Truppen; Spens und Plumer, Broadwood und Cooper, die Ookiep befreiten, Mathias von Dargai, Dixon von Vlakfontein; General Gaselee und Admiral Seymour aus China; Kitchener aus Khartum; Lord Roberts aus Indien, und von der ganzen Welt – die kämpfenden Männer von England, Meister der Zerstörung, Ingenieure des Todes! Eine andere Rasse von Menschen als diejenigen der Geschäfte und Slums, eine völlig andere Menschenrasse.

Die Krönungsprozession.

Aber hier kommen sie, in all dem Pomp und der Gewißheit der Macht, und dennoch kommen sie, diese Männer aus Stahl, diese Kriegsherren und Weltenbezwinger. Ein Durcheinander von Adligen und Bürgerlichen, Prinzen und Maharadschas, Stallmeistern und königlichen Leibwächtern des Königs. Und hier die Männer aus den Kolonien, geschmeidige und zähe Männer; und hier alle Rassen der Soldaten aus aller Welt, aus Kanada, Australien, Neuseeland; von den Bermuda-Inseln, Borneo, von den Fidschi-Inseln und der Goldküste; aus Rhodesien, der Kapkolonie, Natal, Sierra Leone und Gambia, Nigeria und Uganda; aus Ceylon, Zypern, Hongkong, Jamaika und Wei-hai-wei; aus Lagos, Malta, St. Lucia, Singapur und Trinidad. Und nun die besiegten Männer aus Indien, dunkelhäutige Reiter und Schwertträger, wild barbarisch, in loderndem Karmesin und Scharlach, Sikhs, Rajputen, Burmesen, Provinz für Provinz und Kaste für Kaste.

Und dann die Reitergarde, ein Schimmer von schönen cremefarbenen Pferden und ein goldener Baldachin, ein Orkan aus Jubelrufen, der Lärm von Rufen – „Der König! der König! Gott schütze den König!" Alle sind verrückt geworden. Die Begeisterung springt auf mich über – auch ich möchte schreien: „Der König! Gott schütze den König!" Zerlumpte Männer um mich herum, Tränen in den Augen, werfen ihre Hüte hoch und schreien ekstatisch: „Gott segne ihn! Er soll gesegnet sein!" Und da ist er schon, in dieser wunderbaren goldenen Kutsche, die große Krone auf seinem Kopf, die Frau in Weiß neben ihm ebenfalls gekrönt.

Und ich gehe kurz in mich und versuche mich davon zu überzeugen, daß alles real und vernünftig ist, und kein flüchtiger Blick auf das Märchenland. Das gelingt mir nicht, und es ist besser so. Ich ziehe es vor, zu glauben, daß all dieser Pomp, die Eitelkeit und Zurschaustellung, und die Hokuspokus-Albernheiten aus dem Märchenland gekommen sind, als zu glauben, daß es die Darstellung gesunder und vernünftiger Leute ist, die sich zu Herren über die Materie gemacht und die Rätsel der Sterne gelöst haben. Prinzen und Prinzessinnen, Herzöge, Herzoginnen und alle möglichen gekrönten Leute des königlichen Zuges blitzen vorbei; mehr Soldaten und Lakaien und eroberte Völker, und der Festzug ist vorüber. Ich gleite mit der Menge vom Marktplatz weg in ein Gewirr enger Gassen, in denen die Wirtshäuser vor Trunkenheit brüllen, Männer, Frauen und Kinder in kolossaler Ausschweifung. Und auf jeder Seite erhebt sich das Lieblingslied der Krönung:

Oh! am Krönungstag, am Krönungstag,
Wollen wir einen Spaß, einen Jubel und einen Beifall haben,
Hipp, Hipp, Hurra,
Denn wir wollen alle heiter sein, Whisky, Wein und Sherry trinken,
Wir alle wollen am Krönungstag heiter sein.

„Zerlumpte Männer um mich herum, Tränen in den Augen, werfen ihre Hüte hoch und schreien ekstatisch: „Gott segne den König!""

Der Regen fällt herab. Die Straße herauf kommen Hilfstruppen, schwarze Afrikaner und gelbe Asiaten, beturbant und befezt, und Kulis, die Maschinengewehre und Ferngeschütze auf dem Kopf tragen, und die nackten Füße aller gehen in schnellem Rhythmus, *patsch, patsch*, durch den Straßenschlamm. Wie von Zauberhand leeren sich die Wirtshäuser, und die dunkelhäutigen Alliierten werden von ihren britischen Brüdern bejubelt, die sofort zum Gelage zurückkehren.

„Und wie gefiel dir die Prozession, Kamerad?", fragte ich einen alten Mann auf einer Bank in Green Park.

„Wie sie mir gefallen hat? Eine verdammt gute Gelegenheit, meine ich, für ein Nickerchen, wo alle Polizisten fort sind, also ging ich in die Ecke hier, mit fünfzig anderen. Aber ich konnte nicht schlafen, weil ich nachdachte, wie ich in all den Jahren in meinem Leben gearbeitet habe, und jetzt habe ich keinen Platz, um mich auszuruhen; und die Musik drang zu mir, und die Jubelrufe und eine Kanone, bis ich fast zum Anarchist wurde und dem Oberkämmerer das Gehirn rauspusten wollte."

Warum er gerade an den Oberkämmerer dachte, konnte ich nicht genau verstehen, und er auch nicht, aber das war die Art, wie er sich fühlte, sagte er abschließend, und es gab keine Diskussion darüber.

Als die Nacht hereinbrach, wurde die Stadt zu einem Lichtermeer. Farbige Blitze in grün, gelb und rot fielen überall ins Auge, und „E. R.", in großen Kristallbuchstaben und von Gasfackeln beleuchtet, waren überall. Die Menschenmenge in den Straßen wuchs auf Hunderttausende an, und obwohl die Polizei Herumgröhlen streng unterdrückte, waren Trunkenheit und Raufereien reichlich vorhanden. Die müden Arbeiter schienen mit der Entspannung und Aufregung verrückt geworden zu sein, und sie tobten und tanzten die Straßen hinunter, Männer und Frauen, alte und junge, mit verschränkten Armen und in langen Reihen singend: „Ich mag verrückt sein, aber ich liebe dich", „Dolly Gray" und „Das Geißblatt und die Biene" – das letztere in etwa so umgedichtet:

Du bist das Geißblatt, ich bin die Biene,
Wie gern würde ich von diesen roten Lippen Honig trinken.

Ich setzte mich auf eine Bank am Ufer der Themse und blickte über das beleuchtete Wasser. Es war bald Mitternacht, und vor mir ergoß sich die bessere Klasse der Spaßmacher, die aufgerührteren Straßen meidend und nach Hause zurückkehrend. Auf der Bank neben mir saßen zwei zerlumpte Gestalten, ein Mann und eine Frau, die nickten und dösten. Die Frau saß mit vor der Brust fest verschränkten Armen, ihr Körper war ständig in Bewegung – mal fiel er nach vorne, bis es schien, als würde ihr Gleichgewicht überwunden und sie fiele auf das Pflaster; mal neigte er sich nach links, seitwärts, bis ihr Kopf auf der Schulter des Mannes ruhte; und mal nach rechts, gestreckt und angestrengt, bis der Schmerz sie aufweckte und sie sich aufrecht hinsetzte. Darauf begann das Zusammensinken von vorn und durchlief seinen Zyklus, bis sie von der Anstrengung aufgeweckt wurde.

Der Abend des Krönungstages. Illuminationen am Ufer der Themse.

Immer wieder blieben Jungen und junge Männer lange genug stehen, um hinter die Bank zu gehen und plötzlichem wilden Geheul Luft zu machen. Das riß den Mann und die Frau jedesmal aus ihrem Schlaf; und beim Anblick der erschrockenen Besorgnis auf ihren Gesichtern brüllte die Menge vor Gelächter, als sie vorbei flutete.

Das war das Auffälligste, die allgemeine Herzlosigkeit, die allerorten zutage trat. Es ist gang und gäbe, daß die harmlosen Obdachlosen auf den Bänken, diese armen, elenden Leute, gehänselt werden. Fünfzigtausend Menschen müssen die Bank passiert haben, während ich darauf saß, und nicht einer, bei solch einer Jubiläumsfeier wie der Krönung des Königs, fühlte sein Herz ausreichend berührt, um heraufzukommen und der Frau zu sagen: „Hier hast du Sixpence; geh und such dir ein Bett." Im Gegenteil machten die Frauen, besonders die jungen Frauen, witzige Bemerkungen über die einnickende Frau und brachten ihre Gefährten damit immer wieder zum Lachen.

Um einen Anglizismus zu gebrauchen, es war „grausam"; der entsprechende Amerikanismus wäre passender – es war „brutal". Ich gestehe, daß ich anfing, über diese fröhliche Menge, die vorbeiströmte, erbost zu werden und eine Art Befriedigung aus den Londoner Statistiken zu ziehen, die zeigen, daß jeder vierte Erwachsene zum Sterben in der öffentlichen Wohlfahrt verurteilt ist, entweder im Arbeitshaus, im Hospital oder in der Irrenanstalt.

Ich habe mit dem Mann gesprochen. Er war vierundfünfzig und ein verbrauchter Dockarbeiter. Nur wenn es eine große Nachfrage nach Arbeitskräften gab, konnte er irgendeine Arbeit finden, denn die jüngeren und stärkeren Männer wurden bevorzugt, wenn die Zeiten schlecht waren. Er hatte jetzt eine Woche an den Ufern des Flusses verbracht; aber die Dinge sahen für nächste Woche besser aus, und er könnte möglicherweise in ein paar Tagen Arbeit finden und ein Bett in einer billigen Absteige bekommen. Er hatte sein ganzes Leben in London verbracht, mit Ausnahme von fünf Jahren, als er 1878 in Indien diente.

Natürlich wollte er essen; und das Mädchen ebenfalls. Tage wie diese waren ungewöhnlich hart für solche wie sie, auch wenn die Polizisten so beschäftigt waren, daß arme Leute mehr Schlaf bekommen konnten. Ich weckte das Mädchen oder eher die Frau, weil sie „Achtundzwanzig, Sir", war, und wir machten uns zu einem Kaffeehaus auf.

„Was für eine Arbeit das gewesen sein muß, die Lichter anzuzünden", sagte der Mann beim Anblick eines hervorragend beleuchteten Gebäudes. Dies war der Grundton seines Seins. Sein ganzes Leben lang hatte er gearbeitet, und das ganze objektive Universum, ebenso wie seine eigene Seele, konnte er nur in Begriffen der Arbeit ausdrücken. „Krönungen sind etwas Gutes", fuhr er fort. „Sie geben Menschen Arbeit."

„Aber dein Bauch ist leer", sagte ich.

„Ja", antwortete er. „Ich habe es versucht, hatte aber keine Chance. Mein Alter ist gegen mich. Was arbeitest du? Seemann, was? Ich hab es an deiner Kleidung erkannt."

„Ich weiß, was du bist", sagte das Mädchen, „ein Italiener."

„Nein, nein", rief der Mann hitzig. „Er ist ein Yankee, oh ja. Ich erkenne das."

„Ach du lieber Gott, seht euch das an", rief sie aus, als wir uns am Ufer niederließen, erstickt von der brüllenden, taumelnden Krönungsmenge; die Männer grölten und die Mädchen sangen in hohen, kehligen Tönen:

Oh! am Krönungstag, am Krönungstag,
Haben wir ein Fest, einen Spaß, ein Hipp, hipp, hurra;
Denn wir wollen alle fröhlich sein und Whisky, Wein und Sherry trinken,
Am Krönungstag wollen wir alle fröhlich sein.

„Wie schmutzig ich bin", sagte die Frau, als sie sich im Kaffeehaus hinsetzte und den Schlaf und den Schmutz aus den Augenwinkeln wischte. „Und was ich heute gesehen habe, habe ich genossen, wenn es auch ein schwerer Tag war. Und die Herzoginnen und die Damen hatten solche großartigen weißen Kleider an. Wie schön sie waren, wunderschön."

„Ich bin Irin", sagte sie als Antwort auf meine Frage. „Mein Name ist Eyethorne."

„Wie?", fragte ich.

„Eyethorne, Sir; Eyethorne."

„Buchstabiere mir das."

„H-a-y-t-h-o-r-n-e, Eyethorne."

„Oh", sagte ich, „Irish Cockney."

„Ja, Sir, in London geboren."

Sie hatte ein glückliches Heim gehabt, bis ihr Vater starb, bei einem Unfall getötet, worauf sie sich allein in der Welt gefunden hatte. Ein Bruder war in der Armee, und der andere Bruder, der damit beschäftigt war, eine Frau und acht Kinder mit zwanzig Schilling pro Woche und einer unsicheren Beschäftigung zu erhalten, konnte nichts für sie tun. Sie war einmal in ihrem Leben außerhalb von London gewesen, an einem Ort in Essex, zwölf Meilen entfernt, wo sie drei Wochen lang Obst gepflückt hatte: „Ich war braun wie eine Haselnuß, als ich zurückkam. Sie werden es mir vielleicht nicht glauben, aber so war es."

Der letzte Ort, an dem sie gearbeitet hatte, war ein Kaffeehaus, stundenlang von sieben Uhr morgens bis elf Uhr abends, wofür sie fünf Schilling pro Woche und ihr Essen bekommen hatte. Dann war sie krank geworden, und seit sie aus dem Krankenhaus gekommen war, hatte sie nichts zu tun gefunden. Sie fühlte sich nicht besonders gut und die letzten zwei Nächte hatte sie auf der Straße verbracht.

Beide verschlangen sie eine ungeheure Menge an Essen, dieser Mann und diese Frau, und erst nachdem ich ihre ursprünglichen Bestellungen verdoppelt und verdreifacht hatte, zeigten sie Anzeichen einer Sättigung.

Einmal streckte sie die Hand aus und fühlte die Beschaffenheit meines Mantels und Hemdes und bemerkte die guten Kleider, die die Yankees tragen. Meine Lumpen, gute Kleider! Es brachte mich zum Erröten; aber als ich sie genauer untersuchte und die Kleidung von Mann und Frau besah, fühlte ich mich ziemlich gut angezogen und respektabel.

„Was erwartet ihr am Ende?", fragte ich sie. „Ihr wißt, daß ihr jeden Tag älter werdet."

„Arbeitshaus", sagte er.

„Gott verdamme mich, wenn ich das tue", sagte sie. „Ich weiß, es ist hoffnungslos für mich, aber ich werde auf der Straße sterben. Kein Arbeitshaus für mich, nein danke. Nein, wirklich", schniefte sie in der eintretenden Stille.

„Nachdem ihr die ganze Nacht auf den Straßen gewesen seid", fragte ich, „was macht ihr dann morgens, um etwas zu essen?"

„Versuchen, einen Penny zu bekommen, wenn man noch keinen gespart hat", erklärte der Mann. „Dann zu einem Kaffeehaus gehen und sich eine Tasse Tee holen."

„Aber ich sehe nicht, wie euch das ernähren soll", wandte ich ein.

Das Paar lächelte wissend.

„Man trinkt seinen Tee in kleinen Schlucken", fuhr er fort, „damit er so lange wie möglich vorhält. „Und wenn du scharf hinschaust, gibt es immer welche, die ein bißchen was zurücklassen."

„Es ist erstaunlich, was manche Leute an Essen zurücklassen", unterbrach die Frau.

„Die Hauptsache ist", sagte der Mann nachdenklich, als mir der Trick dämmerte, „den Penny zu behalten."

Als wir aufbrachen, sammelte Miss Haythorne ein paar Brotkrusten von den benachbarten Tischen zusammen und schob sie irgendwo in ihre Lumpen.

„Ich kann sie nicht verschwenden, verstehen Sie", sagte sie; worauf der Dockarbeiter nickte und selbst ein paar Krusten einsteckte.

Um drei Uhr morgens am Ufer.

Um drei Uhr morgens schlenderte ich die Uferpromenade entlang. Es war eine Gala-Nacht für die Obdachlosen, denn die Polizei war woanders; und jede Stelle war mit Schlafenden vollgepackt. Es gab ebenso viele Frauen wie Männer, und die große Mehrheit von ihnen, Männer wie Frauen, war alt.

Gelegentlich war ein Knabe zu sehen. Auf einer Bank bemerkte ich eine Familie, einen Mann aufrecht sitzend mit einem schlafenden Kind in den Armen, seine Frau schlafend, den Kopf auf seiner Schulter und in ihrem Schoß den Kopf eines schlafenden Jungen. Die Augen des Mannes waren weit geöffnet. Er starrte auf das Wasser und dachte nach, was für einen obdachlosen Mann mit Familie nicht gut ist. Es wäre nicht angenehm, über seine Gedanken zu spekulieren; aber das weiß ich, und ganz London weiß es, daß die Fälle, in denen Arbeitslose ihre Frauen und Kinder töten, kein ungewöhnliches Ereignis sind.

Man kann in den frühen Morgenstunden nicht am Ufer der Themse vom Westminsterpalast, an der Nadel der Kleopatra vorbei, zur Waterloo-Brücke spazieren gehen, ohne an die Leiden erinnert zu werden, die siebenundzwanzig Jahrhunderte alt sind und vom Autor von „Hiob" vorgetragen wurden:

„Die Frevler verrücken die Grenzen, rauben die Herde und weiden sie.
Sie treiben den Esel der Waisen weg und nehmen das Rind der Witwe zum Pfande.
Sie stoßen die Armen vom Wege, und die Elenden im Lande müssen sich verkriechen.
Siehe, wie Wildesel in der Wüste gehen sie hinaus an ihr Werk und suchen Nahrung; die Einöde gibt ihnen Speise für ihre Kinder.
Sie ernten des Nachts auf dem Acker und halten Nachlese im Weinberg des Gottlosen.
Sie liegen in der Nacht nackt ohne Gewand und haben keine Decke im Frost.
Sie triefen vom Regen in den Bergen und drängen sich an die Felsen, weil sie sonst keine Zuflucht haben.
Man reißt das Waisenkind von der Mutterbrust und nimmt den Säugling der Armen zum Pfande.
Nackt gehen sie einher ohne Kleider, und hungrig tragen sie Garben."
—Hiob 24. 2-10.

Siebenundzwanzig Jahrhunderte ist das her! Und es ist alles so wahr und zutreffend, heute im innersten Zentrum dieser christlichen Zivilisation, von welcher Edward VII. König ist.

13. KAPITEL

DOCKARBEITER DAN CULLEN

Das Leben kann wohl kaum majestätisch schreiten
Durch schmutzige Höfe und fieberverseuchte Gassen.
Thomas Ashe.

ICH stand gestern in einem Zimmer in einer der „Gemeindewohnungen", nicht weit von der Leman Street. Wenn ich in eine trostlose Zukunft blicken und sehen würde, daß ich bis zu meinem Tode in einem solchen Raum leben müßte, würde ich sofort hinuntergehen, mich in die Themse stürzen und das Mietverhältnis verkürzen.

Es war kein Zimmer. Der Respekt vor der Sprache läßt es nicht zu, daß es ein Zimmer genannt wird, ebenso wie er es nicht erlauben würde, eine Hütte ein Gutshaus zu nennen. Es war ein Verschlag, ein Unterschlupf. Sieben mal acht Fuß waren seine Ausmaße, und die Decke war so niedrig, daß sie noch nicht einmal soviel Luft bot, wie ein britischer Soldat in den Kasernen des Heeres benötigt. Ein altersschwacher Diwan mit zerlumpten Überwürfen nahm fast die Hälfte des Raumes ein. Ein wackliger Tisch, ein Stuhl und ein paar Kästen ließen kaum Platz, um sich umzudrehen. Fünf Dollar hätten alles in Sichtweite gekauft. Der Boden war kahl, während die Wände und die Decke buchstäblich mit Blutflecken übersät waren. Jeder Fleck stellte einen gewaltsamen Tod dar – eines Insekts, da der Ort von Ungeziefer bevölkert war, eine Invasion, mit der kein Mensch allein zurechtkommen könnte.

Der Mann, der dieses Loch bewohnte, ein gewisser Dan Cullen, ein Dockarbeiter, lag sterbend im Krankenhaus. Dennoch hatte er in seiner jämmerlichen Umgebung seine Persönlichkeit derart eingeprägt, daß man eine Ahnung davon bekommen konnte, was für ein Mann er war. An den Wänden hingen billige Bilder von Garibaldi, Engels, Dan Burns und anderen Arbeiterführern, während auf dem Tisch einer von Walter Besants Romanen lag. Er kannte Shakespeare, wurde mir gesagt, und hatte über Geschichte, Soziologie und Wirtschaft gelesen. Und er hatte sich selbst gebildet.

Auf dem Tisch lag inmitten einer wunderbaren Unordnung ein Blatt Papier, auf das gekritzelt war: *Mr. Cullen, bitte geben Sie den großen weißen Krug und den Korkenzieher, den ich Ihnen ausgeliehen habe, zurück* – Artikel, die er in den ersten Stadien seiner Krankheit von einer Nachbarin ausgeliehen hatte, und die sie nun in Erwartung seines Todes zurückforderte.

Ein großer weißer Krug und ein Korkenzieher sind für eine Kreatur des Abgrunds viel zu wertvoll, um einer anderen Kreatur zu erlauben, in Frieden zu sterben. Bis zuletzt muß Dan Cullens Seele von der Schmutzigkeit gequält werden, aus der sie sich vergeblich zu erheben suchte.

Der Gemeindebau nicht weit von der Leman Street.

Es ist eine kurze Geschichte, die Geschichte von Dan Cullen, aber zwischen den Zeilen gibt es viel zu lesen. Er wurde niedrig geboren, in einer Stadt und einem Land, wo die Stände streng getrennt sind. Während seines ganzen Lebens leistete er harte körperliche Arbeit; und weil er die Bücher geöffnet hatte und von den Feuern des Geistes eingeholt worden war und „einen Brief schreiben konnte wie ein Anwalt", war er von seinen Kameraden ausgewählt worden, auch mit seinem Verstand für sie zu schuften. Er wurde ein Anführer der Obstträger, vertrat die Hafenarbeiter des Londoner Handelsrates und schrieb scharfsinnige Artikel für die Arbeiterjournale.

Er duckte sich nicht vor anderen Männern, obwohl sie seine wirtschaftlichen Herren waren, hatte die Mittel, durch die er lebte, unter Kontrolle, und er sprach frei seine Meinung und kämpfte den guten Kampf. Im „Great Dock Strike" hatte er eine führende Rolle übernommen. Und das war das Ende von Dan Cullen. Von diesem Tag an war er ein Gebrandmarkter, und jeden Tag, zehn Jahre und mehr, wurde ihm das, was er getan hatte, „heimgezahlt".

Ein Dockarbeiter ist ein Gelegenheitsarbeiter. Die Arbeit ebbt und fließt, und er arbeitet oder arbeitet nicht entsprechend der Menge der vorhandenen Waren, die bewegt werden müssen. Dan Cullen wurde diskriminiert.

Während er nicht gänzlich abgewiesen wurde (was Ärger verursacht hätte, und was sicherlich barmherziger gewesen wäre), ließ ihn der Vorarbeiter wissen, daß er ihn nicht mehr als zwei oder drei Arbeitstage pro Woche arbeiten lassen würde. Das nennt man „diszipliniert" oder „gemaßregelt" werden. Es bedeutet, ausgehungert zu werden. Es gibt kein angemesseneres Wort. Zehn Jahre davon haben ihm das Herz gebrochen, und Männer mit gebrochenem Herzen können nicht leben.

Er ging zu seinem Bett in seiner schrecklichen Unterkunft, die mit seiner Hilflosigkeit schrecklicher wurde. Er hatte keine Freunde oder Verwandten, ein einsamer, verbitterter und pessimistischer alter Mann, der die ganze Zeit mit Ungeziefer kämpfte und Garibaldi, Engels und Dan Burns betrachtete, die von den blutbespritzten Wänden auf ihn herabblickten. Niemand kam, um ihn in dieser überfüllten städtischen Kaserne zu besuchen (er hatte sich mit niemandem dort angefreundet), und er wurde dem Verfall überlassen.

Aber vom äußersten Rande des East Ends kamen ein Flickschuster und sein Sohn, seine einzigen Freunde. Sie säuberten sein Zimmer, brachten frische Wäsche von zu Hause mit und nahmen die Laken, grau-schwarz vor Schmutz, von seinen Gliedern. Und sie brachten ihm eine der Queen's Bounty-Schwestern aus Aldgate.

Sie wusch sein Gesicht, schüttelte seine Decke auf und redete mit ihm. Es war interessant, mit ihm zu reden – bis er ihren Namen erfuhr. Oh, ja, Blank war ihr Name, antwortete sie unschuldig, und Sir George Blank sei ihr Bruder. Sir George Blank, wie?, donnerte der alte Dan Cullen von seinem Sterbebett; Sir George Blank, Anwalt in den Docks von Cardiff, der mehr als jeder andere Mann die Verbindung der Hafenarbeiter von Cardiff zerschlagen hatte und zum Ritter geschlagen wurde? Und sie war seine Schwester? Daraufhin setzte sich Dan Cullen auf sein elendes Lager und machte ihr seinen Abscheu vor ihr und ihrer ganzen Sippe kund; und sie floh, um nicht mehr zurückzukehren, sehr verärgert über die Undankbarkeit der Armen.

Dan Cullens Füße wurden von Wassersucht angeschwollen. Er saß den ganzen Tag am Bettrand (um das Wasser aus seinem Körper zu halten), kein Teppich auf dem Boden, eine dünne Decke auf seinen Beinen und einen alten Mantel um seine Schultern. Ein Missionar brachte ihm ein paar Pantoffeln aus Papier, die vier Pence wert waren (ich sah sie), und machte etwa fünfzig Gebete zum Besten von Dan Cullens Seele. Aber Dan Cullen war die Art von Mann, der seine Seele in Ruhe gelassen haben wollte. Er legte keinen Wert darauf, daß Tom, Dick oder Harry für ein Paar Vier-Pence-Latschen an ihr herumpfuschten. Er bat den Missionar freundlich, das Fenster zu öffnen, damit er die Pantoffeln wegwerfen könne. Und der Missionar ging fort, um nicht mehr zurückzukehren, ebenso verärgert über die Undankbarkeit der Armen.

Das London Hospital in der Mile End Road.

Der Schuster, selbst ein tapferer alter Held, obwohl er ungesalbt und unbesungen war, ging heimlich in die Zentrale der großen Obsthändler, für die Dan Cullen dreißig Jahre als Gelegenheitsarbeiter gearbeitet hatte. Ihr System war so, daß die Arbeit fast ausschließlich von Gelegenheitsarbeitern ausgeführt wurde. Der Schuster erzählte ihnen die verzweifelte Lage des Mannes, alt, gebrochen, sterbend, ohne Hilfe oder Geld, erinnerte sie daran, daß er dreißig Jahre für sie gearbeitet hatte, und bat sie, etwas für ihn zu tun. „Oh", sagte der Geschäftsführer, der sich sehr gut an Dan Cullen erinnerte, ohne sich auf die Bücher beziehen zu müssen, „sehen Sie, wir haben es uns zur Regel gemacht, Gelegenheitsarbeiter nicht zu unterstützen, und wir können daher nichts für ihn tun."

Sie taten auch nichts für ihn, unterzeichneten nicht einmal einen Brief, um darin um Dan Cullens Aufnahme in ein Krankenhaus zu bitten. Und es ist nicht so einfach, in London in ein Krankenhaus zu kommen. Wenn er in Hampstead zu einem Arzt wollte, mußten mindestens vier Monate vergehen, ehe er einen Termin bekommen konnte. Vor ihm standen schon so viele in den Terminbüchern. Der Schuster brachte ihn schließlich in die Whitechapeler Krankenstation, wo er ihn häufig besuchte. Hier erfuhr er, daß Dan Cullen dem häufig vorkommenden Gefühl erlegen war, daß sie ihn als Hoffnungslosen schnell aus dem Weg haben wollten. Eine kluge und logische Schlußfolgerung, muß man zugeben, für einen alten und gebrochenen Mann, der seit zehn Jahren entschlossen „diszipliniert" und „gemaßregelt" wurde. Als sie ihn wegen seiner Nierenerkrankung einer Schwitzkur unterzogen, um das Fett von den Nieren zu entfernen, behauptete Dan Cullen, daß das Schwitzen seinen Tod beschleunigte, da bei der Krankheit die Nieren verkümmern und es deshalb kein Fett zu entfernen gebe, und die Begründung des Arztes sei eine offensichtliche Lüge. Daraufhin wurde der Arzt zornig und kam neun Tage lang nicht in seine Nähe.

Eine der Abteilungen in der Whitechapeler Krankenstation.

Dann wurde sein Bett so verstellt, daß seine Füße und Beine angehoben waren. Sofort staute sich Wasser im Körper, und Dan Cullen behauptete, daß dies getan worden sei, um das Wasser von seinen Beinen in seinen Körper zu leiten und ihn dadurch schneller zu töten. Er verlangte seine Entlassung, obwohl sie ihm sagten, er würde auf der Treppe sterben, und schleppte sich, mehr tot als lebendig, in die Werkstatt des Schusters. Während ich dies schreibe, stirbt er im Temperance Hospital, für welche Aufnahme sein treuer Freund, der Schuster, Himmel und Erde in Bewegung gesetzt hatte.

Das Temperance Hospital.

Armer Dan Cullen! Ein ewig wandernder Geist, dem nach Erkenntnis verlangte; der am Tag körperlich schuftete und des Nachts studierte; der seinen Traum träumte und tapfer dafür kämpfte; ein Patriot, ein Liebhaber der menschlichen Freiheit und ein Kämpfer ohne Furcht; und am Ende nicht mächtig genug, um die Verhältnisse niederzureißen, die ihn zurückhielten und erstickten, ein Zyniker und Pessimist, der seine letzten Seufzer auf einer Liege in einer wohltätigen Einrichtung ausstieß – „Zu sterben, ohne weise geworden zu sein, wenn man die Möglichkeit dazu hatte, das nenne ich eine Tragödie."

14. KAPITEL

HOPFEN UND HOPFENPFLÜCKER

Schlimm ergeht es dem Land, das Mißstände anhäuft,
Wo sich Reichtum ansammelt und Menschen verfallen:
Prinzen und Adlige mögen gedeihen oder verblühen,
Ein Atemzug kann sie herstellen, wenn ein Atemzug gemacht wird;
Aber eine kühne Bauernschaft, der Stolz ihres Landes.
Kann, einmal zerstört, nie mehr ersetzt werden.
  Goldsmith.

MITTLERWEILE ist die Trennung des Arbeiters vom Boden so weit fortgeschritten, daß die landwirtschaftlichen Bezirke von den Städten abhängig sind, um die Ernten einzuholen. Dann, wenn das Land seinen reifen Reichtum ergießt, werden die Leute von der Straße, die vom Acker vertrieben worden sind, wieder zurückgerufen. Aber in England kehren sie nicht als Geber zurück, sondern als Außenseiter, als Landstreicher und Ausgestoßene, die von ihren Landsleuten mit Mißtrauen betrachtet und die ausgegrenzt werden, um in Gefängnissen und Arbeitshäusern oder unter den Hecken zu schlafen, und der Herr weiß wie zu leben.

Es wird geschätzt, daß Kent allein achtzigtausend Herumtreiber benötigt, um den Hopfen zu pflücken. Und sie kommen, folgen gehorsam dem Ruf, der der Ruf ihrer Bäuche und der in ihnen verbliebenen Reste von Abenteuerlust ist. Elendsviertel, Bordelle und Armensiedlungen schütten sie aus, und der schwärende Inhalt von Elendsvierteln, Bordellen und Armensiedlungen bleibt unvermindert. Doch sie überrennen das Land wie ein Heer von Dämonen, und das Land will sie nicht. Sie sind fehl am Platz. Während ihre gedrungenen, mißgeformten Körper entlang der Haupt- und Nebenstraßen ziehen, ähneln sie einer abscheulichen Brut aus der Unterwelt. Ihre bloße Anwesenheit, die Tatsache ihrer Existenz, ist eine Empörung für die frische, helle Sonne und die grünen und sprießenden Dinge. Die reinen, aufrechten Bäume schreien Schande über sie und ihre verkümmerte Krummheit, und ihre Fäulnis ist eine widerliche Entweihung der Schönheit und Reinheit der Natur.

Ist dieses Bild überzeichnet? Es kommt ganz darauf an. Für jemanden, der das Leben in Bezug auf Aktien und Wertmarken betrachtet, ist es sicherlich überzeichnet. Aber für jemanden, der das Leben im Hinblick auf Menschlichkeit betrachtet, kann es nicht überzeichnet genannt werden. Solche Horden von viehischer Verkommenheit und unartikuliertem Elend sind kein Ausgleich für einen steinreichen Brauereibesitzer, der in einem Palast im West End lebt, sich den sinnlichen Freuden der goldenen Theater Londons hingibt, mit den Söhnen von Adligen und Prinzen lacht und vom König zum Ritter geschlagen wird. Er verdient sich seine Sporen – Gott helfe uns! In der alten Zeit ritten die großen blonden Bestien im Kampfwagen und gewannen ihre Sporen, indem sie Männer entzwei spalteten. Und schließlich ist es edler, einen starken Mann mit einem sauberen Schwerthieb zu töten, als durch die kunstvolle und spinnenartige Manipulation der Industrie und Politik eine Bestie aus ihm, und aus Generationen seiner Saat, zu machen.

Aber um zum Hopfen zurückzukehren. Hier ist die Flucht vom Boden ebenso offensichtlich wie in jedem anderen landwirtschaftlichen Bereich in England. Während die Bierherstellung stetig zunimmt, nimmt der Anbau von Hopfen stetig ab. 1835 betrug die Anbaufläche für Hopfen 71.327. Heute steht es bei 48.024, ein Rückgang um 3103 von der Fläche des letzten Jahres. So klein die Anbaufläche in diesem Jahr ist, ein schwacher Sommer und schreckliche Stürme reduzierten den Ertrag noch weiter. Dieses Unglück ist zwischen den Menschen, die Hopfen anbauen, und den Menschen, die Hopfen pflücken, aufgeteilt. Die Besitzer müssen sich mit einem Weniger an schönen Dingen des Lebens abfinden, die Pflücker mit weniger Essen, von denen sie selbst in den besten Zeiten nie genug bekommen. Für ein paar müde Wochen erschienen Schlagzeilen wie die folgenden in den Londoner Zeitungen.

Massenhaft Landstreicher, aber nur wenig Hopfen, und noch nicht erntereif.

Dann gab es unzählige Absätze wie folgenden:

„Aus der Nachbarschaft der Hopfenfelder erhalten wir beunruhigende Nachrichten. Das gute Wetter der letzten zwei Tage hat viele hundert Hopfenpflücker nach Kent reisen lassen, die nun warten müssen, bis die Felder für sie bereit sind. In Dover ist die Zahl der Landstreicher im Arbeitshaus zu dieser Zeit dreimal so hoch wie im letzten Jahr, und in anderen Städten ist die verspätete Ernte für einen starken Anstieg bei der Zahl der Obdachlosen verantwortlich."

Um ihrem Elend noch eines draufzusetzen, wurden Hopfen und Hopfenpflücker, als das Pflücken endlich begonnen hatte, fast von einem furchtbaren

Sturm aus Wind, Regen und Hagel hinweggefegt. Der Hopfen wurde von den Stangen gerissen und in die Erde gestampft, während die Pflücker, die vor dem Hagel Schutz gesucht hatten, in ihren Hütten und Lagern an den niedrig gelegenen Stellen fast ertrunken waren. Ihr Zustand nach dem Sturm war bemitleidenswert, ihr Zustand der Landstreicherei trat deutlicher denn je hervor; denn bei der schlechten Ernte hatte ihre völlige Zerstörung ihnen die Möglichkeit genommen, ein paar Pennies zu verdienen, und Tausenden von ihnen blieb nichts übrig, als zurück nach London zu gehen.

„Wir sind nicht zum Fegen hergekommen", sagten sie und wandten sich vom Boden ab, der knöcheltief mit Hopfen bedeckt war.

Diejenigen, die blieben, murrten sehr unter den halbnackten Stäben, um ihre sieben Scheffel um einen Schilling zu ernten – ein Preis, der bei guten Ernten gezahlt wird, wenn der Hopfen im besten Zustand ist, und ein Preis, den die Bauern auch in schlechten Jahreszeiten zahlen, weil sie sich nicht mehr leisten können.

Ich kam kurz nach dem Sturm durch Teston und Ost- und West-Farleigh und hörte dem Murren der Pflücker zu und sah, wie der Hopfen auf dem Boden verfaulte. In den Treibhäusern von Barham Court waren dreißigtausend Glasscheiben durch den Hagel zerbrochen worden, während Pfirsiche, Pflaumen, Birnen, Äpfel, Rhabarber, Kohl und Mangold, alles in Stücke gerissen und zerfetzt worden waren.

All das war sehr schlimm für die Bauern, gewiß; aber auch im schlimmsten Fall würde nicht einem von ihnen, nicht einmal für eine Mahlzeit, das Essen oder Trinken knapp werden. Doch ihnen widmeten die Zeitungen Mitleidsbekundungen in ihren Kolumnen, und ihre finanziellen Verluste wurden in erschreckender Länge aufgeschlüsselt. „Mr. Herbert L. beziffert seinen Verlust auf achttausend Pfund"; „Mr. F., der bekannte Brauereibesitzer, der das ganze Land in dieser Gemeinde gepachtet hat, verliert zehntausend Pfund"; und „Mr. L., der Brauer von Wateringbury, der Bruder von Mr. Herbert L., ist ein weiterer großer Verlierer."

Was die Hopfenpflücker angeht, die zählten nicht. Dennoch wage ich zu behaupten, daß die mehreren fast anständigen Mahlzeiten, die dem unterernährten William Buggles und der unterernährten Mrs. Buggles und den unterernährten Buggles-Kindern entgingen, eine größere Tragödie waren, als die Mr. F. entgangenen zehntausend Pfund. Und außerdem könnte die Tragödie des unterernährten William Buggles tausendmal multipliziert werden, wohingegen Mr. F's nicht mit fünf multipliziert werden konnte.

Um zu sehen, wie es William Buggles und seiner Art erging, zog ich mein Seemannszeug an und zog los, um eine Anstellung zu bekommen. Mich begleitete Bert, ein junger Flickschuster aus East London, der der Verlockung des Abenteuers nachgegeben hatte. Auf meinen Rat hin hatte er seine „schlimmsten Lumpen" angezogen, und als wir die Straße nach London aus Maidstone hinaufwanderten, machte er sich große Sorgen, denn er hatte Angst, wir wären zu schlecht gekleidet für das Geschäft.

Bert und der Autor, bereit zum Hopfenpflücken.

Man konnte es ihm nicht verübeln. Als wir in einem Wirtshaus anhielten, beäugte uns der Wirt mißtrauisch, und sein Verhalten änderte sich nicht, bis wir ihm die Farbe unseres Geldes zeigten. Die Einheimischen entlang der Küste waren alle mißtrauisch; und die Londoner „Bohnenfeierer"[2] die in Kutschen vorbeirauschten, jubelten und johlten und schleuderten Beleidigungen hinter uns her. Aber noch ehe wir aus dem Bezirk Maidstone heraus waren, stellte mein Freund fest, daß wir genauso gut, wenn nicht sogar besser gekleidet waren, als der durchschnittliche Hopfenpflücker. Im Gegensatz zu einigen der Lumpenbündel, denen wir zufällig begegneten, sahen wir großartig aus.

---

[2] Anm. d. Ü. Bohnenfest – ein Festessen des Arbeitgebers für seine Angestellten, das oft als Picknick gestaltet wurde.

„Die Ebbe hat eingesetzt", rief eine wie eine Zigeunerin aussehende Frau ihren Kameraden zu, als wir eine lange Reihe von Kübeln erreichten, in die die Pflücker den Hopfen streiften.

„Kapierst du?", flüsterte Bert. „Sie meint dich."

Ich kapierte es. Und ich muß gestehen, daß der Vergleich sehr passend war. Wenn die Ebbe eingesetzt hat, bleiben Boote am Strand und segeln nicht, und ein Seefahrer fährt auch nicht, wenn Ebbe ist. Meine Seemannskleider und meine Anwesenheit im Hopfenfeld proklamierten, daß ich ein Seemann ohne Schiff, ein Gestrandeter und sehr wie ein Schiff bei Niedrigwasser war.

„Haben Sie Arbeit für uns, Chef?", fragte Bert den Vorarbeiter, einen freundlichen, älteren Mann, der sehr beschäftigt war.

Sein „Nein" wurde entschieden ausgesprochen; aber Bert war hartnäckig und folgte ihm auf den Fersen, und ich folgte wiederum ihm, so ziemlich über das ganze Feld. Ob unsere Hartnäckigkeit dem Vorarbeiter als Lust zu Arbeiten erschien, oder ob er von unserer unglücklichen Erscheinung und Erzählung betroffen war, verstanden weder Bert noch ich; aber am Ende konnten wir sein Herz erweichen, und er wies uns den einzigen unbesetzten Behälter an diesem Ort zu – eine Tonne, die von zwei anderen Männern verlassen wurde, welche, soviel ich verstanden habe, nicht in der Lage waren, von ihrem Lohn zu leben.

„Kein schlechtes Benehmen, denkt dran", warnte der Vorarbeiter, als er uns inmitten der Frauen arbeiten ließ.

Es war Samstagnachmittag, und wir wußten, daß die Zeit der Kündigung bald kommen würde; also widmeten wir uns ernsthaft der Aufgabe, da wir wissen wollten, ob wir wenigstens etwas verdienen könnten. Es war eine einfache Arbeit, die Arbeit einer Frau, und nicht die eines Mannes. Wir setzten uns auf den Rand der Tonne zwischen den stehenden Hopfen, während uns ein Stangenzieher mit großen duftenden Ranken versorgte. In einer Stunde sind wir solche Experten geworden, wie man es nur werden kann. Sobald sich die Finger daran gewöhnt hatten, automatisch zwischen Hopfen und Blättern zu unterscheiden und ein halbes Dutzend Blüten auf einmal abzuziehen, gab es nichts mehr zu lernen.

Wir arbeiteten flink und so schnell wie die Frauen selbst, obwohl sich ihre Eimer wegen ihrer schwärmenden Kinder schneller füllten, von denen jedes mit beiden Händen fast so schnell pflückte wie wir.

„Pflückt nicht zu sauber, das ist gegen die Regeln", bemerkte eine der Frauen; und wir nahmen den Rat dankbar an.

Im Laufe des Nachmittags merkten wir, daß die Löhne nicht von Männern verdient werden konnten. Frauen konnten so viel wie Männer pflücken, und Kinder konnten es fast genauso gut wie Frauen; es war also unmöglich für einen Mann, mit einer Frau und einem halben Dutzend Kindern zu konkurrieren. Denn die Frau und das halbe Dutzend Kinder zählen zu einer Einheit und bestimmen durch ihre kombinierte Arbeitsleistung die Bezahlung der Einheit.

Ländliche Hopfenpflücker, von Londoner „Hopfern" zu unterscheiden.

„Kamerad, ich sag dir was, ich bin tierisch hungrig", sagte ich zu Bert. Wir hatten kein Mittagessen gehabt.

„Ja, verflixt, ich könnte den Hopfen essen", antwortete er.

Darauf beklagten wir beide unsere Nachlässigkeit, daß wir für diesen Tag der Not keine zahlreichen Nachkommen gezeugt hatten. Und auf diese Weise haben wir uns die Zeit vertrieben und spaßten zur Erbauung der Umstehenden herum. Wir gewannen die Sympathie des Stangenziehers, eines jungen Bauernburschen, der hin und wieder ein paar gepflückte Blüten in unseren Eimer leerte, da es zu seiner Aufgabe gehörte, die beim Pflücken zerrissenen zerstreuten Trauben einzusammeln.

Mit ihm diskutierten wir, wie viel „Vorschuß" wir bekommen konnten, und wir wurden darüber informiert, daß, während wir einen Schilling für sieben Scheffel erhielten, wir nur einen Schilling für je zwölf Scheffel „als Vorschuß" bekommen konnten. Was bedeutet, daß die Bezahlung für fünf von zwölf Scheffeln zurückgehalten wurde – eine Methode des Anbauers, um den Pflücker bei seiner Arbeit zu halten, ob die Ernte nun gut oder schlecht läuft, und besonders, wenn sie schlecht läuft.

Immerhin war es angenehm, im hellen Sonnenschein zu sitzen, während der goldene Pollen von unseren Händen regnete, der starke aromatische Geruch des Hopfens in unsere Nasenlöcher biß, und wir uns an die lauten Städte erinnerten, woher diese Leute kamen. Arme Leute von der Straße! Armes Gossenvolk! Sogar sie bekommen Lust auf die Erde und sehnen sich vage nach dem Boden, von dem sie vertrieben wurden, und nach dem Leben im Freien und dem Wind und Regen und der Sonne, unberührt vom Schmutz der Stadt. Wie das Meer den Seemann ruft, so ruft das Land nach ihnen; und tief in ihren verkümmerten und verfallenden Kadavern werden sie merkwürdig von den bäuerlichen Erinnerungen ihrer Vorfahren gerührt, die lebten, bevor es Städte gab. Und auf unbegreifliche Weise werden sie durch die Erde glücklich gemacht, durch Gerüche und Anblicke und Geräusche, die ihr Blut nicht vergessen hat, wenn sie sich dessen auch nicht bewußt sind.

Auf den Hopfenfeldern. Der Abmesser überprüft die gepflückte Menge.

„Kein Hopfen mehr, Kamerad", beschwerte sich Bert.

Es war fünf Uhr, und die Stangenzieher hatten Feierabend gemacht, damit alles sauber gemacht werden konnte, da am Sonntag nicht gearbeitet wurde. Eine Stunde lang waren wir gezwungen, auf das Kommen der Abmesser zu warten, und unsere Füße kribbelten bei dem Frost, der auf die untergehende Sonne folgte. In der angrenzenden Tonne hatten zwei Frauen und ein halbes

Dutzend Kinder neun Scheffel gepflückt: so daß die fünf Scheffel, die die Abmesser in unserem Eimer fanden, bewiesen, daß wir es gleich gut gemacht hatten, denn das halbe Dutzend Kinder war zwischen neun bis vierzehn Jahre alt.

Fünf Scheffel! Wir haben es zu acht Pence und einem Halfpenny gebracht, oder siebzehn Cent, für zwei Männer, die dreieinhalb Stunden arbeiteten. Vier Pence und einen Farthing pro Mann! ein wenig über einen Penny die Stunde! Aber wir konnten nur fünf Pence der Gesamtsumme als „Vorschuß" bekommen, obwohl der Lohnzahler, dem das Wechselgeld ausgegangen war, uns Sixpence gab. Alles Bitten war vergebens. Eine Geschichte unseres Schicksals konnte ihn nicht erweichen. Er verkündete laut, daß wir einen Penny mehr bekommen hatten, als uns zustände, und ging seiner Wege.

Um der Argumentation willen, daß wir das seien, als was wir uns selbst darstellten, nämlich arme Männer und pleite – dann war dies unsere Lage: die Nacht kam heran; wir hatten kein Mittagessen gehabt, geschweige denn Abendessen; und wir besaßen für uns beide zusammen Sixpence. Ich war hungrig genug, Essen für dreimal Sixpence zu essen, und Bert auch. Eine Sache war offensichtlich. Wenn wir unseren Mägen 16,7 Prozent Gerechtigkeit willfahren ließen, würden wir die Sixpence dafür ausgegeben haben, und unsere Mägen würden immer noch unter 83,3 Prozent Ungerechtigkeit knurren. Da wir dann wieder pleite wären, könnten wir unter einer Hecke schlafen, was nicht so schlimm wäre, obwohl die Kälte einen übermäßigen Teil von dem, was wir gegessen hatten, verschlingen würde. Aber der nächste Tag war ein Sonntag, an dem wir keine Arbeit machen könnten, obwohl unsere törichten Mägen deswegen nicht aufhören würden zu knurren. Hier lag nun das Problem: wie wir drei Mahlzeiten am Sonntag, und zwei am Montag bekommen sollten (denn wir konnten nicht vor Montagabend einen neuen „Vorschuß" erhalten).

Wir wußten, daß die zwanglosen Abteilungen überfüllt waren; und auch, daß, wenn wir bei einem Bauern oder Dorfbewohner bettelten, es sehr wahrscheinlich war, daß wir für vierzehn Tage ins Gefängnis mußten. Was war also zu tun? Wir sahen einander verzweifelt an—

—Nichts davon. Froh dankten wir Gott, daß wir nicht wie andere Menschen waren, besonders Hopfenpflücker, und gingen die Straße nach Maidstone hinunter, in unseren Taschen die halben Kronen und Florins klimpernd, die wir aus London mitgebracht hatten.

15. KAPITEL

DIE FRAU AM MEER

Diese dummen Bauern, die auf der ganzen Welt
Herrscher auf ihren Thronen halten,
Staatsmänner ehren, Generälen große Siegen sichern,
Und dies mit Unwissenheit, Gleichgültigkeit oder halbgarem Haß;
Die die Welt mit der Kraft ihrer Arme bewegen
Und ihre Köpfe im Namen Gottes,
Des Königs oder der Börse zusammengestoßen bekommen
– sind ewig träumende, hoffnungslose Esel,
Die ihren Verstand dem Hätscheln einer glänzenden Marionette unterordnen,
Und ein Spielzeug dazu überreden, ihr Leben in seinem Geldbeutel zu tragen.
Stephen Crane.

MAN würde nicht erwarten, die „Frau am Meer" im Herzen von Kent zu finden, aber dort habe ich sie in einer schäbigen Straße im Armenviertel von Maidstone gefunden. In ihrem Fenster hatte sie kein Schild zum Vermieten von Unterkünften ausgehangen, und ich mußte all meine Überredungskünste aufbringen, bevor sie sich dazu überwinden konnte, mich in ihrem Vorderzimmer schlafen zu lassen. Am Abend stieg ich in die halb unterirdische Küche hinunter und sprach mit ihr und ihrem alten Mann, der Thomas Mugridge hieß.

Und während ich mit ihnen sprach, verschwanden alle Feinheiten und Komplexitäten dieser gewaltigen Maschinerie der Zivilisation. Es schien, als ob ich durch die Haut und das Fleisch zur nackten Seele vorgedrungen wäre und in Thomas Mugridge und seiner alten Frau die Essenz dieser bemerkenswerten englischen Rasse gefunden hätte. Ich fand dort den Geist des Fernwehs, der Albions Söhne über die Grenzen hinaus gelockt hat; und ich fand dort die kolossale Unberechenbarkeit, die die Engländer in törichte Zankereien und absurde Kämpfe verwickelt haben, und die Verbissenheit und Hartnäckigkeit, die sie blindlings zu Macht und Größe gebracht haben; und ebenso fand ich diese unermeßliche, unverständliche Geduld, die es der einheimischen Bevölkerung ermöglicht hat, die Last all dessen zu ertragen, sich ohne zu klagen durch die ermüdenden Jahre zu schuften und sanftmütig das Beste aus ihren Söhnen zu machen, damit diese Kampf und Kolonisation bis in alle Enden der Erde bringen könnten.

Thomas Mugridge war einundsiebzig Jahre alt und ein kleiner Mann. Weil er klein war, konnte er kein Soldat werden. Er war zu Hause geblieben und hatte gearbeitet. Seine frühesten Erinnerungen waren mit der Arbeit verbunden. Er kannte nichts als Arbeit. Er hatte sein ganzes Leben gearbeitet, und mit einundsiebzig arbeitete er noch immer. Jeden Morgen stand er mit der Lerche auf und war auf den Beinen, ein Tagelöhner, denn zu einem solchen war er geboren worden. Mrs. Mugridge war dreiundsiebzig. Seit ihrem siebten Lebensjahr hatte sie auf dem Feld gearbeitet, zuerst die Arbeit eines Knaben, später die eines Mannes geleistet. Sie arbeitete noch immer, hielt das Haus sauber, wusch, kochte und buk, und kochte seit meiner Ankunft auch für mich und beschämte mich, indem sie mein Bett machte. Nach mehr als sechzig Jahrzehnten von Arbeit und noch mehr Arbeit besaßen sie nichts, hatten nichts zu erwarten, abgesehen von noch mehr Arbeit. Und sie waren zufrieden. Sie erwarteten nichts anderes, begehrten nichts anderes.

Sie lebten einfach. Sie hatten nur geringe Ansprüche – ein Glas Bier am Ende des Tages, in der halb unterirdischen Küche genossen, eine Wochenzeitung, über die die Hände sieben Tage lang laufen mußten, und ein Gespräch, so meditativ und nichtssagend wie das Wiederkäuen einer Kuh. Von einem Holzschnitt an der Wand sah ein schlankes, engelhaftes Mädchen herab, und darunter stand geschrieben: „Unsere künftige Königin." Und von einer sehr bunt kolorierten Lithographie daneben sah eine dicke und ältere Dame herab, unter welcher stand: „Unsere Königin – Diamantenes Jubiläum."

„Was man sich selbst verdient hat, ist am süßesten", sagte Mrs. Mugridge, als ich vorschlug, daß es an der Zeit sei, sich einmal auszuruhen.

„Nein, und wir wollen auch keine Hilfe", antwortete Thomas Mugridge auf meine Frage, ob die Kinder ihnen aushelfen würden.

„Wir werden arbeiten, bis wir austrocknen und vom Wind fortgeblasen werden, Mutter und ich", fügte er hinzu; und Mrs. Mugridge nickte in energischer Bestätigung.

Fünfzehn Kinder hatte sie geboren, und alle waren auf und davon oder tot. Die Jüngste lebte jedoch in Maidstone, und sie war siebenundzwanzig. Als die Kinder heirateten, hatten sie alle Hände voll zu tun mit ihren eigenen Familien und Sorgen, wie ihre Väter und Mütter vor ihnen.

Wo waren die Kinder? Ach, wo waren sie nicht? Lizzie war in Australien; Mary war in Buenos Aires; Poll war in New York; Joe war in Indien gestorben – und so listeten sie sie auf, die Lebenden und die Toten, Soldaten und Seeleute, und die Kolonistenfrauen, alles um des Reisenden willen, der in ihrer Küche saß.

Sie reichten mir eine Photographie. Ein gutaussehender junger Mann im Soldatengewand sah mich an.

„Und welcher Sohn ist das?", fragte ich.

Sie lachten herzlich im Chor. Sohn! Nein, Enkel, gerade zurück aus Indien und Trompeter im Regiment des Königs. Sein Bruder stand im selben Regiment wie er. Und so ging es weiter von Söhnen und Töchtern, und Enkelsöhnen und Enkeltöchtern, Weltenwanderer und Reichserbauer, alle miteinander, während die alten Leute zu Hause blieben und auf ihre Weise am Aufbau des Reiches arbeiteten.

„Dort wohnt eine Frau am Northern Gate,
Und eine fruchtbare Frau ist sie;
Sie züchtet eine Rasse von umherstreifenden Männern
Und wirft sie ins Meer.

Und einige sind in tiefem Wasser ertrunken,
Und einige in Sichtweite des Ufers;
Und wie die müde Frau dies hört,
Sendet sie immer mehr."

Aber das Gebären der Frau am Meer ist vorbei. Der Vorrat wird knapp und der Planet füllt sich. Die Ehefrauen ihrer Söhne können die Rasse weiterführen, aber ihre Arbeit ist Vergangenheit. Die einstigen Männer Englands sind jetzt die Männer Australiens, Afrikas und Amerikas. England hat so lange „das Beste, was es erzeugt" ausgesandt und diejenigen zerstört, die so hartnäckig geblieben sind, daß für sie nur noch übrig bleibt, sich während der langen Abende hinzusetzen und die Majestät an der Wand zu betrachten.

Der wahre britische Handels-Seemann ist ausgestorben. Der Handelsdienst ist nicht länger ein Rekrutierungsort für solche Seebären, wie sie mit Nelson in Trafalgar und am Nil gekämpft haben.

Die Besatzung der Handelsschiffe besteht weitgehend aus Ausländern; obwohl sie noch immer von Engländern befehligt werden, bevorzugen diese Ausländer. In Südafrika lehrt die Kolonie den Insulaner, wie man schießt, und die Offiziere pfuschen und murksen; während zu Hause die Leute von der Straße vor Freude johlen, und das Kriegsministerium die Anforderungen für die Einberufung senkt.

Es könnte nicht anders sein. Der selbstgefälligste Brite kann doch nicht darauf bauen, das Lebensblut abzuziehen und die Menschen schlecht zu ernähren, und dies für immer so weitertreiben. Die durchschnittliche Mrs. Thomas Mugridge ist in die Stadt getrieben worden, und sie kann nicht viel mehr gebären, als einen blutarmen und kränklichen Nachwuchs, der nicht genug zum Essen finden kann. Die Stärke der englischsprachigen Rasse liegt heute nicht in der engen kleinen Insel, sondern in der Neuen Welt in Übersee, wo die Söhne und Töchter von Mrs. Thomas Mugridge sind. Die „Frau am Meer" am Northern Gate hat ihre Arbeit in der Welt getan, obwohl sie es nicht bemerkt. Sie muß sich hinsetzen und ihre müden Lenden für einen Moment ausruhen; und wenn nicht die zwanglose Abteilung und das Arbeitshaus auf sie warten, so nur wegen der großgezogenen Söhne und Töchter, die sie im Alter unterstützen.

16. KAPITEL

ZWEIERLEI RECHT

Die Eigentumsrechte wurden so sehr erweitert,
Daß die Rechte der Gemeinschaft fast ganz verschwunden sind,
Und man kann wohl sagen,
Daß Wohlstand, Komfort und Freiheiten eines großes Teiles der Bevölkerung
Zu Füßen einer kleinen Anzahl an Eigentümern gelegt wurde,
Die sich weder mühen noch plagen.
Joseph Chamberlain.

IN einer Zivilisation, die offen materialistisch ist und auf Besitz, und nicht auf der Seele beruht, ist es unvermeidlich, daß Besitz für wertvoller als die Seele erachtet wird, daß Verbrechen gegen das Eigentum als viel schwerwiegender angesehen werden als Verbrechen gegen die Person. Seine Frau zu Brei zu schlagen und ihr ein paar Rippen zu brechen ist ein belangloses Vergehen, verglichen mit dem Schlafen unter den nackten Sternen, weil man nicht das Geld für ein Bett hat. Der Junge, der ein paar Birnen von einer wohlhabenden Eisenbahngesellschaft stiehlt, ist eine größere Bedrohung für die Gesellschaft als der junge Schläger, der einen über 70 Jahre alten Mann grundlos angreift. Während das junge Mädchen, das sich mit der Behauptung, daß sie Arbeit hätte, eine Unterkunft erschleicht, ein so schlimmes Vergehen begeht, daß, wenn sie nicht streng bestraft wird, sie und ihre Art das ganze Eigentumsgefüge zu Boden schmettern könnten. Wäre sie sündhafterweise nach Mitternacht zum Piccadilly und The Strand gegangen, hätte die Polizei sie nicht gestört, und sie hätte ihre Unterkunft bezahlen können.
Die folgenden beispielhaften Fälle wurden aus den polizeilichen Gerichtsakten einer Woche entnommen:

Polizeigericht Widnes. Vor den Richtern Gossage und Neil erschien Thomas Lynch, angeklagt, sich betrunken und ungebührlich benommen und einen Schutzmann tätlich angegriffen zu haben. Der Angeklagte befreite eine Frau aus der Haft, trat den Konstabler und warf Steine auf ihn. Geldstrafe 3 Schilling und sechs Pence für den ersten Verstoß und 10 Schilling und Kosten für den Angriff.

Polizeigericht Glasgow Queen's Park. Vor dem Richter Norman Thompson erschien John Kane, der sich für schuldig bekannte, seine Frau angegriffen zu haben. Es gab fünf Vorstrafen. Geldstrafe 2 Pfund, 2 Schilling.

Vor dem Magistratsgericht des Bezirks Taunton erschien John Painter, ein großer, stämmiger Kerl, beschrieben als ein Arbeiter, angeklagt, seine Frau angegriffen zu haben. Die Frau erhielt zwei blaue Augen und ihr Gesicht war stark geschwollen. Geldstrafe 1 Pfund, 8 Schilling, einschließlich Kosten, und der Verpflichtung, von nun an den Frieden zu wahren.

Polizeigericht Widnes. Es erschienen Richard Bestwick und George Hunt, angeklagt wegen Hausfriedensbruchs. Hunt wurde zu einem Bußgeld in Höhe von 1 Pfund und Kosten, Bestwick zu 2 Pfund und Kosten verurteilt; bei Nichtzahlung ein Monat Gefängnis.

Polizeigericht Shaftesbury. Vor dem Bürgermeister (Mr. A. T. Carpenter) erschien Thomas Baker, des Schlafens im Freien angeklagt. Vierzehn Tage Gefängnis.

Polizeigericht Glasgow Central. Vor dem Richter Dunlop erschien Edward Morrison, ein Junge, der angeklagt wurde, fünfzehn Birnen von einem Lastwagen am Bahnhof gestohlen zu haben. Sieben Tage Gefängnis.

Polizeigericht Doncaster Distrikt. Vor dem Richter Clark und anderen Richtern erschien James McGowan, der nach dem Wildereipräventionsgesetz angeklagt wurde, weil man bei ihm Wildereigeräte und eine Anzahl Kaninchen gefunden hat. Geldstrafe 2 Pfund und Kosten oder einen Monat Gefängnis.

Bezirksgericht Dunfermline. Vor Sheriff Gillespie erschien John Young, ein Grubenarbeiter. Er bekannte sich schuldig, Alexander Storrar angegriffen zu haben, indem er ihm mehrere Fausthiebe an Kopf und Körper versetzte, ihn zu Boden warf und mit einer Grubenstütze schlug. Geldstrafe 1 Pfund.

Polizeigericht Kirkcaldy. Vor dem Richter Dishart erschien Simon Walker, der sich schuldig bekannte, einen Mann überfallen zu haben, indem er ihn angriff und niederschlug. Es war ein unprovozierter Angriff, und der

Richter beschrieb den Angeklagten als eine große Gefahr für die Gemeinschaft. Geldstrafe 30 Schilling.

Polizeigericht Mansfield. Vor dem Bürgermeister und den Richtern F. J. Turner, J. Whitaker, F. Tidsbury, E. Holmes und Dr. R. Nesbitt erschien Joseph Jackson, der angeklagt ist, Charles Nunn angegriffen zu haben. Ohne Provokation schlug der Angeklagte dem Beschwerdeführer heftig ins Gesicht, warf ihn nieder und trat ihm dann gegen den Kopf. Jener wurde bewußtlos und blieb für zwei Wochen in medizinischer Behandlung. Strafe 21 Schilling.

Bezirksgericht Perth. Vor Sheriff Sym erschien David Mitchell, wegen Wilderei angeklagt. Es gab zwei Vorstrafen, die letzte vor drei Jahren. Der Sheriff wurde aufgefordert, bei Mitchell, der zweiundsechzig Jahre alt sei und dem Wildhüter keinen Widerstand leistete, Milde walten zu lassen. Vier Monate.

Sheriffgericht Dundee. Vor ehrenwerten Sheriff-Stellvertreter R. C. Walker erschienen John Murray, Donald Craig und James Parkes, angeklagt wegen Wilderei. Craig und Parkes erhielten jeweils 1 Pfund Strafe oder vierzehn Tage; Murray 5 Pfund oder einen Monat.

Polizeigericht Reading Borough. Vor den Richtern W. B. Monck, F. B. Parfitt, H. M. Wallis und G. Gillagan erschien Alfred Masters, sechzehn Jahre alt. Er wurde beschuldigt, auf einem unbebauten Stück Boden geschlafen zu haben und konnte keine sichtbaren Mittel für den Lebensunterhalt nachweisen. Sieben Tage Gefängnis.

Magistratsgericht Salisbury City. Vor dem Bürgermeister und den Richtern C. Hoskins, G. Fullford, E. Alexander und W. Marlow erschien James Moore, angeklagt wegen des Diebstahls eines Stiefelpaars vor einem Geschäft. Einundzwanzig Tage Gefängnis.

Polizeigericht Horncastle. Vor dem Reverend W. F. Massingberd, dem Reverend J. Graham und Mr. N. Lucas Calcraft erschien George Brackenbury, ein junger Arbeiter. Er wurde für etwas verurteilt, was die Richter als einen völlig unprovozierten und brutalen Angriff auf James Sargeant Foster bezeichneten, einen über siebzig Jahre alten Mann. Geldstrafe 1 Pfund, 5 Schilling und 6 Pence Kosten.

Magistratsgericht Worksop. Vor den Richtern F. J. S. Foliambe, R. Eddison und S. Smith erschien John Priestley, angeklagt, Reverend Leslie Graham angegriffen zu haben. Der Beschuldigte, der betrunken war, schob einen Kinderwagen vor einen Lastenkarren, mit der Folge, daß der Kinderwagen umgestoßen und das Kind darin hinausgeworfen wurde. Der Lastenkarren fuhr über den Kinderwagen, aber das Kind blieb unverletzt. Der Angeklagte griff daraufhin den Fahrer des Lastenkarrens an, und desgleichen den Beschwerdeführer, der ihm sein Verhalten vorwarf. Infolge der vom Angeklagten zugefügten Verletzungen mußte der Beschwerdeführer einen Arzt konsultieren. Geldstrafe 40 Schilling und Kosten.

Polizeigericht Rotherham West Riding. Vor den Richtern C. Wright und G. Pugh und Colonel Stoddart erschienen Benjamin Storey, Thomas Brammer und Samuel Wilcock, angeklagt wegen Wilderei. Jeweils einen Monat.

Polizeigericht Southampton County. Vor Admiral J. C. Rowley, Mr. H. H. Culme-Seymour und anderen Richtern erschien Henry Thorrington, des Schlafens im Freien angeklagt. Sieben Tage.

Polizeigericht Eckington. Vor Major L. B. Bowden, den Richtern R. Eyre, H. A. Fowler und Dr. Court erschien Joseph Watts, angeklagt wegen des Diebstahls von neun Farnpflanzen aus einem Garten. Ein Monat Gefängnis.

Magistratsgericht Ripley. Vor den Richtern J. B. Wheeler, W. D. Bembridge und M. Hooper erschienen Vincent Allen und George Hall, die unter dem Wildereipräventionsgesetz angeklagt wurden, weil sie im Besitz einer Anzahl von Kaninchen waren, und John Sparham, angeklagt, sie unterstützt zu haben. Hall und Sparham wurden zu jeweils 1 Pfund, 17 Schilling und 4 Pence, und Allen zu 2 Pfund, 17 Schilling und 4 Pence, einschließlich Kosten verurteilt; ersterer verurteilt zu vierzehn Tagen und letzterer zu einem Monat bei Zahlungsverzug.

Polizeigericht Südwest-London. Vor Mr. Rose erschien John Probyn, der wegen schwerer Körperverletzung von einem Konstabler angeklagt wurde. Der Gefangene hatte seine Frau getreten und auch eine andere Frau angegriffen, die gegen seine Brutalität protestierte. Der Schutzmann versuchte, ihn zu überreden, in sein Haus zu gehen, doch der Gefangene drehte sich plötzlich um, schlug ihn mit einem Schlag ins Gesicht nieder, trat ihn zu Boden und versuchte, ihn zu erwürgen. Schließlich trat der Gefangene den Offizier absichtlich in einen gefährlichen Körperteil und verletzte ihn dermaßen, daß der Mann für längere Zeit seinen Dienst nicht antreten kann. Sechs Wochen Gefängnis.

Polizeigericht Lambeth, London. Vor Mr. Hopkins erschien „Baby" Stuart, neunzehn Jahre alt, beschrieben als eine Chorsängerin, der vorgeworfen wurde, Essen und Unterkunft im Wert von 5 Schilling durch falsche Vorspiegelungen und mit der Absicht, Emma Brasier zu betrügen, zu erschleichen. Emma Brasier, die Beschwerdeführerin, ist Inhaberin eines Logierhauses in der Atwell Road. Die Angeklagte hatte in ihrem Haus Zimmer gemietet, und vorgegeben, daß sie im Crown Theatre angestellt wäre. Nachdem die Angeklagte zwei oder drei Tage in ihrem Haus gewesen war, stellte Mrs. Brasier Erkundigungen an, und nachdem sie herausgefunden hatte, daß die Geschichte des Mädchens nicht der Wahrheit entsprach, ließ sie sie in Gewahrsam nehmen. Die Gefangene sagte dem Richter, sie hätte gearbeitet, wenn sie nicht so krank gewesen wäre. Sechs Wochen harte Arbeit.

17. KAPITEL

DIE UNTAUGLICHEN

Ich würde lieber auf der Landstraße unter dem Blau des Himmels sterben.
Ich würde lieber an der süßen Luft verhungern,
Oder in der salzigen See ertrinken,
Oder eine wilde frohe Stunde in der Schlacht erleben,
Und mir dann eine Kugel einfangen,
Als das Leben eines Tieres in einer stinkenden Hölle zu führen, und
schließlich meinen Atem auf einer Armenpritsche auszuhauchen.
Robert Blatchford.

ICH blieb einen Moment stehen, um einer Diskussion am Mile End Waste[3] zuzuhören. Es war Nacht, und die Teilnehmer waren alle Arbeiter der besseren Klasse. Sie hatten einen von ihnen, einen gutaussehenden Mann von dreißig Jahren, umstellt und redeten ziemlich erhitzt auf ihn ein

„Aber was ist mit der billigen Einwanderung?", verlangte einer von ihnen zu wissen. „Ich behaupte, daß die Juden aus Whitechapel uns gleichermaßen die Kehle durchschneiden!"

„Sie können ihnen nicht die Schuld geben", war die Antwort. „Sie sind genau wie wir, und sie müssen auch leben. Sie können doch nicht den Mann tadeln, der billiger arbeitet als Sie und deswegen Ihre Arbeit bekommt."

„Aber was soll dann aus meiner Frau und den Kindern werden?", fragte sein Gesprächspartner.

„Da haben wir es", kam die Antwort. „Was ist mit der Frau und den Kindern des Mannes, der billiger arbeitet als Sie und Ihre Arbeit bekommt? Na? Was ist mit seiner Frau und seinen Kindern? Er interessiert sich mehr für seine eigenen Kinder als für Ihre, und er kann sie nicht verhungern sehen. Also senkt er den Preis für seine Arbeit und Sie sind raus. Aber man kann ihm nicht die Schuld geben, dem armen Teufel. Er kann nichts dafür. Die Löhne werden immer gesenkt, wenn zwei Männer die gleiche Arbeit machen wollen. Das liegt am Wettbewerb, und nicht an dem Mann, der den Preis senkt."

---

[3] Anm. d. Ü. Ein unbebauter Platz im East End, an dem häufig Reden gehalten wurden.

Mile End Road.

„Aber die Gehälter gehen nicht runter, wo es eine Gewerkschaft gibt", kam der Einwand.

„Und da haben wir es schon wieder, den Nagel auf den Kopf. Die Gewerkschaft verhindert den Wettbewerb unter den Arbeitern, macht es aber schwerer, wo es keine Gewerkschaften gibt. Da kommen Ihre billigen Arbeitskräfte aus Whitechapel ins Spiel. Sie sind ungelernt und haben keine Gewerkschaften und drücken sich gegenseitig die Kehle zu, und unsere, wenn wir nicht zu einer starken Gewerkschaft gehören."

Ohne weiter auf die Diskussion einzugehen, wies dieser Mann auf dem Mile End Waste auf die Tatsache hin, daß, wenn zwei Männer auf eine Arbeitsstelle aus waren, der Lohn sinken würde. Wäre er tiefer in die Thematik eingedrungen, hätte er herausgefunden, daß selbst die Gewerkschaft mit, sagen wir zwanzigtausend Männern, den Lohn nicht halten könnte, wenn zwanzigtausend Arbeitslose versuchten, die Gewerkschaftsleute zu verdrängen. Dies wird gerade jetzt durch die Rückkehr und Auflösung der Soldaten aus Südafrika hervorragend bewiesen. Sie befinden sich zu Zehntausenden in einer verzweifelten Zwangslage in der Armee der Arbeitslosen. Im ganzen Land gibt es einen allgemeinen Lohnrückgang, der Arbeitskämpfe und Streiks hervorruft und von den Arbeitslosen ausgenutzt wird, die nur zu gern die von den Streikenden niedergeworfenen Werkzeuge ergreifen.

Arbeiten in den Schwitzbuden, Hungerlöhne, Armeen von Arbeitslosen und eine große Anzahl von Heimatlosen und Obdachlosen sind unausweichlich, wenn es mehr Männer gibt, die arbeiten wollen, als Arbeit vorhanden ist. Die Männer und Frauen, die ich auf den Straßen und in den Arbeitshäusern und bei den Armenspeisungen getroffen habe, kommen nicht dorthin, weil sie dort bequem ihren Lebensunterhalt verdienen können. Ich habe die Schwierigkeiten, denen sie ausgesetzt sind, hinreichend dargelegt, und sie sind alles andere als bequem.

Wergzupfen in der zwanglosen Abteilung.

Es ist eine Frage der nüchternen Berechnung, daß es hier in England leichter ist, für zwanzig Schilling (5 Dollar) pro Woche zu arbeiten und regelmäßig zu essen und nachts ein Bett zu bekommen, als auf den Straßen umherzuwandern. Der Mann, der durch die Straßen geht, leidet mehr und arbeitet härter, und bekommt im Gegenzug viel weniger. Ich habe dargestellt, wie sie die Nächte verbringen, und wie sie, getrieben von körperlicher Erschöpfung, in die zwanglose Abteilung gehen, um sich „auszuruhen". Auch ist die zwanglose Abteilung nicht bequem. Vier Pfund Werg zu rupfen, zwölf Zentner Steine zu brechen oder die widerlichsten Aufgaben als Gegenleistung für das erbärmliche Essen und das Obdach, das sie erhalten, auszuführen, ist eine grobe Ausbeutung der Männer, die diese Arbeit leisten. Von Seiten der Behörden ist es glatter Raub. Sie geben den Männern viel weniger für ihre Arbeit als die kapitalistischen Arbeitgeber. Der Lohn für die gleiche Menge Arbeit, der für einen privaten Arbeitgeber durchgeführt wird, würde ihnen bessere Betten, besseres Essen, mehr gute Laune und vor allem größere Freiheit verschaffen.

Wie gesagt, die Arbeitshäuser dem vorzuziehen, hieße seine Arbeitskraft verschwenden. Und daß sie es selbst wissen, zeigt sich daran, wie diese Männer die Arbeitshäuser meiden, bis sie von körperlicher Erschöpfung hineingetrieben werden. Warum tun sie es dann? Nicht weil sie entmutigte Arbeiter sind. Das genaue Gegenteil trifft zu; sie sind entmutigte Herumstreicher. In den Vereinigten Staaten ist der Landstreicher fast immer ein entmutigter Arbeiter. Er findet darin eine bequemere Lebensweise als zu arbeiten. Aber das trifft in England nicht zu. Hier tut die Obrigkeit alles in ihrer Macht Stehende, um den Herumstreicher zu entmutigen, und er ist tatsächlich eine stark entmutigte Kreatur. Er weiß, daß zwei Schilling pro Tag, also nur fünfzig Cent, ihm für drei gute Mahlzeiten und ein Bett in der Nacht ausreichen, und ihm ein paar Pence als Taschengeld übrig lassen. Er würde lieber für diese zwei Schilling arbeiten als für die Barmherzigkeit der zwanglosen Abteilung; denn er weiß, daß er nicht so hart arbeiten müßte und daß er nicht so abscheulich behandelt würde. Er tut dies jedoch nicht, weil es mehr Männer gibt, die arbeiten wollen, als es Arbeit für sie gibt.

Wenn es mehr Männer gibt, als Arbeit zu leisten ist, muß ein Aussiebungsprozeß stattfinden. In jedem Industriezweig werden die weniger Tauglichen verdrängt. Da sie wegen Untauglichkeit ausgemustert werden, können sie nicht aufsteigen, sondern müssen absteigen und weiter absteigen, bis sie ihr angemessenes Niveau erreichen, einen Platz in der Industrie, wo sie tauglich sind. Es folgt daher, und das ist unausweichlich, daß die am wenigsten Tauglichen bis zum Grund hinuntergehen müssen, der das Trümmerfeld ist, in dem sie kläglich zugrunde gehen.

Ein Blick auf die völlig Untauglichen am unteren Ende zeigt, daß es sich in der Regel um psychische, physische und moralische Wracks handelt. Die Ausnahmen von der Regel sind die Spätankömmlinge, die bloß ziemlich untauglich sind und bei denen der Zerstörungsprozeß gerade erst beginnt. Man darf nicht außer Acht lassen, daß alle jene Kräfte zerstörend sind. Der gute Körper (der da ist, weil sein Gehirn nicht schnell und leistungsfähig ist) wird schnell aus der Form gerissen und verkrümmt; der reine Geist (der wegen seines schwachen Körpers da ist) wird schnell verunreinigt und verdorben.

Die Sterblichkeit ist übermäßig, und doch sterben sie einen viel zu langsamen Tod.

Hier haben wir die Erklärung dafür, daß der Abgrund sich bevölkert. Durch das gesamte Industriegefüge hindurch findet eine ständige Ausscheidung auf dem Arbeitsmarkt statt. Die Untauglichen werden abgesondert und nach unten geschleudert. Verschiedene Dinge verursachen Untauglichkeit. Der Ingenieur, der regelwidrig handelt oder unverantwortlich ist, wird sinken, bis er seinen Platz findet, etwa als Gelegenheitsarbeiter, einen Beruf, der in seiner Natur unregelmäßig ist und in dem er wenig bis überhaupt keine Verantwortung trägt. Diejenigen, die langsam und ungeschickt sind, die an Körper- oder Geistesschwäche leiden oder denen Nerven-, Geistes- und Körperbeherrschung fehlen, müssen langsam, manchmal schnell, manchmal Schritt für Schritt auf den Grund sinken. Ein Unfall, der einen brauchbaren Arbeiter körperlich einschränkt, wird ihn unbrauchbar machen und er muß gehen. Und der Arbeiter, der alt wird, muß mit nachlassender Kraft und langsamerem Verstand den furchtbaren Abstieg beginnen, der keinen Haltepunkt vor dem Grund und dem Tod kennt.

In diesem letzten Fall erzählen die Statistiken von London eine schreckliche Geschichte. Die Bevölkerung Londons macht ein Siebtel der Gesamtbevölkerung des Vereinigten Königreichs aus, und in London stirbt Jahr für Jahr jeder vierte Erwachsene entweder im Armenhaus, im Armenspital oder in der Irrenanstalt. Wenn man bedenkt, daß die Wohlhabenden nicht so enden, wird es offensichtlich, daß es das Schicksal von mindestens einem von drei erwachsenen Arbeitern ist, in den Händen öffentlicher Wohltätigkeit zu sterben.

Zur Veranschaulichung, wie ein guter Arbeiter plötzlich untauglich werden könnte und was dann mit ihm geschieht, bin ich versucht, den Fall von McGarry, einem Mann von zweiunddreißig Jahren, und einem Insassen des Arbeitshauses zu erzählen. Die Auszüge sind dem Jahresbericht der Gewerkschaft entnommen:

„Ich arbeitete bei Sullivan in Widnes, besser bekannt als das British Alkali-Chemiewerk. Mein Arbeitsplatz war in einem Schuppen, und ich mußte dafür den Hof überqueren. Es war zehn Uhr abends, und es war dunkel. Beim Überqueren des Hofes spürte ich, wie etwas mein Bein packte und es zerquetschte. Ich verlor das Bewußtsein; ich wußte nicht, was für ein oder zwei Tage aus mir wurde. Am folgenden Sonntagabend kam ich zu mir und fand mich im Krankenhaus wieder. Ich fragte die Krankenschwester, was mit meinen Beinen los sei, und sie sagte mir, beide Beine seien abgenommen worden.

Es gab eine feststehende Kurbel im Hof, die in den Boden eingelassen war; das Loch war 18 Zoll lang, 15 Zoll tief und 15 Zoll breit. Die Kurbel rotierte im Loch mit drei Umdrehungen pro Minute. Es gab keinen Zaun oder eine Abdeckung über dem Loch. Seit meinem Unfall haben sie sie ganz angehalten und das Loch mit einem Stück Eisenblech zugedeckt... Sie gaben mir 25 Pfund. Sie dachten das nicht als Entschädigung; sie sagten, es sei nur aus Nächstenliebe. Davon zahlte ich 9 Pfund für ein Gerät, mit dem ich mich fortbewegen kann.

Ich arbeitete zu der Zeit, als ich meine Beine verlor. Ich bekam vierundzwanzig Schilling die Woche, was eine bessere Bezahlung war, als die anderen Männer erhielten, weil ich im Schichtdienst arbeitete. Wenn es viel zu tun gab, wurde meist ich ausgesucht, um es zu tun. Mr. Manton, der Verwalter, besuchte mich mehrmals im Krankenhaus. Als es mir besser ging, fragte ich ihn, ob er eine Arbeitsstelle für mich finden könnte. Er sagte mir, ich solle mir keine Sorgen machen, da die Firma nicht kaltherzig sei. Ich solle mich auf jeden Fall nicht sorgen... Mr. Manton hörte auf, mich zu besuchen; und das letzte Mal sagte er, daß er daran dachte, die Direktoren zu bitten, mir eine Fünfzig-Pfund-Note zu geben, damit ich nach Hause zu meinen Freunden in Irland gehen konnte."

Armer McGarry! Er erhielt eine bessere Bezahlung als die anderen Männer, weil er ehrgeizig war und Schichtarbeit leistete, und wenn es eine schwierige Arbeit auszuführen galt, wählte man ihn dazu. Und dann geschah diese Sache und er ging ins Arbeitshaus. Die Alternative zum Arbeitshaus wäre, heim nach Irland zu gehen und seinen Freunden für den Rest seines Lebens zur Last zu fallen. Ein Kommentar ist überflüssig.

Es muß verstanden werden, daß die Tauglichkeit nicht von den Arbeitern selbst bestimmt wird, sondern von der Nachfrage nach Arbeit. Wenn drei Männer sich um eine Arbeitsstelle bewerben, wird der tauglichste Mann sie bekommen. Die anderen beiden, gleichgültig, wie fähig sie auch sein mögen, werden gleichwohl untauglich sein. Wenn Deutschland, Japan und die Vereinigten Staaten den gesamten Weltmarkt für Eisen, Kohle und Textilien erobern sollten, würden die englischen Arbeiter sofort zu Hunderttausenden arbeitslos werden. Einige würden auswandern, aber der Rest würde ihre Arbeitskraft in die übrigen Industrien lenken. Ein allgemeines Aufschütteln der Arbeiter von oben nach unten würde die Folge sein; und wenn das Gleichgewicht wieder hergestellt wäre, wäre die Anzahl der Untauglichen am Boden des Abgrunds um Hunderttausende gestiegen. Auf der anderen Seite, wenn die Bedingungen konstant blieben und alle Arbeiter ihre Tauglichkeit verdoppelten, würde es immer noch ebenso viele Untaugliche geben, obwohl jeder Untaugliche doppelt so leistungsfähig wäre, als er zuvor gewesen war, und leistungsfähiger als viele der Tauglichen zuvor.

Wenn es mehr Männer gibt, die arbeiten wollen, als es Arbeit für sie gibt, werden ebenso viele Männer, wie überflüssig sind, untauglich sein, und als Untaugliche sind sie zum langsamen und qualvollen Untergang verurteilt. In zukünftigen Kapiteln soll gezeigt werden, daß durch ihre Arbeit und Lebensart nicht nur gezeigt wird, wie die Untauglichen aussortiert und vernichtet werden, sondern auch, wie im industriellen Gefüge unserer Zeit gedankenlos immer wieder Untauglichkeit geschaffen wird.

18. KAPITEL

LÖHNE

Manche verkaufen ihr Leben für Brot;
Manche verkaufen ihre Seelen für Gold;
Manche wählen das Flußbett;
Manche wählen das Arbeitshaus.

So ist des stolzen Englands Herrschaft,
Wo Reichtum tut was er will;
Weißes Fleisch ist heutzutage billig,
Weiße Seelen sind noch billiger.
Fantasias.

ALS ich erfuhr, daß es in London City 1.292.737 Menschen gab, die einundzwanzig Schillinge oder weniger pro Woche und Familie erhielten, wurde ich neugierig, wie die Gehälter am besten ausgegeben werden könnten, um die körperliche Leistungsfähigkeit solcher Familien zu erhalten. Da Familien von sechs, sieben, acht oder zehn Personen nicht berücksichtigt werden können, habe ich die folgende Tabelle auf eine fünfköpfige Familie gestützt: einen Vater, eine Mutter und drei Kinder; während ich einundzwanzig Schillinge ungefähr 5,25 Dollar entsprechen ließ, obwohl einundzwanzig Schillinge tatsächlich ungefähr 5,11 Dollar entsprechen.

	Schilling	Pence
Wohnungsmiete	6	0
Brot	4	0
Fleisch	3	6
Gemüse	2	6
Kohl	1	0
Tee	0	9
Petroleum	0	8
Zucker	0	9
Milch	0	6
Seife	0	4
Butter	0	10
Brennholz	0	4
zusammen	21 Schilling	2 Pence

Eine Analyse von nur einem Gegenstand zeigt, wie wenig Raum für Verschwendung vorhanden ist. *Brot*, 1 Dollar: Bei einer fünfköpfigen Familie wird ein Brot im Wert von einem Dollar bei sieben Tagen eine Tagesration von 2,8 Cent ergeben; und wenn sie drei Mahlzeiten am Tag essen, kann jeder pro Mahlzeit Brot im Wert von 9 ½ Tausendstel Dollar konsumieren, was etwas weniger als ein halber Penny ist. Nun ist aber Brot der schwerste Gegenstand. Fleisch werden sie bei jeder Mahlzeit in noch geringerer Menge pro Person bekommen und noch weniger Gemüse; während die kleineren Gegenstände für die Betrachtung zu mikroskopisch werden. Auf der anderen Seite werden diese Lebensmittelartikel alle in kleinen Mengen gekauft, der teuersten und verschwenderischsten Einkaufsmethode.

Während die oben angegebene Tabelle keine Extravaganz, keine Überladung von Mägen erlaubt, wird bemerkt werden, daß es keinen Überschuß gibt. Der ganze Lohn wird für Nahrung und Miete ausgegeben. Es ist kein Taschengeld mehr übrig. Kauft der Mann ein Glas Bier, muß die Familie entsprechend weniger essen; und in eben dem Maße, in dem sie weniger ißt, wird es ihre körperliche Leistungsfähigkeit beeinträchtigen. Die Mitglieder dieser Familie können nicht in Bussen oder Straßenbahnen fahren, können keine Briefe schreiben, keine Ausflüge machen, zu einer „Zweipennybude" für billiges Varieté gehen, sozialen oder wohltätigen Clubs beitreten, noch können sie Süßigkeiten, Tabak, Bücher oder Zeitungen kaufen. Und wenn ein Kind (und es gibt drei davon) ein Paar Schuhe benötigt, muß die Familie für eine Woche Fleisch aus ihrem Einkaufsplan streichen. Und da es fünf Paar Füße gibt, die Schuhe benötigen, fünf Köpfe, die Hüte benötigen, und fünf Körper, die Kleidung benötigen, und da es Gesetze gibt, die Unsittlichkeit regeln, muß die Familie ständig ihre körperliche Leistungsfähigkeit beeinträchtigen, um sich warm und aus dem Gefängnis heraus zu halten. Zur Kenntnisnahme, wenn Miete, Kohlen, Öl, Seife und Brennholz von dem wöchentlichen Einkommen abgezogen werden, bleibt eine tägliche Zulage für Nahrung von 4,5 Pence für jede Person; und die 4,5 Pence können nicht durch den Kauf von Kleidung verringert werden, ohne die körperliche Leistungsfähigkeit zu beeinträchtigen.

All das ist hart genug. Aber dann kann eben so etwas passieren: Der Ehemann und Vater bricht sich das Bein oder den Hals. Es kommen keine 4,5 Pence mehr am Tag pro Person für Essen herein; kein Brot im Wert von einem halben Penny pro Mahlzeit; und am Ende der Woche keine sechs Schilling für Miete. Also müssen sie gehen, auf die Straße oder ins

Arbeitshaus, oder in einen elenden Unterschlupf, in dem die Mutter verzweifelt versuchen wird, die Familie mit den zehn Schilling durchzubringen, die sie möglicherweise verdienen kann.

Während es in London 1.292.737 Menschen gibt, die einundzwanzig Schilling oder weniger pro Woche und Familie erhalten, müssen wir daran denken, daß wir eine fünfköpfige Familie untersucht haben, die auf der Grundlage von einundzwanzig Schilling lebt. Es gibt größere Familien, es gibt viele Familien, die von weniger als einundzwanzig Schillingen leben, und es gibt viel unregelmäßige Beschäftigung. Die Frage stellt sich natürlich, Wie leben *sie*? Die Antwort ist, daß sie nicht leben. Sie wissen nicht, was Leben bedeutet. Sie existieren in einem unterviehischen Dasein, bis sie gnädigerweise vom Tod erlöst werden.

Bevor wir in die fauligeren Tiefen hinabsteigen, soll das Beispiel der Telefonistinnen angeführt werden. Hier handelt es sich um saubere, frische englische Dienstmädchen, für die ein höherer Lebensstandard als der der Tiere absolut notwendig ist. Sonst können sie nicht sauber bleiben, die frischen englischen Dienstmädchen. Bei Dienstantritt erhält eine Telefonistin einen Wochenlohn von elf Schilling. Wenn sie schnell und klug ist, kann sie nach fünf Jahren einen Mindestlohn von einem Pfund erreichen. Kürzlich wurde Lord Londonderry eine Tabelle der Wochenausgaben eines solchen Mädchens zur Verfügung gestellt. Hier ist sie:

Miete, Brennholz und Licht	7 Schilling	6 Pence
Kost im Hause	3 „	6 „
Kost im Amt	4 „	6 „
Fahrgeld	1 „	6 „
Wäsche	1 „	0 „
zusammen	18 Schilling	0 Pence

Das läßt nichts für Kleidung, Erholung oder Krankheit übrig. Und doch erhalten viele der Mädchen nicht achtzehn Schilling, sondern elf Schilling, zwölf Schilling und vierzehn Schilling pro Woche. Sie brauchen Kleidung und Erholung und — Männer sind so oft ungerecht gegen Männer, und sie sind es stets gegen Frauen.

Auf dem Kongreß des Gewerkschaftsbundes, der jetzt in London stattfindet, hat die Gasarbeitergewerkschaft angeordnet, dem Parlamentskomitee die Anweisung zu geben, einen Gesetzentwurf einzuführen, der die Beschäftigung von Kindern unter 15 Jahren verbietet. Mr. Shackleton, Mitglied des Parlaments und Repräsentant der Weber der nördlichen Bezirke, lehnte die Resolution im Namen der Textilarbeiter ab, die, wie er sagte, nicht auf die Einkünfte ihrer Kinder verzichten und von der Höhe der erzielten Löhne leben könnten. Die Vertreter von 514.000 Arbeitern stimmten gegen die Resolution, während die Vertreter von 535.000 Arbeitern dafür stimmten. Wenn 514.000 Arbeiter gegen eine Resolution sind, die Kinderarbeit unter fünfzehn Jahren verbietet, ist es offensichtlich, daß an eine immense Anzahl von erwachsenen Arbeitern des Landes ein nicht mehr existenzsichernder Lohn gezahlt wird.

Ich habe mit Frauen in Whitechapel gesprochen, die weniger als einen Schilling für einen zwölfstündigen Tag in den Miedermachereien bekommen; und mit Fertigstellerinnen von Frauenhosen, die einen durchschnittlichen fürstlichen Wochenlohn von drei bis vier Schilling erhalten.

Ein kürzlich erwähnter Fall handelt von Männern, die in einem wohlhabenden Geschäftshaus beschäftigt waren, und neben ihrer Verpflegung sechs Schilling pro Woche für sechs Arbeitstage von jeweils sechzehn Stunden erhielten. Die Sandwich-Männer bekommen vierzehn Pence pro Tag und müssen damit zurechtkommen. Der durchschnittliche Wochenlohn der Straßenhändler und Hausierer beträgt nicht mehr als zehn bis zwölf Schilling. Der Durchschnitt aller gewöhnlichen Arbeiter, die Dockarbeiter ausgenommen, beträgt weniger als 16 Schilling pro Woche, während die Dockarbeiter im Durchschnitt zwischen acht und neun Schilling verdienen. Diese Zahlen stammen aus einem Bericht der königlichen Kommission und sind authentisch.

Man stelle sich eine alte Frau vor, gebrochen und sterbend, die sich und vier Kinder ernährt und drei Schilling pro Woche Miete bezahlt, indem sie Streichholzschachteln für 2 ¼ Pence das Gros herstellt. Zwölf Dutzend Kartons für 2 ¼ Pence, und außerdem muß sie noch ihren eigenen Leim und Faden benutzen! Sie hatte niemals einen freien Tag, weder wegen Krankheit, noch wegen Ruhe oder Erholung. Tag um Tag, auch sonntags, schuftete sie vierzehn Stunden. Ihr Tagesgeschäft waren sieben Gros, für die sie 1 Schilling, 3 ¾ Pence erhielt. In der achtundneunzig Stunden Arbeitswoche stellte sie 7066 Streichholzschachteln her und verdiente 4 Schilling 10 ¼ Pence, abzüglich Leim und Faden.

Im vergangenen Jahr erhielt Mr. Thomas Holmes, ein bedeutender Polizeigerichts-Kriminalist, nachdem er über den Zustand der Arbeiterinnen geschrieben hatte, folgenden Brief vom 18. April 1901:

„Sir, — Bitte verzeihen Sie mir die Freiheit, die ich mir herausnehme, aber nachdem ich gelesen habe, was Sie über arme Frauen gesagt haben, die vierzehn Stunden am Tag für zehn Schilling pro Woche arbeiten, bitte ich darum, meinen Fall darzulegen. Ich bin eine Krawattenmacherin, die, nachdem ich die ganze Woche gearbeitet habe, nicht mehr als fünf Schilling verdienen kann, und ich habe einen armen leidenden Ehemann, für den ich sorgen muß, und der seit mehr als zehn Jahren keinen Penny verdient hat."

Stellen Sie sich eine Frau vor, die in der Lage ist, einen so klaren, vernünftigen, grammatikalisch korrekten Brief zu schreiben und die ihren Mann und sich selbst mit fünf Schilling pro Woche versorgen muß! Mr. Holmes besuchte sie. Er mußte sich hineinzwängen, um in den Raum zu kommen. Dort lag ihr kranker Ehemann; dort arbeitete sie den ganzen Tag; dort kochte, aß, wusch und schlief sie; und dort führten ihr Mann und sie alle Funktionen des Lebens und des Sterbens aus. Es gab keinen Platz für den Kriminalist, um sich zu setzen, außer auf dem Bett, das teilweise mit Krawatten und Seide bedeckt war. Die Lungen des kranken Mannes befanden sich in den letzten Stadien der Schwindsucht. Er hustete und spuckte ständig aus, die Frau hörte mit ihrer Arbeit auf, um ihm bei seinen Anfällen zu helfen. Der seidene Flaum von den Krawatten war weder gut für seine Krankheit, noch war seine Krankheit gut für die Krawatten, und für die Händler und Träger der noch zu entstehenden Krawatten.

Ein weiterer Fall, den Mr. Holmes untersuchte, war der eines jungen Mädchens, das zwölf Jahre alt war und vor dem Polizeigericht stand, weil es angeklagt wurde, Essen gestohlen zu haben. Er fand heraus, daß sie die Ersatzmutter eines neunjährigen Knaben, eines verkrüppelten Knaben von sieben Jahren und eines jüngeren Kindes war. Ihre Mutter war Witwe und Blusennäherin. Sie zahlte fünf Schilling pro Woche Miete. Hier sind die letzten Punkte in ihrem Haushaltskonto: *Tee, 0,5 Pence; Zucker, 0,5 Pence; Brot, 0,25 Pence; Margarine, 1 Pence; Öl, 1,5 Pence; und Brennholz, 1 Pence.* Ihr guten Hausfrauen des weichherzigen und zarten Volkes, stellt euch vor, ihr arbeitet und haushaltet in einem solchen Maßstab, deckt einen Tisch für fünf, und habt ein Auge auf die zwölfjährige Ersatzmutter, um zu sehen, daß sie kein Essen für ihre kleinen Brüder und Schwestern gestohlen hat, in der ganzen Zeit, in der ihr nähtet, nähtet, an einer alptraumhaften Reihe von Blusen nähtet, die sich in die Dunkelheit und bis zu eurem gähnenden Armengrab erstrecken.

19. KAPITEL

DAS GHETTO

Ist es gut, daß wir, während wir uns mit der Wissenschaft befassen,
Über die Zeit jubeln,
In der Stadtkinder Seele und Verstand
In Stadtschlamm schwärzen und ertränken?
Dort kommt in den düsteren Gassen
Der Fortschritt auf gelähmten Füßen zum Stehen;
Verbrechen und Hunger treiben die Mädchen zu Tausenden auf die Straße;

Dort bringt der Meister seine magere Näherin um ihr täglich Brot;
Dort beherbergt ein schmutziger Dachboden
Sowohl die Lebenden als die Toten;
Dort schleicht die schwelende Fieberbrunst über den verrotteten Boden,
Und das überfüllte Lager von Inzest, in den Kerkern der Armen.
Tennyson.

ALLE zugleich beschränkten die europäischen Nationen die unerwünschten Juden in die Ghettos der Stadt. Aber heute hat die herrschende ökonomische Klasse, durch weniger willkürliche, aber nicht weniger strenge Methoden, die unerwünschten, aber notwendigen Arbeiter in besondere Viertel von unermeßlicher Ausdehnung und unermeßlichem Elend verwiesen. East London ist ein solches Ghetto, in dem die Reichen und Mächtigen nicht wohnen und wohin der Reisende nicht reist und wohin zwei Millionen Arbeiter schwärmen, sich fortpflanzen und sterben.

Es darf nicht angenommen werden, daß alle Arbeiter von London in das East End gedrangt werden, aber die Flut strömt stark in diese Richtung. Die Armenviertel der Stadt werden ständig zerstört, und der Hauptstrom der Vertriebenen ist nach Osten gerichtet. In den letzten zwölf Jahren hat ein Bezirk, „London over the Border", „London jenseits der Grenze", wie er genannt wird, der weit hinter Aldgate, Whitechapel und Mile End liegt, um 260.000 Einwohner oder mehr als sechzig Prozent zugenommen. Die Kirchen in diesem Bezirk können übrigens nur einen von siebenunddreißig der zusätzlichen Bevölkerung aufnehmen.

„Die Stadt der fürchterlichen Eintönigkeit" wird das East End oft genannt, besonders von wohlgenährten, gutgelaunten Schaulustigen, welche die

Dinge oberflächlich überblicken und nur schockiert über die unerträgliche Eintönigkeit und Schäbigkeit des Ganzen sind. Wenn das East End keinen schlimmeren Titel verdient als „Die Stadt der fürchterlichen Eintönigkeit", und wenn die arbeitenden Menschen der Vielfalt, der Schönheit und der Abwechslung nicht würdig wären, wäre es kein so übler Ort zum Leben. Aber das East End verdient einen schlechteren Titel. Es sollte „Die Stadt der Entwürdigung" genannt werden.

Wenn es auch keine Stadt aus Elendsvierteln ist, wie manche Leute es sich vorstellen, könnte man doch sagen, daß es sich um ein riesiges Elendsviertel handelt. Vom Standpunkt der allgemeinen Wohlanständigkeit und reinen Menschlichkeit ist jede einzelne ihrer schäbigen Straßen ein Elendsviertel. Ein Ort, an dem im Überfluß Anblicke und Geräusche vorhanden sind, von denen weder Sie noch ich es schätzen würden, daß unsere Kinder sie sehen und hören, ist ein Ort, an dem keines Menschen Kinder leben sollten, wo sie dies sehen und hören können. Wo Sie und ich wünschten, daß unsere Frauen nicht wohnen sollten, dort ist auch keine Stätte für die Frau eines anderen Mannes. Denn hier, im East End, zeigen sich Unanständigkeit und tierische Roheit ganz unverschleiert. Es gibt keine Privatsphäre. Das Böse verdirbt das Gute, und alle schwären gemeinsam. Kindliche Unschuld ist süß und schön: aber in East London ist Unschuld eine flüchtige Sache, und man muß sie fangen, bevor sie aus der Wiege kriechen, oder man wird merken, daß die ganz Kleinen bald ebenso heillos verschlagen sind wie man selbst.

Einrichtung im East End.

Die Anwendung der Goldenen Regel bestimmt, daß East London ein ungeeigneter Ort zum Leben ist. Wo Sie nicht möchten, daß Ihre eigenen kleinen Kinder leben, aufwachsen und, was zum Leben gehört, kennenlernen sollten, dort ist auch nicht der Ort für Kinder anderer Menschen, um zu leben, aufzuwachsen und das Leben kennenzulernen. Sie ist eine einfache Sache, diese Goldene Regel, und alles, was erforderlich ist. Die Nationalökonomie und das Überleben der Stärksten können mir gestohlen bleiben, wenn sie etwas anderes sagen. Was nicht gut genug für einen selbst ist, ist auch nicht gut genug für andere Menschen, und mehr gibt es dazu nicht zu sagen.

In London gibt es 300.000 Menschen, aufgeteilt in Familien, die in Ein-Zimmer-Wohnungen leben. Weit, weit mehr leben in zwei oder drei Zimmern und sind ebenso eingeengt, unabhängig vom Geschlecht, wie diejenigen, die in einem Raum leben. Das Gesetz verlangt 400 Kubikfuß Platz für jede Person. In Armeekasernen sind jedem Soldaten 600 Kubikfuß erlaubt. Professor Huxley, einst selbst ein medizinischer Offizier in East London, bestand immer darauf, daß jede Person 800 Kubikfuß Platz haben sollte, und daß sie mit reiner Luft gut belüftet sein sollte. Doch in London leben 900.000 Menschen in weniger als den 400 Kubikfuß, die gesetzlich vorgeschrieben sind.

Mr. Charles Booth, der sich jahrelang systematisch mit der Aufstellung und Klassifizierung der arbeitenden Stadtbevölkerung befaßte, schätzt, daß es in London 1.800.000 Menschen gibt, die *arm* und *sehr arm* sind. Es ist interessant anzumerken, was er als arm bezeichnet. Mit *arm* meint er Familien, die ein wöchentliches Gesamteinkommen von achtzehn bis einundzwanzig Schilling haben. Die *sehr Armen* fallen deutlich unter diesen Standard.

Die Arbeiter als eine Klasse werden mehr und mehr von ihren ökonomischen Herren abgesondert; und dieser Prozeß, der zu Überbevölkerung und Zusammenpferchung führt, führt zur Sittenlosigkeit und untergräbt alle Moral. Hier folgt ein Auszug aus einem kürzlichen Treffen des Londoner County Council, kurz und knapp, aber mit einer Fülle von Schrecken, den man zwischen den Zeilen lesen kann:

„Mr. Bruce fragte den Vorsitzenden des Ausschusses für das Gesundheitswesen, ob seine Aufmerksamkeit auf eine Reihe von Fällen schwerer Überbelegung im East End gelenkt worden sei. In St. Georges-in-the-East besetzte ein Mann mit seiner Frau und ihrer achtköpfigen Kinderschar ein kleines Zimmer. Diese Familie bestand aus fünf Töchtern, im Alter von zwanzig, siebzehn, acht, vier und einem Säugling; und drei Söhnen im Alter von fünfzehn, dreizehn und zwölf. In Whitechapel bewohnten ein Mann, seine Frau und ihre drei Töchter, sechzehn, acht und vier, und zwei Söhne im Alter von zehn und zwölf Jahren ein noch kleineres Zimmer. In Bethnal Green wurden auch ein Mann und seine Frau mit vier Söhnen im Alter von dreiundzwanzig, einundzwanzig, neunzehn und sechzehn Jahren und zwei Töchtern im Alter von vierzehn und sieben Jahren in einem Zimmer lebend vorgefunden. Er fragte, ob es nicht Aufgabe der verschiedenen lokalen Behörden sei, eine solche Überbelegung zu verhindern."

Aber mit 900.000 Menschen, die tatsächlich unter gesetzeswidrigen Bedingungen leben, haben die Behörden alle Hände voll zu tun. Wenn die hineingequetschten Leute hinausgeworfen werden, verirren sie sich in ein anderes Loch; und wenn sie ihr Hab und Gut bei Nacht bewegen, auf Handkarren (eine Handkarre nimmt den ganzen Haushalt und die schlafenden Kinder auf), ist es fast unmöglich, sie im Auge zu behalten. Wenn das Gesetz zum Gesundheitswesen von 1891 plötzlich und vollständig durchgesetzt würde, würden 900.000 Menschen die Aufforderung erhalten, aus ihren Häusern zu verschwinden und auf die Straße zu gehen, und 500.000 Räume müßten gebaut werden, bevor sie alle wieder gesetzmäßig untergebracht wären.

Die gemeinen Straßen sehen von außen nur schäbig aus, aber innerhalb der Mauern finden sich Verkommenheit, Elend und Tragik. Während die folgende Tragödie vielleicht abstoßend zu lesen sein mag, darf nicht vergessen werden, daß das Empörendste der Umstand ist, daß es überhaupt geschehen kann.

In Devonshire Place, Lisson Grove, starb vor kurzem eine alte Frau von fünfundsiebzig Jahren. Bei der Untersuchung erklärte der Gerichtsmediziner, daß „alles, was er im Raum gefunden habe, eine Menge alter Lumpen gewesen sei, die mit Ungeziefer bedeckt waren. Er sei dabei selbst mit Läusen infiziert worden. Das Zimmer habe sich in einem schockierenden Zustand befunden und er hätte noch nie so etwas gesehen. Alles sei völlig mit Ungeziefer bedeckt gewesen."

Der Arzt sagte, „er habe die Verstorbene auf dem Rücken über dem Kamingitter liegend gefunden. Sie hätte nur ein Kleidungsstück und ihre Strümpfe angehabt. Auf dem Körper habe sich eine ziemliche Menge von Läusen bewegt, und alle Kleider im Raum seien völlig grau von Ungeziefer gewesen. Die Verstorbene sei sehr schlecht genährt und sehr abgemagert gewesen. Sie habe große Wunden an ihren Beinen gehabt, und ihre Strümpfe hafteten an diesen Wunden. Die Wunden stammten von Ungeziefer."

Devonshire Place, Lisson Grove.

Ein Mann, der bei der Untersuchung anwesend war, schrieb: „Ich hatte das Mißgeschick, den Körper der unglücklichen Frau zu sehen, wie sie in der Leichenhalle lag; und noch jetzt erschauere ich bei der Erinnerung an diesen grausamen Anblick. Dort lag sie auf der Bahre im Leichenhaus, so verhungert und abgemagert, daß sie nur ein Bündel aus Haut und Knochen war. Ihr Haar, das von Schmutz verfilzt war, war ein bloßes Nest von Läusen. Über ihrer knochigen Brust sprangen und rollten hunderte, tausende, Myriaden von ihnen!"

Wenn es für Ihre Mutter und meine Mutter nicht gut ist, so zu sterben, dann ist es nicht gut für diese Frau, wessen Mutter auch immer sie ist, so zu sterben.

Bischof Wilkinson, der im Zululand gelebt hat, sagte kürzlich: „Kein Mensch aus einem afrikanischen Dorf würde so eine leichtfertige Vermischung von jungen Männern und Frauen, Jungen und Mädchen zulassen." Er nahm Bezug auf die Kinder der beengt lebenden Leute, die mit fünf Jahren nichts zu lernen, aber viel zu verlernen haben, was sie niemals verlernen werden.

Es ist berüchtigt, daß hier im Ghetto die Häuser der Armen größeren Profit abwerfen, als die Herrenhäuser der Reichen. Der arme Arbeiter muß nicht nur wie ein Tier leben, sondern er zahlt obendrein mehr dafür als der reiche Mann für seinen geräumigen Komfort. Eine Klasse von Schwitzarbeitern wurde durch das Konkurrieren der Armen um Häuser ermöglicht. Es gibt mehr Menschen als Platz, und viele sind im Arbeitshaus, weil sie woanders keinen Unterschlupf finden können. Häuser können nicht nur vermietet, sondern auch untervermietet und bis zu den einzelnen Zimmern weiter untervermietet werden.

„Ein Teil eines Zimmers zu vermieten."

„Ein Teil eines Zimmers zu vermieten." Diese Notiz wurde vor kurzem in einem Fenster, keine fünf Minuten zu Fuß von der St. James' Hall entfernt, aufgehängt. Reverend Hugh Price Hughes ist die Autorität für die Aussage, daß Betten im Drei-Schichten-System vermietet werden – das heißt, drei

Mieter für ein Bett, jeder besetzt es acht Stunden, so daß es nie kalt wird; während die Bodenfläche unter dem Bett ebenfalls im Drei-Schichten-System vermietet wird. Die Gesundheitsbeauftragten sind durchaus daran gewöhnt, Fälle wie die folgenden zu finden: in einem Raum von 1000 Kubikfuß drei erwachsene Frauen im Bett und zwei erwachsene Frauen unter dem Bett; und in einem Zimmer von 1650 Kubikfuß, ein erwachsener Mann und zwei Kinder im Bett, und zwei erwachsene Frauen unter dem Bett.

Hier ist ein typisches Beispiel für einen Raum auf dem respektableren Zwei-Schichten-System. Er ist tagsüber besetzt von einer jungen Frau, die die ganze Nacht in einem Hotel beschäftigt ist. Um sieben Uhr abends verläßt sie das Zimmer, und ein Maurer kommt herein. Um sieben Uhr früh verläßt er das Haus und geht zu seiner Arbeit, zu welcher Zeit sie von der ihren zurückkehrt.

Der Reverend W. N. Davies, Rektor von Spitalfields, nahm eine Zählung von einigen der Gassen in seiner Gemeinde vor. Er sagt:

„In einer Gasse gibt es zehn Häuser – 51 Räume, fast alle ungefähr acht mal neun Fuß groß – und 254 Menschen. In sechs Fällen belegen nur zwei Personen einen Raum; und in anderen variierte die Zahl von drei bis neun. In einer anderen Gasse mit sechs Häusern und 22 Räumen waren 84 Menschen – in mehreren Beispielen lebten sie wieder zu sechst, siebt, acht und neunt in einem Raum. In einem Haus mit acht Zimmern sind 45 Personen – ein Zimmer mit neun Personen, eines mit acht, zwei mit sieben und weitere mit sechs Personen."

Dieses Ghetto-Gedränge entsteht nicht durch Neigung, sondern durch Zwang. Fast fünfzig Prozent der Arbeiter zahlen von einem Viertel bis zur Hälfte ihres Verdienstes für die Miete. Die durchschnittliche Miete im größeren Teil des East Ends beträgt vier bis sechs Schilling pro Woche für einen Raum, während qualifizierte Mechaniker, die fünfunddreißig Schilling pro Woche verdienen, gezwungen sind, sich von fünfzehn Schilling davon zu trennen, um mit zwei oder drei anderen eine winzigkleine Absteige zu bewohnen, worin sie sich verzweifelt bemühen, einen Anschein von häuslichem Leben zu wahren. Und die Mieten steigen ständig. In einer Straße in Stepney stieg sie in nur zwei Jahren von dreizehn auf achtzehn Schilling; in einer anderen Straße von elf auf sechzehn Schilling; und in einer anderen Straße von elf auf fünfzehn Schilling; während in Whitechapel Zweizimmer-Wohnungen, die kürzlich für zehn Schilling vermietet wurden, nun einundzwanzig Schilling kosten. Im Osten, Westen, Norden und Süden steigen die Mieten. Wenn der Grundbesitz 20.000 bis 30.000 Pfund pro Morgen wert ist, so gehört schon etwas dazu, um dem Hausbesitzer seine Zinsen zu verschaffen.

Eine Zwei-Schichten-Unterkunft.

Mr. W. C. Steadman aus dem Unterhaus erzählte in einer Rede über seinen Wahlkreis in Stepney folgendes:

„Heute Morgen hielt mich keine hundert Meter von meiner Wohnung entfernt eine Witwe auf. Sie hat sechs Kinder zu versorgen, und die Miete ihres Hauses beträgt vierzehn Schilling pro Woche. Sie verdient ihren Lebensunterhalt, indem sie das Haus an Untermieter vermietet und einen Tag damit verbringt, zu waschen oder zu bügeln. Diese Frau erzählte mir mit Tränen in den Augen, daß der Vermieter die Miete von vierzehn auf achtzehn Schilling erhöht hatte. Was soll die Frau tun? Es gibt keine Unterkunft in Stepney. Jeder Ort ist besetzt und überfüllt."

Die Erhöhung einer Klasse kann nur auf der Erniedrigung einer anderen Klasse beruhen; und wenn die Arbeiter im Ghetto abgesondert sind, können sie der folgenden Erniedrigung nicht entkommen. Ein geringes und verkrüppeltes Volk wird geschaffen – eine Gattung, die sich auffallend von der Gattung ihrer Herren unterscheidet, ein Straßenvolk mit wenig Ausdauer und Kraft. Die Männer werden zu Karikaturen dessen, was kräftige Männer sein sollten, und ihre Frauen und Kinder sind blaß und blutleer, mit dunklen Augenringen, krummer Haltung und hängenden Schultern, und verlieren früh Figur und Schönheit.

Eine Gruppe jüdischer Kinder.

Um die Sache noch schlimmer zu machen, sind die Männer des Ghettos die Männer, die noch übrig sind – ein heruntergekommener Lagerbestand, der sich noch weiter verschlechtern wird. Zumindest für einhundertfünfzig Jahre haben sie ihr Bestes gegeben. Die starken Männer, die Männer mit Mut, Initiative und Ehrgeiz haben sich zu den frischeren und freieren Teilen der Erdkugel aufgemacht, um neue Länder und Nationen zu entdecken. Diejenigen, die versagten, die am Herzen, im Kopf und körperlich Schwachen, sowie die verderbten und hoffnungslosen, sind geblieben, um die Rasse weiterzuführen. Und Jahr zu Jahr werden wiederum die besten, die ihnen entspringen, von ihnen genommen. Wo immer ein starker großer Mann heranwächst, wird er sofort in die Armee aufgenommen. „Ein Soldat", wie Bernard Shaw gesagt hat, „angeblich ein heroischer und patriotischer Verteidiger seines Landes, ist in Wahrheit ein unglücklicher Mann, der vom Elend dazu getrieben wird, sich selbst als Kanonenfutter für regelmäßige Kost, Unterkunft und Kleidung anzubieten."

Diese beständige Selektion der Besten aus den Arbeitern trieb die Übriggebliebenen in weitere Armut, ein trauriger, degradierter Bodensatz, der im Ghetto in die tiefsten Tiefen versinkt. Der Wein des Lebens wurde abgezogen, um sich in Blut und Nachkommenschaft über den Rest der Erde zu verschütten. Diejenigen, die bleiben, sind die Hefe, und sie werden abgesondert und in sich selbst getunkt. Sie werden unmoralisch und viehisch. Wenn sie töten, töten sie mit ihren Händen und übergeben sich dann stupide den Henkern. Es gibt keine glänzende Verwegenheit in ihren Übertretungen. Sie stechen mit einem stumpfen Messer auf einen Kameraden ein oder schlagen ihm mit einem eisernen Topf auf den Kopf, und setzen sich dann hin und warten auf die Polizei. Die Ehefrau zu schlagen ist das männliche Vorrecht der Ehe. Sie tragen bemerkenswerte Stiefel, die mit Messing und Eisen beschlagen sind, und wenn sie der Mutter ihrer Kinder ein blaues Auge oder zwei verpaßt haben, schlagen sie sie nieder und treten weiter auf ihr herum, beinahe wie ein Hengst im wilden Westen eine Klapperschlange zertritt.

Der Markt im Ghetto.

Eine Frau aus den unteren Ghetto-Klassen ist ebenso die Sklavin ihres Mannes wie die Indianersquaw. Und ich für meinen Teil, wäre ich eine Frau und hätte nur die zwei Möglichkeiten, wollte lieber eine Squaw sein. Die Männer sind wirtschaftlich von ihren Arbeitgebern abhängig, und die Frauen sind wirtschaftlich von ihren Männern abhängig. Das Ergebnis ist, daß die Frau die Prügel bekommt, die der Mann seinem Arbeitgeber verpassen sollte, und sie kann nichts tun. Da sind die Kinder, und er ist der Verdiener, und sie wagt es nicht, ihn ins Gefängnis zu schicken und sich selbst und Kinder deswegen hungern zu lassen. Beweise für eine Verurteilung können selten erlangt werden, wenn solche Fälle je vor Gericht kommen; in der Regel weint die getretene Frau und Mutter und bittet den Amtsrichter verzweifelt, ihren Mann um der Kinder Willen gehen zu lassen.

Whitechapel.

Die Frauen werden schreiende Xanthippen, oder, trübsinnig und hündisch, verlieren das wenige, was sie von ihren Jungferntagen noch an Anstand und Selbstachtung behalten haben, und unbewußt sinken alle gemeinsam in ihre Erniedrigung und ihren Schmutz.

Manchmal wird mir vor meinen eigenen Verallgemeinerungen über das geballte Elend dieses Ghettolebens bange, und ich überlege, ob meine Eindrücke vielleicht übertrieben sind, ob ich zu wenig Abstand habe und nicht objektiv bin. In solchen Momenten finde ich es gut, mich dem Zeugnis anderer Männer zuzuwenden, um mir selbst zu beweisen, daß ich nicht überreizt und verwirrt bin. Frederick Harrison ist mir immer als ein nüchterner, gut kontrollierten Mann erschienen, und er sagt:

„Mir würde es jedenfalls genügen, um die ganze moderne Gesellschaft als wenig besser denn Sklaverei und Leibeigenschaft zu verdammen, wenn die Zustände in der Industrie dauernd so wären, wie ich sie jetzt vor Augen habe: daß neunzig Prozent von den tatsächlichen Produzenten von Reichtum kein Heim haben, das sie nach Ende der Woche ihr eigen nennen können; kein Stück Boden oder auch nur so viel wie ein Zimmer, das ihnen gehört; nichts von Wert irgendwelcher Art besitzen, außer so viel alte Möbel, wie in einen Wagen passen; daß sie unsichere Aussichten haben, einen Wochenlohn zu erzielen, welcher wiederum kaum ausreicht, um sie gesund zu erhalten; zum größten Teil an Orten untergebracht sind, wo kein Mensch sein Pferd unterbringen wollte; durch einen so geringen Abstand von der Armut getrennt sind, daß ein Monat schlechten Handels, Krankheit oder unerwarteter Verluste sie mit Hunger und Verelendung konfrontiert... Aber unter schlechteren als diesen, für den Arbeiter in Stadt und Land normalen, Verhältnissen, lebt die gewaltige Schar des verarmten Bodensatzes, der Troß, welcher der Industriearmee folgt, und der mindestens ein Zehntel des Proletariats ausmacht, das sich normalerweise in der kläglichsten Verfassung befindet. Wenn dies die dauerhafte Einrichtung der modernen Gesellschaft sein soll, muß die Zivilisation dafür verantwortlich gemacht werden, daß sie für die große Mehrheit der Menschheit zum Fluche geworden ist."

Spitalfields.

Neunzig Prozent! Die Zahlen sind erschreckend, aber, nachdem er ein furchtbares Bild von London gezeichnet hat, sieht sich Mr. Stopford Brooke gezwungen, es um eine halbe Million zu erhöhen. Hier ist es:

„Als ich ein Kaplan in Kensington war, traf ich oft Familien, die entlang der Hammersmith Road nach London zogen. Eines Tages begegnete ich einem Arbeiter und seiner Frau, mit ihrem Sohn und zwei Töchtern. Ihre

Familie hatte lange Zeit auf dem Land gelebt und es geschafft, mit Hilfe des Gemeindelandes und ihrer Arbeit auszukommen. Aber es kam die Zeit, als das Gemeindeland geschmälert, und ihre Arbeit auf dem Landgut nicht mehr gebraucht wurde, und sie wurden sang- und klanglos aus ihrer Hütte vertrieben. Wohin sollten sie gehen? Natürlich nach London, wo es, wie sie glaubten, reichlich Arbeit gebe. Sie hatten ein paar Ersparnisse, und sie dachten, sie könnten zwei anständige Zimmer zum Wohnen bekommen. Aber in London begegnete ihnen die unerbittliche Wohnungsknappheit.

Bethnal Green.

Sie versuchten es bei den anständigen Gasthäusern und erfuhren, daß zwei Zimmer zehn Schilling pro Woche kosten würden. Das Essen war knapp und schlecht, das Wasser war schlecht, und in kurzer Zeit litt ihre Gesundheit. Arbeit war schwer zu bekommen, und der Lohn war so niedrig, daß sie bald verschuldet waren. Sie wurden kränker und verzweifelter in der giftigen Umgebung, der Dunkelheit und mit den langen Arbeitsstunden; und sie entschlossen sich dazu, sich eine billigere Unterkunft zu suchen. Sie fanden sie in einer Gasse, die ich gut kannte – als eine Brutstätte von Verbrechen und namenlosen Schrecken. Sie bekamen ein einziges Zimmer zu einer grausamen Miete, und die Arbeit war für sie jetzt schwieriger, da sie an einem Ort mit so schlechten Ruf wohnten, und sie fielen in die Hände derer, die den letzten Tropfen aus den Männern, Frauen und Kindern schwitzen, für einen Lohn, der nur die Verzweiflung nährt. Und die Dunkelheit und der Schmutz, das schlechte Essen und die Krankheit, und der Mangel an Wasser waren schlimmer als zuvor; und die Umgebung und der Verkehr, den sie mit sich brachte, raubten der Familie den letzten Rest von Selbstachtung. Der Dämon des Alkoholismus griff nach ihnen. Natürlich gab es an beiden Enden der Gasse einen Schankbetrieb.

Dorthin flohen sie alle, um Zuflucht, Wärme, Gesellschaft und Vergessen zu suchen. Und sie kamen noch tiefer verschuldet heraus, mit entzündeten Sinnen und brennenden Gehirnen, und einem unbefriedigten Verlangen nach dem Getränk, für das sie alles tun würden, um es zu sättigen. Und nach ein paar Monaten war der Vater im Gefängnis, die Frau gestorben, der Sohn war ein Verbrecher und die Töchter auf der Straße. *Multiplizieren Sie diesen Fall mit einer halben Million und Sie werden noch nicht die richtige Zahl erreicht haben."*

Straße in Stratford.

Es kann kein trostloseres Schauspiel auf dieser Erde gefunden werden als der ganze „schreckliche Osten" mit Whitechapel, Hoxton, Spitalfields, Bethnal Green und Wapping bis zu den East India Docks. Die Farbe des Lebens ist grau und eintönig. Alles ist hilflos, hoffnungslos, trostlos und schmutzig. Badewannen sind etwas völlig Unbekanntes, so mythisch wie das Ambrosia der Götter. Die Menschen selbst sind dreckig, und jeder Reinlichkeitsversuch würde zur Komödie, wenn es nicht so erbärmlich und tragisch wäre. Seltsame, herumstreifende Gerüche treiben durch den feuchten Wind, und der Regen fällt, wenn er fällt, tranig vom Himmel. Sogar das Kopfsteinpflaster ist schmierig.

Hier lebt eine Bevölkerung, die so abgestumpft und phantasielos ist wie ihre langen, grauen Meilen schmutziger Ziegelmauern. Die Religion ist praktisch an ihr vorübergegangen, und es herrscht nurmehr ein grobstofflicher und dummer Materialismus, der auf die höheren Gefühle des Geistes und die feineren Instinkte des Lebens gleichermaßen abtötend wirkt.

Der Markt im Ghetto.

Es wurde einst stolz damit geprahlt, daß das Haus eines jeden Engländers sein Schloß sei. Aber heute ist es ein Anachronismus. Die Ghetto-Bewohner haben keine Häuser. Sie kennen die Bedeutung und die Heiligkeit des häuslichen Lebens nicht. Selbst die städtischen Behausungen, in denen die besseren Arbeiter leben, sind überfüllte Baracken. Sie haben kein Zuhause. Die Sprache beweist es. Der Vater, der von der Arbeit zurückkehrt, fragt sein Kind auf der Straße, wo seine Mutter ist; und zurück kommt die Antwort: „Im Gebäude."

Eine neue Rasse ist entstanden, ein Straßenvolk. Sie verbringen ihr Leben bei der Arbeit und auf der Straße. Sie haben Verschläge und Unterschlüpfe, in die sie zum Schlafen kriechen können, und das ist alles. Man kann das Wort nicht verleumden, indem man solche Verschläge und Unterschlüpfe „Häuser" nennt. Der traditionell schweigsame und zurückhaltende Engländer ist vergangen. Die Leute auf dem Pflaster sind lärmend, großmäulig, nervös, leicht erregbar – wenn sie noch jung sind. Wenn sie älter werden, sind sie von Bier durchtränkt und betäubt. Wenn sie nichts anderes zu tun haben, grübeln sie, wie eine Kuh wiederkäut. Sie sind überall anzutreffen, stehen an Bordsteinkanten und Ecken und starren ins Leere. Beobachtet einen von ihnen. Stundenlang wird er unbeweglich stehen bleiben, und wenn man fortgeht, wird man ihn immer noch ins Leere starren sehen. Es ist höchst interessant. Er hat kein Geld für Bier, und sein Unterschlupf dient nur dem Schlafen. Was bleibt ihm also noch übrig? Er hat bereits die Geheimnisse der Liebe des Mädchen und der Liebe der Frau und der Liebe des Kindes gelöst und sie als Trugbilder und Heuchelei, eitel und flüchtig wie Tautropfen, gefunden, die schnell vor den harten Fakten des Lebens verschwinden.

Whitechapel.

Straße in Hoxton.

Wie ich schon sagte, sind die Jungen nervös und leicht erregbar; die Menschen mittleren Alters sind hohl, stumpf und dumm. Es ist absurd, für einen Augenblick zu denken, daß sie mit den Arbeitern der Neuen Welt konkurrieren können. Brutalisiert, degradiert und abgestumpft, wird das Ghettovolk England im Kampf der Welt um die industrielle Vorherrschaft, von dem die Ökonomen sagen, daß er bereits begonnen hat, nicht effizient dienen können. Weder als Arbeiter noch als Soldaten können sie zur Sache kommen, wenn England in ihrer Not sie, ihre Vergessenen, aufruft; und wenn England aus der industriellen Umlaufbahn der Welt hinausgeschleudert wird, werden sie wie Fliegen am Ende des Sommers umkommen. Oder, wenn Englands Lage kritisch ist, und sie in Verzweiflung geraten wie wilde Tiere in Verzweiflung geraten, können sie eine Bedrohung werden und bis zum West End anschwellen, um die Verelendung zurückzugeben, die das West End im East End bewirkt hat. In diesem Fall würden sie um so schneller und leichter durch Schnellfeuergeschütze und die moderne Kriegsmaschinerie umkommen.

20. KAPITEL

KAFFEE- UND LOGIERHÄUSER

Warum sollten wir wie die Sardinen gedrängt werden?
Robert Blatchford.

WIEDER ein Wort, von dem der Glanz gewichen ist — alle Romantik und Tradition, und was sonst das Wort würdig macht, in Ehren gehalten zu werden! Für mich wird der Begriff „Kaffeehaus" fortan alles andere als eine angenehme Konnotation besitzen. Drüben auf der anderen Seite der Welt genügte die bloße Erwähnung des Wortes, um ganze Scharen von historischen Stammgästen heraufzubeschwören und endlose Gruppen von Gebildeten und Gecken, Pamphletisten und Banditen und Freigeister der Grub Street durch meine Phantasie zu schicken.

Straße in Wapping.

Aber hier, auf dieser Seite der Welt, ach! leider, ist schon der Name irreführend. Kaffeehaus: ein Ort, wo Menschen Kaffee trinken. Ganz und gar nicht. An einem solchen Ort können Sie keinen Kaffee bekommen, weder für Geld, noch mit freundlichem Bitten. Es stimmt, Sie können Kaffee bestellen, und man wird Ihnen etwas in einer Tasse bringen, das vorgibt, Kaffee zu sein, und Sie werden es schmecken und desillusioniert sein, denn Kaffee ist es ganz bestimmt nicht.

Und was für den Kaffee gilt, gilt auch für das Kaffeehaus. Vor allem Arbeiter frequentieren diese Orte, und fettige, dreckige Orte sind es, ohne daß eine einzige Sache an ihnen in einem Mann Anstand nährt oder ihm Selbstachtung einflößt. Tischdecken und Servietten sind unbekannt. Ein Mann ißt inmitten der Essensreste seines Vorgängers und krümelt seine eigenen Reste darüber und auf den Boden. In Zeiten der Eile, bin ich an solchen Orten buchstäblich durch den Dreck und das Durcheinander, das den Boden bedeckt, gewatet, und ich habe es geschafft, zu essen, weil ich schrecklich hungrig und in der Lage war, alles zu essen.

Die East-India Docks.

Dies scheint der Normalzustand des Arbeiters zu sein, von der Lust, mit der er sich der Tafel zuwendet. Essen ist eine Notwendigkeit, und da gibt es kein Zaudern. Er bringt eine primitive Begierde, und, wie ich glaube, einen ziemlich gesunden Appetit mit sich. Wenn Sie einen solchen Mann am Morgen auf dem Weg zur Arbeit eine Tasse Tee, der nicht mehr Tee als Ambrosia ist, bestellen, ein Stück trockenes Brot aus der Tasche ziehen und das eine mit dem anderen herunterspülen sehen, verlassen Sie sich darauf, daß der Mann nicht die richtige Art von Dingen in seinem Bauch hat, noch genug von der falschen Art, um ihn für die Arbeit des Tages tauglich zu machen. Und davon ausgehend, werden er und tausend seiner Art nicht die Quantität oder Qualität der Arbeit tun, die tausend Männer tun können, die reichlich Fleisch und Kartoffeln gegessen, und Kaffee getrunken haben, der Kaffee ist.

Als Landstreicher in der „Landstreicher-Abteilung" eines kalifornischen Gefängnisses wurde mir besseres Essen und Trinken serviert als das, was der Londoner Arbeiter in seinen Kaffeehäusern erhält; während ich als ein amerikanischer Arbeiter ein Frühstück für zwölf Pence gegessen habe, von welchem Essen der britische Arbeiter nicht einmal träumen würde. Natürlich wird er nur drei oder vier Pence für das seine zahlen; das ist aber ebenso viel, wie ich bezahlt habe, denn ich verdiente sechs Schilling im Gegensatz zu seinen zwei oder zweieinhalb. Auf der anderen Seite, und im Gegenzug, erbrachte ich im Laufe des Tages ein Maß an Arbeit, die das Maß, das er erbrachte, beschämen würde. Es gibt also zwei Seiten. Der Mann mit dem hohen Lebensstandard wird immer mehr und besser arbeiten als der Mann mit dem niedrigen Lebensstandard.

Es gibt einen Vergleich, den Seemänner zwischen den englischen und amerikanischen Handelsdiensten machen. In einem englischen Schiff, sagen sie, gibt es schlechtes Essen, schlechte Bezahlung und leichte Arbeit; in einem amerikanischen Schiff gutes Essen, gute Bezahlung und harte Arbeit. Und das gilt für die arbeitende Bevölkerung beider Länder. Die Ozean-Schnelldampfer müssen für Geschwindigkeit und Triebkraft bezahlen, und ebenso muß der Arbeiter mit mehr Arbeit für die bessere Triebkraft bezahlen, die er erhält, und kann er das nicht, so erhält er selbst ebenfalls weniger, das ist alles. Zum Beweis dafür muß man sich nur den englischen Arbeiter ansehen, der nach Amerika kommt. Er wird in New York mehr Ziegelsteine vermauern als in London, noch mehr Ziegelsteine in St. Louis und noch mehr Ziegelsteine, wenn er nach San Francisco kommt. (Der Maurer aus San Francisco verdient zwanzig Schilling am Tag, und ist derzeit im Streik, um vierundzwanzig Schillinge zu bekommen.) Sein Lebensstandard nimmt stetig zu.

Am frühen Morgen, entlang der Straßen, die von den Arbeitern auf dem Weg zur Arbeit besucht werden, sitzen viele Frauen mit Säcken voller Brot neben sich auf dem Bürgersteig. Die Arbeiter, die dieses kaufen, nehmen kein Ende, und sie essen es, während sie weitergehen. Sie spülen das trockene Brot nicht einmal mit dem Tee herunter, den man in den Kaffeehäusern für einen Penny erhalten kann. Es ist unbestreitbar, daß ein Mann nicht in der Lage ist, mit einer solchen Mahlzeit sein Tagwerk zu beginnen; und es ist ebenso unbestreitbar, daß der Verlust auf seinen Arbeitgeber und auf die Nation zurückfallen wird. Seit einiger Zeit klagen Staatsmänner: „Wach auf, England!" Es würde von mehr nüchternem gesunden Menschenverstand zeugen, wenn sie den Text zu „Päpple auf, England!" ändern würden.

Schlangestehen für Fleischreste von Rind- und Hammelfleisch.

Der Arbeiter wird nicht nur schlecht ernährt, sondern er wird auch unsauber ernährt. Ich habe vor einem Schlächterladen gestanden und eine Horde sparsamer Hausfrauen beobachtet, wie sie die Fleischstücke und Fetzen von Rindfleisch und Hammelfleisch herumdrehten – Hundefutter in den Staaten. Ich würde nicht für die sauberen Finger dieser Hausfrauen bürgen, nicht mehr als ich für die Sauberkeit der Einzelzimmer bürgen würde, in denen viele von ihnen mit ihren Familien lebten; aber sie harkten und scharrten und kratzten in dem Durcheinander herum, darum besorgt, genug für den Wert ihrer Kupfermünzen zu bekommen. Ich behielt ein besonders ekelerregend aussehendes Stück Fleisch im Auge und folgte ihm durch die Klauen von über zwanzig Frauen, bis es zu einer verzagten kleinen Frau gelangte, die der Schlächter dazu überredete, es zu nehmen. Den ganzen Tag lang wurde von diesem Abfallhaufen etwas zu dem Staub und Schmutz der Straße, die auf ihn fielen, hinzugefügt und weggenommen, Fliegen setzten sich darauf und die schmutzigen Finger drehten ihn immer wieder um.

Ein Straßenhändler.

Die Obst- und Gemüsehändler karren den ganzen Tag fleckige und verfaulende Früchte herum und lagern sie sehr oft für die Nacht in ihrem einzigen Wohn- und Schlafraum. Dort sind sie der Krankheit und Seuche, den Ausströmungen und üblen Dünsten von überfülltem und fauligem Leben ausgesetzt, und am nächsten Tag werden sie wieder herumgeschleppt, um verkauft zu werden.

Der arme Arbeiter des East Ends weiß nie, was es heißt, gutes, gesundes Fleisch oder Obst zu essen – tatsächlich ißt er nur selten Fleisch oder Obst; während der bessergestellte Arbeiter auch nicht damit prahlen kann, was er ißt. Nach den Kaffeehäusern zu urteilen, die ein gutes Kriterium sind, erfahren sie in ihrem ganzen Leben nicht, wie Tee, Kaffee oder Kakao eigentlich schmecken. Die wäßrigen Brühen und Schmutzwasser der Kaffeehäuser, die sich nur in Bezug auf Wäßrigkeit und Schmutzigkeit unterscheiden, nähern sich nicht einmal annähernd dem, was Sie und ich gewohnt sind, als Tee und Kaffee zu trinken.

Mir fällt ein kleiner Vorfall ein, der mit einem Kaffeehaus unweit der Jubilee Street an der Mile End Road zu tun hat.

„Kannst du mir etwas dafür geben, Tochter? Irgendwas, mir ist es gleich. Ich hab den ganzen Tag noch keinen Bissen gegessen, und ich bin so schwach..."

Kaffeehaus in der Jubilee Street.

Sie war eine alte Frau, in respektable schwarze Lumpen gekleidet, und in ihrer Hand hielt sie einen Penny. Diejenige, die sie als „Tochter" angesprochen hatte, war eine abgehärmte Frau von vierzig Jahren, die Besitzerin und Kellnerin des Hauses.

Ich wartete, vielleicht ebenso besorgt wie die alte Frau, um zu sehen, wie der Appell aufgenommen werden würde. Es war vier Uhr nachmittags, und sie sah schwach und krank aus. Die Frau zögerte einen Augenblick, dann brachte sie einen großen Teller mit „geschmortem Lamm und jungen Erbsen". Ich aß selbst einen Teller davon, und es ist mein Urteil, daß das Lamm ein Hammel war und daß die Erbsen jünger gewesen sein könnten, ohne jugendlich zu sein. Der springende Punkt ist jedoch, daß das Gericht für sechs Pence verkauft wurde, und die Besitzerin es für einen Penny hergab und damit erneut die alte Wahrheit demonstrierte, daß die Armen die Barmherzigsten sind.

Die alte Frau erschöpfte sich in Dankbarkeitsbekundungen, nahm auf der anderen Seite des schmalen Tisches Platz und machte sich gierig über den dampfenden Eintopf her. Wir aßen stetig und still, wir beide, als sie plötzlich herausplatzend und überaus fröhlich, zu mir herüberrief:

„Ich habe eine Schachtel Streichhölzer verkauft! Ja", bestätigte sie, wenn überhaupt möglich mit größerer und explosiverer Freude. „Ich habe eine Schachtel Streichhölzer verkauft! So habe ich den Penny bekommen."

„Sie müssen doch schon bejahrt sein", meinte ich.

Ein kleines Gasthaus.

„Vierundsiebzig gestern", antwortete sie und kehrte mit Begeisterung zu ihrem Teller zurück.

„Ach, ich würde gerne etwas für das alte Mädchen tun, wirklich, aber das ist das erste, was ich heute zu essen habe", meldete sich der junge Kollege neben mir. „Und das habe ich nur, weil ich mit Spülen einen Schilling gemacht habe, Himmel! Ich weiß nicht, wie viele Töpfe es waren."

„Sechs Wochen lang habe ich keine Arbeit in meinem Beruf mehr gehabt", sagte er weiter auf meine Fragen hin; „nichts, außer niedrige Arbeiten, und von einem bis zum andern Mal hat es immer verdammt lange gedauert."

Man begegnet im Kaffeehaus allen möglichen Abenteuern, und ich werde eine Cockney-Amazone in einem Kaffeehaus in der Nähe vom Trafalgar

Square nicht so schnell vergessen, der ich einen Souvereign bot, um damit meine Rechnung zu begleichen. (Übrigens *sollte* man bezahlen, bevor man zu essen beginnt, und wenn jemand schlecht gekleidet ist, *muß* er bezahlen, bevor er ißt).

Das Mädchen biß auf das Goldstück, warf es dann klingend auf die Theke und sah dann mich und meine Lumpen vernichtend an.

„Wo hast du es gefunden?", fragte sie endlich.

„Irgendein Dummkopf hat es auf dem Tisch liegen lassen, als er rausgegangen ist, oder was meinst du?", gab ich zurück.

„Was ist deine Branche?", fragte sie und sah mir ruhig in die Augen.

„Ich mache die Dinger selber", sagte ich.

Sie schniefte hochmütig und gab mir den Wechsel in kleinem Silber, und ich rächte mich, indem ich auf jedes Stück davon biß und den Klang prüfte.

„Ich gebe dir einen Halfpenny für einen weiteren Würfel Zucker im Tee", sagte ich.

„Eher sehen wir uns in der Hölle", kam die gesetzte Antwort. Und sie verstärkte die Retorte höflich auf verschiedene lebhafte und nicht druckbare Arten.

Ich hatte nie viel Talent für Schlagabtäusche, aber sie knüppelte das wenige, das ich hatte, mit Leichtigkeit nieder, und ich schluckte meinen Tee als geschlagener Mann hinunter, während sie mich noch verhöhnte, als ich auf die Straße hinausging.

Während 300.000 Menschen in London in Ein-Zimmer-Wohnungen wohnen und 900.000 illegal und schlecht untergebracht sind, sind 38.000 mehr in öffentlichen Beherbergungshäusern registriert – im Volksmund als „Doss-Houses", „Pennhäuser" bekannt. Es gibt viele Arten von diesen billigen Absteigen, aber in einer Sache sind sie alle gleich, von den schmuddeligen kleinen bis zu den ungeheuer großen, die fünf Prozent Zinsen geben, und über welche von selbstgefälligen Männern der Mittelklasse eklatant gelästert wird, die nur eine Sache über sie wissen, und diese eine Sache ist ihre Unbewohnbarkeit. Damit meine ich nicht, daß die Dächer undicht sind oder die Wände zugig sind; sondern was ich meine, ist, daß das Leben in ihnen erniedrigend und ungesund ist.

„Das Hotel des armen Mannes", werden sie oft genannt, aber der Ausdruck ist eine Ironie. Keinen Raum für sich selbst zu besitzen, in dem man einmal alleine sitzt; als allererstes am Morgen einfach so aus dem Bett gezwungen zu werden; sich jede Nacht aufs neue ein Bett zu organisieren und zu zahlen; und nie eine Privatsphäre zu haben, ist sicherlich eine Art der Existenz, die ganz anders als die des Hotellebens.

Dies darf nicht als pauschale Verurteilung der großen privaten und kommunalen Logishäuser und Arbeiterheime angesehen werden. Weit davon entfernt. Sie haben viele der Grausamkeiten beseitigt, die den unverantwortlichen kleinen Absteigen anhaften, und sie geben dem Arbeiter mehr für sein Geld, als er jemals zuvor erhalten hat; aber das macht sie nicht so bewohnbar oder gesund, wie der Wohnort eines Mannes sein sollte, der seine Arbeit in der Welt tut.

Eine Arbeiterunterkunft.

Die kleinen privaten Logishäuser sind in der Regel einfach nur entsetzlich. Ich habe in ihnen geschlafen, und ich weiß es; aber lassen Sie mich diese übergehen und mich auf die größeren und besseren beschränken. Nicht weit von der Middlesex Street, Whitechapel, betrat ich ein solches Haus, einen Ort, der fast ausschließlich von Arbeitern bewohnt wurde. Man betrat es über eine Treppe, die vom Bürgersteig zum eigentlichen Keller des Gebäudes führte. Hier waren zwei große und schlecht beleuchtete Räume, in denen Männer kochten und aßen. Ich hatte vorgehabt, selbst etwas zu kochen, aber der Geruch des Ortes verscheuchte meinen Appetit, oder entriß ihn mir vielmehr. Ich begnügte mich damit, den anderen Männern beim Kochen und Essen zuzusehen.

Die Arbeiterheime in der Nähe der Middlesex Street.

Ein Arbeiter, der von der Arbeit nach Hause kam, setzte sich mir gegenüber an den groben Holztisch und begann mit dem Essen. Eine Handvoll Salz auf dem nicht allzu sauberen Tisch ersetzte ihm die Butter. Darin tauchte er Stück für Stück sein Brot und spülte es mit Tee aus einem großen Becher hinunter. Ein Stück Fisch vervollständigte seine Speisekarte. Er aß schweigend und sah weder nach rechts noch nach links noch geradeaus zu mir. Hier und dort an den verschiedenen Tischen aßen andere Männer ebenso leise. Im ganzen Raum gab es kaum eine nennenswerte Konversation. Ein Gefühl der Schwermut durchdrang den schlecht beleuchteten Ort. Viele von ihnen saßen nachdenklich über die Krümel ihrer Mahlzeit gebeugt da, und ich mußte mich wie Childe Roland fragen, was für ein Übel sie getan hatten, daß sie so bestraft werden sollten.

Eines der „Doss-Houses" in Munster.

Aus der Küche drangen lebhaftere Geräusche, und ich wagte mich in den Bereich, in dem die Männer kochten. Aber der Geruch, den ich beim Betreten bemerkt hatte, war hier stärker, und eine aufsteigende Übelkeit trieb mich auf die Straße, um frische Luft zu schnappen.

Nach meiner Rückkehr bezahlte ich fünf Pence für eine „Kabine", nahm meine Quittung in Form einer riesigen Messingkarte entgegen und ging nach oben ins Rauchzimmer. Hier wurden ein paar kleine Billardtische und mehrere Schachbretter von jungen Arbeitern benutzt, die Schlange standen, um bei den Spielen an der Reihe zu sein, während viele Männer herumsaßen, rauchten, lasen und ihre Kleider ausbesserten. Die jungen Männer waren ausgelassen, die alten Männer waren düster. Tatsächlich gab es zwei Arten von Männern, die fröhlichen und die alkoholgetränkten, und das Alter schien die Einteilung zu bestimmen.

Ebensowenig wie die beiden Kellerräume trug dieser Ort auch nur das entfernteste Gepräge von Behaglichkeit. Für Menschen, die wissen, was eine behagliche Häuslichkeit heißen will, könnte jedenfalls nicht die Rede davon sein, sich hier heimisch zu fühlen. An den Wänden waren die absurdesten und beleidigendsten Hinweise angeschlagen, die das Verhalten der Gäste regelten, und um zehn Uhr abends wurden die Lichter gelöscht, und es blieb nichts zu tun, außer zu Bett zu gehen. Dies wurde erreicht, indem man wieder in den Keller hinabstieg, die Messingkarte einem bulligen Türhüter übergab und eine lange Treppe in die oberen Regionen hinaufstieg. Ich ging ganz hinauf und wieder hinunter, vorbei an mehreren Etagen voller schlafender Männer. Die „Kabinen" waren die beste Unterkunft, jede Kabine bot Raum für ein winziges Bett und Platz davor, an dem man sich ausziehen konnte. Die Bettwäsche war sauber, und weder an ihr noch am Bett fand ich einen Fehler. Aber es gab keine Privatsphäre, kein Alleinsein.

Arbeiterheime, nur für Männer.

Um eine angemessene Vorstellung von einem mit Kabinen gefüllten Stockwerk zu bekommen, müssen Sie lediglich eine Schicht der Pappkarton-Fächer einer Eierkiste vergrößern, bis jedes Fach sieben Fuß hoch und ansonsten richtig dimensioniert ist, und dann die vergrößerte Schicht auf dem

Boden eines großen, scheunenartigen Raumes plazieren, und da haben Sie es auch schon. Es gibt keine Decken für die Fächer, die Wände sind dünn, und das Schnarchen aller Schläfer und jede Bewegung und Wendung der näheren Nachbarn dringen einem deutlich an die Ohren. Und diese Kabine gehört einem nur für kurze Zeit. Am Morgen geht man. Man kann nicht einfach seinen Koffer dort lassen oder kommen und gehen, wie man will, die Tür hinter sich zusperren oder irgendetwas dergleichen. Tatsächlich gibt es überhaupt keine Tür, nur einen Eingang. Wenn man in diesem Hotel des armen Mannes Gast bleiben will, muß man sich das alles gefallen lassen, und mit den Gefängnisregeln, die einem ständig einprägen, daß man ein Nichts ist, mit wenig eigener Persönlichkeit und noch weniger zu melden.

Nun behaupte ich, daß das Geringste, das ein Mann haben sollte, der seine Arbeit tut, ein Zimmer für sich allein ist, wo er die Tür abschließen und sich seiner Besitztümer sicher sein kann; wo er sich hinsetzen und an einem Fenster lesen oder nach draußen schauen kann; wo er kommen und gehen kann, wann immer er will; wo er ein paar persönliche Sachen anhäufen kann, außer denen, die er an seinem Körper und in seinen Taschen mit sich herumträgt; wo er Bilder seiner Mutter, Schwester, Liebsten, von Ballettänzerinnen oder Bulldoggen aufhängen kann, wie es sein Herz begehrt – kurz, einen Ort auf der Erde, von dem er sagen kann: „Dies ist mein, mein Schloß; die Welt bleibt an der Schwelle stehen; hier bin ich Herr und Meister." Er würde ein besserer Bürger sein, dieser Mann; und er würde ein besseres Tagwerk leisten.

Ich stand auf einer Etage des Hotels des armen Mannes und lauschte. Ich ging von Bett zu Bett und schaute auf die Schlafenden. Die meisten waren junge Männer von zwanzig bis vierzig. Alte Männer können sich das Arbeiterheim nicht leisten. Sie gehen zum Arbeitshaus. Aber ich schaute auf die jungen Männer, Dutzende von ihnen, und sie waren keine schlecht aussehenden Kerle. Ihre Gesichter waren für Frauenküsse gemacht, ihre Hälse für die Umarmung durch Frauenarme. Sie waren liebenswert, wie Männer liebenswert sind. Sie waren zur Liebe fähig. Die Berührung einer Frau erlöst und tröstet, und sie brauchten solche Erlösung und Trost, anstatt jeden Tag härter und roher zu werden. Und ich fragte mich, wo diese Frauen waren, und hörte ein „ginrauhes Hurenlachen". Leman Street, Waterloo Road, Piccadilly und The Strand antworteten mir, und da wußte ich, wo sie waren.

21. KAPITEL

DIE UNSICHERHEIT DES LEBENS

- Wo arbeitest du? Du siehst krank aus.
- Es sind meine Lungen. Ich mache Schwefelsäure.
- Du bist ein Salzschlacken-Arbeiter?
- Ja.
- Ist es harte Arbeit?
- Es ist verdammt harte Arbeit.
- Warum machst du solch eine Sklavenarbeit?
- Ich bin verheiratet. Ich habe Kinder.
Soll ich sie und mich verhungern lassen?
- Warum führst du dieses Leben?
- Ich bin verheiratet.
Es gibt schrecklich viele arbeitslose Männer in St. Helen's.
- Was bezeichnest du als harte Arbeit?
- Meine Arbeit. Komm mit und versuch einmal, dreihundert Pfund schwere
Klumpen mit einem Fünfzig-Pfund-Balken,
in dieser Hitze an der Ofentür, hochzuheben.
- Werde ich nicht. Ich bin ein Philosoph.
- Oh! Nun, dann bleib bei deiner Arbeit. Unsere ist des Teufels.
Aus „Gespräche mit Arbeitern" von Robert Blatchford.

ICH redete mit einem sehr aufgebrachten Mann. Seiner Meinung nach hatte seine Frau ihm Unrecht getan, und das Gesetz hatte ihm Unrecht getan. Die Einzelheiten des Falles sind unerheblich. Der Kern der Sache ist, daß sie eine Trennung erwirken konnte, und er verpflichtet war, ihr jede Woche zehn Schilling als Unterstützung für sie und die fünf Kinder zu zahlen. „Aber schau", sagte er zu mir, „was wird sie machen, wenn ich die zehn Schilling nicht bezahle? Angenommen, nur einmal angenommen, es geschieht mir ein Unfall, so daß ich nicht arbeiten kann. Angenommen, ich bekomme einen Bruch oder Rheuma oder die Cholera. Was wird sie dann tun, hm? Was wird sie dann tun?"

Er schüttelte traurig den Kopf. „Keine Hoffnung für sie. Das Beste, was sie tun kann, ist das Arbeitshaus, und das ist die Hölle. Und wenn sie nicht ins Arbeitshaus geht, wird es eine noch schlimmere Hölle sein. Komm mit mir und ich zeige dir eine Passage, in der Frauen schlafen, ein Dutzend von ihnen.

Und ich werde dir noch Schlimmeres zeigen, wo sie hinkommen wird, wenn mir und den zehn Schilling irgendwas geschieht.

Die Prognose dieses Mannes ist erwähnenswert. Er kannte genügend Bedingungen, um die prekäre Lage seiner Frau in Bezug auf Nahrung und Unterkunft zu erkennen. Denn ihr Spiel war vorbei, wenn seine Arbeitsfähigkeit beeinträchtigt oder zerstört wurde. Und wenn dieser Zustand in seinem größeren Aspekt betrachtet wird, wird das Gleiche für Hunderttausende und sogar Millionen von Männern und Frauen gelten, die glücklich zusammenleben und bei der Suche nach Nahrung und Obdach zusammenarbeiten.

Die Zahlen sind erschreckend: 1.800.000 Menschen in London leben an der Armutsgrenze und darunter, und eine Million sind stets nur einen Wochenlohn von der Verelendung entfernt. In ganz England und Wales sind achtzehn Prozent der gesamten Bevölkerung auf öffentliche Hilfe angewiesen, und der Statistik der Londoner Stadtverwaltung zufolge wenden sich einundzwanzig Prozent der Einwohner der Stadt um Unterstützung an die Behörden. Zwischen einem Menschen, der auf das Armenwesen angewiesen ist, und einem freien Armen ist ein großer Unterschied, dennoch unterstützt London 123.000 Arme, was schon fast eine Stadt für sich allein ist. Jeder vierte in London stirbt auf öffentlichen Kosten, während 939 von 1000 im Vereinigten Königreich in Armut sterben; 8 Millionen kämpfen an der Grenze zur Not ihren Kampf mit dem Hunger, und 20 Millionen mehr geht es im einfachen und reinen Sinn des Wortes nicht gut.

Es ist interessant, im Detail über die Londoner Menschen zu sprechen, die auf öffentliche Kosten sterben.

1886 und bis 1893 war der Prozentsatz der Armen in London geringer als in ganz England; aber seit 1893 und für jedes folgende Jahr war der Prozentsatz der Armen in London prozentual größer als im ganzen übrigen England. Aus dem Bericht des Statistischen Amtes von 1886 ergeben sich folgende Zahlen:

Von 81.951 Todesfällen in London (1884):

auf Arbeitshäuser	9 909
auf Krankenhäuser	6 559
auf Irrenanstalten	278
Insgesamt auf öffentliche Einrichtungen	16 746

Zu diesen Zahlen kommentiert ein fabianischer Schreiber[4]: „Wenn man bedenkt, daß vergleichsweise wenige davon Kinder sind, ist es wahrscheinlich, daß jeder dritte Erwachsene in London zum Sterben in einen dieser Zufluchtsorte getrieben wird, und der Anteil im Falle der handwerklichen Arbeiterklasse muß natürlich noch größer sein."

Diese Zahlen dienen etwas dazu, die Nähe des durchschnittlichen Arbeiters zur Verelendung aufzuzeigen. Verschiedene Dinge führen zur Verelendung. Eine Stellenanzeige, wie sie beispielsweise in der gestrigen Morgenzeitung erschienen ist:

„Handlungsgehilfe gesucht, mit Kenntnissen der Kurzschrift, Schreibmaschine und Fakturierung: Entlohnung zehn Schillinge (2,50 Dollar) pro Woche. Bewerben Sie sich per Brief, etc."

Und in der heutigen Zeitung lese ich von einem Handlungsgehilfen, fünfunddreißig Jahre alt, und ein Insasse eines Londoner Arbeitshauses, der wegen Nichterfüllung seiner Aufgabe vor Gericht gebracht wurde. Er behauptete, er habe seine verschiedenen Aufgaben seit seinem Eintritt erledigt; aber als der Meister ihn dazu einsetzte, Steine zu brechen, habe er Blasen an seinen Händen bekommen, und er konnte die Aufgabe nicht beenden. Er war nie an ein Gerät gewöhnt, das schwerer als ein Stift war, sagte er. Der Richter verurteilte ihn und seine wunden Hände zu sieben Tagen schwerer Arbeit.

Das Alter ist natürlich eine wesentliche Ursache der Armut. Und dann ist da der Unfall, diese Sache, die passiert, der Tod oder die Behinderung des Ehemannes, Vaters und Ernährers. Man denke sich einen Mann, mit einer Frau und drei Kindern, der von der wackeligen Sicherheit von zwanzig Schilling pro Woche lebt – und es gibt hunderte und Tausende solcher Familien in London. Um auch nur einigermaßen zu existieren, müssen sie zwangsläufig bis zum letzten Penny alles davon ausgeben, so daß der Lohn einer Woche (ein Pfund) alles ist, was zwischen dieser Familie und der Verelendung oder dem Verhungern steht. Die Sache passiert, der Vater wird niedergestreckt, und was dann? Eine Mutter mit drei Kindern kann wenig oder nichts tun. Entweder muß sie ihre Kinder als junge Mittellose der Gesellschaft übergeben, um sich selbst etwas Angemessenes leisten zu können, oder sie muß zu den Schwitzbuden gehen, um dort Arbeit zu finden, die sie in dem elenden Verschlag ausübt, den sie sich mit ihrem reduzierten Einkommen leisten kann. Aber bei den Schwitzbuden bestimmen verheiratete Frauen,

---

[4] Anm. d. Ü. Die Fabian Society, gegründet am 4. Januar 1884, ist eine britische sozialistische intellektuelle Bewegung.

die sich etwas zum Verdienst ihres Mannes dazuverdienen, und alleinstehende Frauen, die sich selbst mehr schlecht als recht versorgen, die Höhe der Löhne. Und diese Lohnskala, solchermaßen bestimmt, ist so niedrig, daß die Mutter und ihre drei Kinder ihren Hunger nur halb stillen können und elender als Tiere leben, bis Verfall und Tod ihr Leiden beenden.

Um zu zeigen, daß diese Mutter, mit ihren drei Kindern, die sie unterstützen muß, in den schwitzenden Branchen nicht mithalten kann, zitiere ich von den kürzlich erschienenen Zeitungen die folgenden zwei Fälle:

Ein Vater schreibt empört, daß seine Tochter und eine Freundin nur achteinhalb Penny für ein Gros Schachteln erhalten. Sie können vier Gros täglich verfertigen. Ihre Ausgaben belaufen sich auf acht Pence Fahrgeld, zwei Pence Briefmarken und zweieinhalb Penny für Kleister sowie einen Penny für Faden, so daß ihnen täglich zehneinhalb Pence bleiben.

Im zweiten Artikel wandte sich vor ein paar Tagen eine alte Frau von zweiundsiebzig Jahren an den Armenvorsteher von Euston und bat um Unterstützung. „Sie war Strohhutmacherin, mußte aber wegen des Preises, den sie für die Hüte erhalten hatte, die Arbeit aufgeben, nämlich jeweils 2 ¼ Pence. Für diesen Preis mußte sie die Ränder plissieren und die Hüte ganz fertigstellen."

Doch diese Mutter und ihre drei Kinder, über die wir sprechen, haben nichts falsch gemacht, daß sie so bestraft werden sollten. Sie haben nicht gesündigt. Die Sache ist geschehen, das ist alles; der Ehemann, Vater und Ernährer wurde niedergestreckt. Es gibt keinen Schutz davor. Es ist Zufall. Eine Familie hat eine gewisse Anzahl von Möglichkeiten, dem Grund des Abgrunds zu entfliehen, und eine gewisse Anzahl von Möglichkeiten hineinzustürzen. Die Möglichkeiten können in kalten, erbarmungslosen Zahlen dargelegt werden, und einige dieser Zahlen werden hier nicht fehl am Platze sein.

Sir A. Forwood berechnet daß—

1 von 1400 Arbeitern jährlich getötet wird.
1 von 2500 Arbeitern schwerbehindert wird.
1 von 300 Arbeitern dauerhaft teilweise behindert wird.
1 von 8 Arbeitern vorübergehend für 3 oder 4 Wochen lang arbeitsunfähig sein wird.

Aber das sind nur die Arbeitsunfälle. Die hohe Sterblichkeit der Menschen, die im Ghetto leben, spielt eine schreckliche Rolle. Das Durchschnittsalter der Menschen im West End beträgt fünfundfünfzig Jahre; das Durchschnittsalter der Menschen im East End beträgt dreißig Jahre. Das heißt, die Person im West End hat doppelt so große Überlebenschancen wie die Person im East End. Rede da einer von Krieg! Die Sterblichkeit in Südafrika und auf den Philippinen schwindet zur Bedeutungslosigkeit. Hier, im Herzen des Friedens, wird das Blut vergossen. und hier werden nicht einmal die zivilisierten Regeln der Kriegsführung eingehalten, denn die Kinder und Frauen und die Säuglinge in ihren Armen werden genauso grausam getötet, wie die Männer getötet werden. Krieg! In England werden jedes Jahr 500.000 Männer, Frauen und Kinder, die in den verschiedenen Industriezweigen tätig sind, getötet oder behindert oder werden durch Krankheit behindert.

Im West End sterben achtzehn Prozent aller Kinder vor Erreichen des fünften Lebensjahres; im East End sterben fünfundfünfzig Prozent der Kinder vor Erreichen des fünften Lebensjahres. Und es gibt Straßen in London, wo von hundert Kindern, die in einem Jahr geboren sind, fünfzig im nächsten Jahr sterben werden; und von den verbleibenden fünfzig sterben fünfundzwanzig, bevor sie fünf Jahre alt sind. Welches Blutbad! Herodes hat es nicht ganz so schlimm getrieben.

Diese Industrie verursacht größeren Schaden an menschlichem Leben, als die Schlacht. Es kann nicht besser begründet werden, als in dem folgenden Auszug aus einem kürzlich erschienenen Bericht der Liverpooler Gesundheitskommssion, der nicht nur für Liverpool gilt:

„In vielen Fällen konnte das Sonnenlicht nur spärlich in die Wohnungen gelangen, und die Atmosphäre dort war immer schlecht, hauptsächlich wegen des gesättigten Zustands der Wände und Decken, die seit vielen Jahren in ihrem porösen Material die Ausdünstungen der Bewohner absorbiert hatten. Ein besonderes Zeugnis von der Abwesenheit von Sonnenlicht in diesen Behausungen wurde durch die Aktion des Komitees für Parks und Gärten geliefert, die die Häuser der ärmsten Klasse durch Geschenke von Blumen und Blumenkästen aufhellen wollte; aber diese Geschenke konnten dort nicht gemacht werden, *da die Blumen und Pflanzen empfindlich auf die ungesunde Umgebung reagierten und eingingen.*"

Mr. George Haw hat die folgenden Zahlen zu den drei Pfarreien von St. George (Londoner Pfarreien) zusammengestellt:

Prozent von	Bevölkerung	Sterberate
	Überfüllt pro	1000
St. George's West	10	13.2
St. George's South	35	23.7
St. George's East	40	26.4

Dann gibt es die „gefährlichen Berufe", in denen unzählige Arbeiter beschäftigt sind. Ihre Aussicht auf Überleben ist in der Tat prekär – weitaus prekärer als die Aussichten eines Soldaten des zwanzigsten Jahrhunderts. Im Leinengewerbe verursachen bei der Herstellung des Flachses nasse Füße und nasse Kleider eine ungewöhnliche Anzahl von Erkrankungen an Bronchitis, Lungenentzündung und schwerem Rheumatismus; während in den Karden- und Spinnabteilungen der Feinstaub in den meisten Fällen Lungenkrankheiten hervorruft; und die Frau, die mit siebzehn oder achtzehn zu karden beginnt, beginnt mit dreißig zu zerbrechen und sich aufzulösen. Die Chemiearbeiter, unter denen stärksten und am prächtigsten gebauten Männern gefunden werden, leben im Durchschnitt weniger als achtundvierzig Jahre.

Dr. Arlidge sagt über die Tonwarenindustrie: „Der Tonstaub tötet nicht plötzlich, sondern legt sich Jahr für Jahr etwas fester in die Lunge, bis sich endlich eine Einschalung bildet. Die Atmung wird immer beschwerlicher und versagt schließlich völlig."

Eisenstaub, Steinstaub, Tonstaub, Alkalistaub, Flusenstaub, Faserstaub – all diese Dinge töten, und sie sind tödlicher als Maschinengewehre und Kanonen. Am schlimmsten ist der Bleistaub im Bleiweißhandel. Hier ist eine Beschreibung des typischen Untergangs eines jungen, gesunden, gut entwickelten Mädchens, das in einer Bleifabrik arbeitet:

Hier wird sie, je nachdem, wie sehr sie dem Gift ausgesetzt ist, anämisch. Es kann sein, daß ihr Zahnfleisch eine schwache blaue Linie zeigt, oder vielleicht sind ihre Zähne und ihr Zahnfleisch auch vollkommen gesund, und keine blaue Linie ist zu erkennen. Als Begleiterscheinung der Anämie ist sie dünner geworden, aber so allmählich, daß es ihrer Umgebung kaum auffiel. Es folgt jedoch Übelkeit, und es entwickeln sich Kopfschmerzen, deren Intensität sich steigert. Diese werden häufig von Sehstörungen oder vorübergehender Blindheit begleitet. Solch ein Mädchen entwickelt einen Zustand, welcher ihrer Umgebung und ihrem medizinischen Berater als gewöhnliche Hysterie erscheint. Dies wird allmählich ohne Vorwarnung vertieft, bis sie plötzlich von einem Krampf ergriffen wird, der in einer Gesichtshälfte beginnt, dann den Arm einbezieht, danach das Bein derselben Körperseite, bis die Krämpfe, heftiger und von rein epileptischer Form, den ganzen Körper ergreifen. Dies geht mit einem Verlust des Bewußtseins einher, welcher Zustand in eine Reihe von Krämpfen übergeht, deren Schwere allmählich zunimmt, und unter einem von denen sie stirbt – oder es wird das teilweise oder vollkommene Bewußtsein wiedererlangt, sei es für einige wenige Minuten, ein paar Stunden oder Tage, in denen heftige Kopfschmerzen beklagt werden, oder sie ist außer sich und aufgeregt, wie in der akuten Manie, oder betäubt und düster wie in der Melancholie, und verlangt, aufgerüttelt zu werden, wenn sie abwesend sein sollte, und Ihre Sprache ist etwas verwaschen. Ohne weitere Warnung, abgesehen davon, daß der Puls, der weich geworden ist, bei fast der normalen Anzahl von Schlägen auf einmal tief und hart wird; wird sie plötzlich von einem neuen Krampf ergriffen, in dem sie stirbt, oder sie geht in einen Zustand des Komas über, aus dem sie nie mehr erwacht. In einem anderen Fall werden die Krämpfe allmählich abklingen, die Kopfschmerzen verschwinden und die Patientin erholt sich, nur um festzustellen, daß sie ihr Augenlicht vollständig verloren hat, ein Verlust, der vorübergehend oder dauerhaft sein kann.

Und hier sind ein paar spezifische Fälle von Bleiweiß-Vergiftung:

Charlotte Rafferty, eine schöne, gutgewachsene junge Frau mit einer prächtigen Konstitution – die in ihrem Leben noch keinen Tag krank gewesen war – wurde eine Bleiweiß-Arbeiterin. Krämpfe ergriffen sie am Fuß der Leiter in den Werken. Dr. Oliver untersuchte sie und fand die blaue Linie entlang ihres Zahnfleisches, was zeigt, daß sie unter einer Bleivergiftung litt. Er wußte, daß die Krämpfe bald zurückkehren würden. Sie taten es, und sie starb.

Mary Ann Toler – ein Mädchen von siebzehn Jahren, das in ihrem Leben noch nie einen Anfall gehabt hatte – wurde dreimal krank und mußte die Arbeit in der Fabrik aufgeben. Bevor sie neunzehn war, zeigte sie Symptome von Bleivergiftung – hatte Anfälle, Schaum vor dem Mund und starb.

Mary A., eine ungewöhnlich kräftige Frau, schaffte es, *zwanzig Jahre* lang in der Bleifabrik zu arbeiten und hatte während dieser Zeit nur einmal

Koliken. Ihre acht Kinder starben alle in der frühen Kindheit an Krämpfen. Eines Morgens, als sie sich die Haare bürstete, verlor diese Frau plötzlich alle Kraft in ihren beiden Handgelenken.

Eliza H., fünfundzwanzig Jahre alt, wurde nach fünf Monaten in Bleifabriken von Koliken befallen. Sie trat in eine andere Fabrik ein (nachdem sie von der ersten abgelehnt worden war) und arbeitete zwei Jahre lang ununterbrochen. Dann kehrten die früheren Symptome zurück, sie wurde von Krämpfen ergriffen, und starb nach zwei Tagen an akuter Bleivergiftung.

Mr. Vaughan Nash, der von der ungeborenen Generation spricht, sagt:
„Die Kinder der Bleiweißarbeiterin kommen in der Regel auf die Welt, nur um an den Konvulsionen der Bleivergiftung zu sterben. Sie werden entweder vorzeitig geboren oder sterben innerhalb des erstes Jahres."
Und schließlich möchte ich den Fall von Harriet A. Walker aufführen, einem jungen Mädchen von siebzehn Jahren, das getötet wurde, während es eine verlorene Hoffnung auf dem industriellen Schlachtfeld führte. Sie wurde als Emaillierin eingesetzt, wobei Bleivergiftung vorkommt. Ihr Vater und ihr Bruder waren beide arbeitslos. Sie verbarg ihre Krankheit, ging täglich sechs Meilen zur Arbeit und von der Arbeit, verdiente ihre sieben oder acht Schillinge pro Woche und starb, noch ehe sie achtzehn geworden war.
Schlechte Zeiten im Handel spielen auch eine wichtige Rolle, wenn es darum geht, die Arbeiter in den Abgrund zu stürzen. Wenn eine Familie nur einen Wochenlohn von der Verelendung entfernt ist, bedeutet der erzwungene Müßiggang eines Monats Not und Elend, die fast unbeschreiblich sind und von denen die Opfer sich nicht immer erholen, wenn sie wieder Arbeit haben. Gerade jetzt enthalten die Tageszeitungen den Bericht eines Treffens des Carlisle-Zweiges der Dockarbeitergewerkschaft, in dem es heißt, daß viele der Männer seit Monaten kein wöchentliches Einkommen von mehr als vier bis fünf Schilling bekommen haben. Der stagnierende Zustand der Schiffahrt im Londoner Hafen wird für diesen Zustand verantwortlich gemacht.
Für den jungen Arbeiter oder die Arbeiterin oder das arbeitende Ehepaar gibt es keine Garantie für ein glückliches oder gesundes Leben im mittleren Alter, oder für ein solventes Alter. Sie können arbeiten wie sie wollen, so können sie doch ihre Zukunft nicht sichern. Es ist alles eine Frage des Zufalls. Alles hängt vom Lauf der Dinge ab, auf den sie keinen Einfluß haben. Sie können ihr Schicksal weder mit Vorsorge verhindern, noch können sie sich ihm irgendwie entziehen. Auf dem Schlachtfeld der Industrie müssen die

Arbeiter dem Schicksal Trotz bieten, ihr Glück gegen große Widerstände versuchen. Sie können natürlich, wenn ihre Konstitution es erlaubt und sie nicht von Familienbanden gefesselt sind, vom Schlachtfeld der Industrie desertieren. In diesem Fall ist das sicherste, was der Mann tun kann, der Armee beizutreten; und möglicherweise für die Frau, eine Krankenschwester beim Roten Kreuz zu werden oder in ein Nonnenkloster zu gehen. In jedem Fall müssen sie auf ein Heim und Kinder verzichten und auf alles, was das Leben lebenswert, und das Alter nicht zu einem Alptraum macht.

22. KAPITEL

SELBSTMORD

England ist das Paradies der Reichen,
Das Fegefeuer der Weisen,
Und die Hölle der Armen.
Theodore Parker.

MIT einem so prekären Leben, und mit in so weiter Ferne gelegenen Hoffnungen auf ein glückliches Leben, ist es unvermeidlich, daß das Leben billig und Selbstmord alltäglich wird. So ist es üblich, daß man keine Tageszeitung aufschlagen kann, ohne darauf zu stoßen; während ein Selbstmordfall in einem Polizeigericht nicht mehr Interesse erregt als die üblichen Fälle von Trunkenheit, und mit der gleichen Schnelligkeit und Gleichgültigkeit abgehandelt wird.

Ich erinnere mich an einen solchen Fall im Thames-Polizeigericht. Ich bin stolz darauf, daß ich gute Augen und Ohren und ein gutes Wissen über Menschen und Dinge habe; aber ich gestehe, daß ich, als ich in diesem Gerichtssaal stand, von der erstaunlichen Geschwindigkeit halb verwirrt wurde, mit der Betrunkene, Unruhestifter, Landstreicher, Raufbolde, Frauenschläger, Diebe, Hehler, Spieler und Dirnen durch die Justizmaschinerie abgefertigt wurden. Die Anklagebank stand in der Mitte des Gerichtssaals (wo das Licht am besten war), und hinein und hinaus traten Männer, Frauen und Kinder in einem Strom, der so beständig war wie der Strom von Urteilen, der sich von den Lippen des Richters ergoß.

Ich dachte immer noch über einen schwindsüchtigen Hehler nach, der auf seine Arbeitsunfähigkeit und die Notwendigkeit, Frau und Kinder zu unterstützen, plädiert hatte, und der zu einem Jahr Zwangsarbeit verurteilt worden war, als ein junger Mann von etwa zwanzig Jahren auf der Anklagebank erschien. „Alfred Freeman", ich fing seinen Namen ein, konnte aber die Anklage nicht verstehen. Eine stämmige und mütterlich aussehende Frau tauchte im Zeugenstand auf und begann ihre Aussage. Sie sei die Frau des Britannia-Schleusenmeisters, erfuhr ich. Die Zeit, Nacht; ein Platschen; sie rannte zur Schleuse und fand den Angeklagten im Wasser.

Ich lenkte meinen Blick von ihr zu ihm. Das also war die Anklage, versuchter Selbstmord. Er stand benommen und gleichgültig da, sein schönes braunes Haar fiel ihm über die Stirn, sein Gesicht war hager und vergrämt und doch noch kindlich.

Im Thames-Polizeigericht.

„Ja, Sir", sagte die Frau des Schleusenmeisters. „So sehr ich auch an ihm zerrte, um ihn herauszubekommen, so schnell kroch er wieder zurück. Dann rief ich um Hilfe, und ein paar Arbeiter kamen vorbei, und wir haben ihn herausgeschafft und dem Konstabler übergeben."

Der Magistrat beglückwünschte die Frau zu ihren Muskelkräften, und der Gerichtssaal lachte; aber alles, was ich sehen konnte, war ein Junge an der Schwelle des Lebens, der darum kämpfte, in den matschigem Tod zu kriechen, und darin lag nichts Spaßiges.

Ein Mann war jetzt im Zeugenstand, bezeugte den guten Charakter des Jungen und gab mildernde Beweise. Er sei der Vorarbeiter des Jungen oder war es zumindest gewesen. Alfred sei ein guter Junge, aber er hätte zu Hause viel Ärger gehabt, es ginge um Geld. Und dann sei seine Mutter krank geworden. Er habe sich Sorgen gemacht, und er machte sich so viele Sorgen darüber, bis er sich selbst habe niederlegen müssen und nicht mehr zur Arbeit fähig gewesen sei. Er (der Vorarbeiter) sei um seines eigenen Rufes willen, denn die Arbeit des Jungen war schlecht, gezwungen gewesen, ihn zur Kündigung zu bewegen.

„Irgend etwas zu sagen?", verlangte der Richter unvermittelt.

Der Junge auf der Anklagebank murmelte undeutlich etwas. Er war immer noch benommen.

„Was sagt er, Konstabler?", fragte der Magistrat ungeduldig.

Der kräftige Mann in Blau beugte sein Ohr zu den Lippen des Gefangenen und antwortete dann laut: „Er sagt, es tut ihm sehr leid, Euer Ehren."

„Führen Sie ihn zurück in den Arrest", sagte Seine Ehren; und der nächste Fall war im Gange, der erste Zeuge leistete bereits den Eid. Der Junge, benommen und gleichgültig, ging mit dem Gefängniswärter hinaus. Das war alles, fünf Minuten von Anfang bis Ende; und zwei hünenhafte Rohlinge auf der Anklagebank versuchten energisch, sich gegenseitig die Verantwortung für den Besitz einer gestohlenen Angelrute zuzuschieben, die vermutlich zehn Cent wert war.

Der größte Ärger mit diesen armen Leuten ist, daß sie nicht wissen, wie sie Selbstmord begehen sollen, und normalerweise zwei oder drei Versuche machen müssen, bevor sie Erfolg haben. Dies ist, nur zu verständlich, für die Schutzleute und Behörden ein schreckliches Ärgernis und macht ihnen andauernd Umstände. Zuweilen aber äußern sich die Richter offen über die Sache und tadeln die Gefangenen wegen der Nachlässigkeit ihrer Versuche. Zum Beispiel Mr. R. S., Vorsitzender des Gerichts in S. B., in dem Fall der Ann Wood vom Vortag, die versucht hatte, sich im Kanal zu ertränken: „Wenn Sie es tun wollten, warum haben Sie es dann nicht getan, und es hinter sich gebracht?", fragte Mr. R. S. ärgerlich. „Warum sind Sie nicht untergetaucht und haben es beendet, anstatt uns all diese Schwierigkeiten und Umstände zu machen?"

Armut, Elend und Furcht vor dem Arbeitshaus sind die Hauptgründe für Selbstmord unter den arbeitenden Klassen. „Ich werde mich ertränken, ehe ich ins Arbeitshaus gehe", hatte die zweiundfünfzigjährige Ellen Hughes Hunt gesagt. Letzten Mittwoch hat man in Shoreditch eine Untersuchung ihres Körpers durchgeführt. Ihr Ehemann kam aus dem Islington Arbeitshaus, um als Zeuge auszusagen. Er war Käsehändler gewesen, aber das Scheitern im Geschäft und die Armut hatten ihn ins Arbeitshaus getrieben, wohin sich seine Frau geweigert hatte, ihn zu begleiten.

Sie wurde zuletzt um ein Uhr nachts gesehen. Drei Stunden später wurden ihr Hut und ihre Jacke auf dem Schleppweg am Regent's Kanal gefunden, und später wurde ihre Leiche aus dem Wasser gefischt. Urteil: *Selbstmord während zeitweiligem Wahnsinn.*

Solche Urteile sind Verbrechen gegen die Wahrheit. Das Gesetz ist eine Lüge, und dadurch lügen die Menschen am schamlosesten. Zum Beispiel verabreicht eine in Ungnade gefallene Frau, von Kind und Kegel verlassen und angespuckt, sich selbst und ihrem Säugling Laudanum. Das Kind stirbt; aber sie überlebt nach ein paar Wochen im Krankenhaus, wird wegen Mordes angeklagt und zu zehn Jahren Zuchthaus verurteilt. Als sie wiederhergestellt war, hielt das Gesetz sie für verantwortlich für ihre Handlungen; wäre sie jedoch gestorben, hätte das gleiche Gesetz ein Urteil wegen zeitweiligen Wahnsinns abgegeben.

In Anbetracht des Falles von Ellen Hughes Hunt ist es ebenso angemessen und logisch zu sagen, daß ihr Mann unter zeitweiligem Wahnsinn litt, als er in das Arbeitshaus in Islington ging, wie zu sagen, daß sie unter zeitweiligem Wahnsinn litt, als sie in den Regent's Kanal sprang. Welcher Ort der bevorzugte Aufenthaltsort ist, ist eine Frage der Meinung, des intellektuellen Urteils. Ich, zum Beispiel würde nach dem, was ich von Kanälen und Arbeitshäusern weiß, den Kanal wählen, wäre ich in einer ähnlichen Lage. Und ich möchte doch behaupten, daß ich nicht wahnsinniger bin als Ellen Hughes Hunt, ihr Ehemann und der Rest der menschlichen Herde.

Der Mensch folgt dem Instinkt nicht mehr mit der alten natürlichen Zuversicht. Er hat sich zu einer denkenden Kreatur entwickelt und kann sich verstandesmäßig an das Leben klammern oder das Leben verwerfen, je nachdem, ob ihm das Leben große Freude oder Leid verspricht. Ich wage zu behaupten, daß Ellen Hughes Hunt, aller Freuden des Lebens betrogen und beraubt, die zweiundfünfzig Jahre Dienst in der Welt verdient hätten, mit nichts als den Schrecken des Arbeitshauses vor sich, sehr vernünftig und besonnen handelte, als sie sich dazu entschied, in den Kanal zu springen. Und ich wage zu behaupten, daß die Geschworenen weiser gehandelt hätten, wenn sie ein Urteil gegen die Gesellschaft wegen zeitweiligen Wahnsinns gefällt hätten, weil sie zuließ, daß Ellen Hughes Hunt aller Freuden des Lebens betrogen und beraubt wurde, die zweiundfünfzig Jahre Dienst in der Welt verdient hätten.

Zeitweiliger Wahnsinn! Oh, diese verfluchten Phrasen, diese Lügen der Sprache, hinter denen Menschen mit vollen Bäuchen und reichlich heilen Hemden sich verstecken und sich der Verantwortung für ihre Brüder und Schwestern entziehen, die einen leeren Bauch haben und keine Hemden. Aus einer Ausgabe des *Observer*, einer East End-Zeitung, zitiere ich folgende alltägliche Ereignisse:

„Johnny King, ein Schiffsheizer, wurde wegen versuchten Selbstmordes angeklagt. Am Mittwoch ging der Angeklagte zur Polizeiwache in der Bow

Street und erklärte, daß er eine Menge Phosphorpaste geschluckt hatte, da er kein Geld habe und arbeitsunfähig sei. King wurde hineingebracht und ihm wurde ein Brechmittel verabreicht, worauf er eine Menge des Giftes erbrach. Der Angeklagte sagte jetzt, es tue ihm sehr leid. Obwohl er einen guten Lebenslauf von sechzehn Jahren hatte, konnte er keine Arbeit bekommen. Mr. Dickinson ließ den Angeklagten zurückbringen, damit der Gefängnisgeistliche ihm ins Gewissen reden könnte."

„Timothy Warner, zweiunddreißig Jahre alt, wurde wegen eines ähnlichen Vergehens in Untersuchungshaft genommen. Er sprang vom Limehouse Pier, und als er gerettet wurde, sagte er: ‚Ich hatte fest vor, zu sterben.'"

„Eine anständig aussehende junge Frau namens Ellen Gray wurde wegen des Versuchs, Selbstmord zu begehen, in Untersuchungshaft genommen. Am Sonntagmorgen gegen halb acht morgens fand der Schutzmann Nr. 834 K die Angeklagte in einem Eingang in der Benworth Street liegend, und sie war in einem sehr schläfrigen Zustand. Sie hielt eine leere Flasche in der Hand und erklärte, daß sie vor zwei oder drei Stunden eine Menge Laudanum geschluckt hatte. Da sie sich offensichtlich sehr übel befand, wurde nach dem Kreisarzt geschickt, und nachdem ihr Kaffee eingeflößt worden war, befahl jener, sie wach zu halten. Als die Angeklagte vor Gericht kam, erklärte sie, daß der Grund, warum sie versuchte, ihr Leben zu nehmen, war, daß sie weder ein Zuhause noch Freunde habe."

Ich sage nicht, daß alle Menschen, die Selbstmord begehen, geistig gesund sind, genausowenig wie ich sage, daß alle Menschen, die keinen Selbstmord begehen, geistig gesund sind. Übrigens ist die Sorge um Nahrung und Obdach eine große Ursache für Wahnsinn unter den Lebenden.

Gemüsehändler, Straßenhändler und Hausierer, eine Klasse von Arbeitern, die mehr von der Hand in den Mund lebt als jede andere Klasse, macht den höchsten Prozentsatz derer aus, die in die Irrenanstalten kommen. Unter den Männern werden jedes Jahr 26,9 pro 10.000 verrückt, und unter den Frauen 36,9. Auf der anderen Seite werden bei den Soldaten, die sich zumindest ihrer Nahrung und Unterkunft sicher sind, 13 von 10.000 wahnsinnig; und von Landwirten und Viehzüchtern nur 5,1. So verliert ein Gemüsehändler doppelt so oft seinen Verstand wie ein Soldat und fünfmal so häufig wie ein Bauer.

Unglück und Elend sind sehr wirksam, wenn es darum geht, die Köpfe der Menschen zu verdrehen und eine Person in die Irrenanstalt und eine andere in die Leichenhalle oder an den Galgen zu bringen. Wenn die Sache passiert und der Ehemann und Vater, trotz all seiner Liebe zu Frau und Kindern und seiner Bereitschaft zu arbeiten, keine Arbeit bekommen kann, ist es nicht verwunderlich, daß seine Vernunft zu wanken beginnt und das Licht in seinem Verstand erlischt. Und es ist besonders verständlich, wenn man bedenkt, daß zusätzlich dazu, daß seine Seele vom Anblick seiner leidenden Frau und seiner kleinen Kinder zerrissen wird, sein Körper von Mangelernährung und Krankheit dahingerafft wird.

„Er ist ein gutaussehender Mann mit vollem schwarzen Haar, dunklen, ausdrucksvollen Augen, fein geschnittener Nase und Kinn und welligem, schönen Schnurrbart." Dies ist die Beschreibung des Reporters von Frank Cavilla, wie er an einem trostlosen Septembertage vor Gericht stand; „bekleidet ist er mit einem abgetragenen grauen Anzug, und er trägt keinen Kragen."

Frank Cavilla lebte und arbeitete als Dekorateur in London. Er wird als ein guter Arbeiter beschrieben, als ein solider Mann, und nicht dem Trinken verfallen, wobei alle seine Nachbarn darin übereinstimmen, daß er ein sanfter und liebevoller Ehemann und Vater war.

Seine Frau, Hannah Cavilla, war eine rundliche, hübsche, unbeschwerte Frau. Sie sorgte dafür, daß ihre Kinder ordentlich und sauber zur Volksschule in der Childeric Road geschickt wurden (die Nachbarn wiesen alle auf diese Tatsache hin). Und so lief bei diesem Mann, der so gesegnet war, ständig arbeitete und mäßig lebte, alles gut, und kein Wölkchen trübte den Himmel. Dann geschah die Sache. Er arbeitete für einen Baumeister namens Beck und lebte in einem der Häuser seines Arbeitgebers in der Trundley Road. Mr. Beck wurde aus seiner Droschke geworfen und getötet. Die Sache war ein widerspenstiges Pferd, und wie ich schon sagte, sie geschah. Cavilla mußte sich eine neue Anstellung suchen und ein anderes Haus finden.

Dies geschah vor achtzehn Monaten. 18 Monate lang schlug er sich tapfer. Er hatte Zimmer in einem kleinen Haus in der Batavia Road, aber das Geld reichte hinten und vorne nicht. Er fand keine regelmäßige Arbeit. Er kämpfte sich durch allerlei Gelegenheitsarbeiten, während seine Frau und seine vier Kinder vor seinen Augen verhungerten. Er hungerte selbst, wurde schwach und schließlich krank. Das war vor drei Monaten, und dann gab es überhaupt kein Essen mehr. Sie beschwerten sich nicht, sagten kein Wort; aber arme Leute wissen, wie es geht. Die Hausfrauen der Batavia Road schickten ihnen Essen, aber die Cavillas waren so respektable Leute, daß das Essen auf geheimnisvolle Weise anonym verschickt wurde, um ihren Stolz nicht zu verletzen.

Die Sache war geschehen. Er hatte gekämpft, gehungert und achtzehn Monate lang gelitten. Er stand an einem Septembermorgen früh auf. Er öffnete sein Taschenmesser. Er schnitt seiner Frau Hannah Cavilla, dreiunddreißig, den Hals durch. Er schnitt seinem zwölfjährigen Erstgeborenen Frank die Kehle durch. Er schnitt seinem achtjährigen Sohn Walter die Kehle durch. Er schnitt seiner Tochter Nellie, die vier Jahre alt war, die Kehle durch. Er schnitt seinem jüngsten, Ernest, der sechzehn Monate alt war, die Kehle durch. Dann hielt er den ganzen Tag bei den Toten Wache, bis die Polizei kam, und sagte ihnen, sie sollten einen Penny in den Schlitz des Gaszählers stecken, damit sie Licht haben könnten.

Frank Cavilla stand vor Gericht, bekleidet mit einem abgetragenen grauen Anzug ohne Kragen. Er war ein gutaussehender Mann, mit vollem schwarzen Haar, dunklen, ausdrucksvollen Augen, fein geschnittener Nase und Kinn und welligem, schönen Schnurrbart.

23. KAPITEL

DIE KINDER

Wo das Zuhause eine Hütte ist, und wir trübsinnig im Dreck kriechen,
Vergessen wir, daß die Welt schön ist.
William Morris

ES gibt einen hübschen Anblick im East End, und nur einen, und das sind die Kinder, die auf der Straße tanzen, wenn der Leierkastenmann seine Runde macht. Es ist faszinierend, sie zu beobachten, die Kleinen, die heranwachsende Generation, schaukelnd und tanzend, mit hübschen kleinen Einfällen und anmutigen Schritten, mit Muskeln, die sich schnell und leicht bewegen, und Körpern, die beschwingt springen, in Rhythmen, die nie in der Tanzschule gelehrt werden.

Wenn der Leierkastenmann seine Runde macht.

Ich habe mit diesen Kindern gesprochen, hier, dort und überall, und ich habe sie als so aufgeweckt wie andere Kinder befunden, und in vielerlei Hinsicht als noch aufgeweckter. Sie haben eine sehr rege Einbildungskraft. Ihre Fähigkeit, sich in das Reich der Märchen und Phantasie zu versetzen, ist bemerkenswert. Die reine Lebensfreude rauscht in ihrem Blut. Sie erfreuen sich an Musik und Bewegung und Farbe, und oft verraten sie unter ihrem Schmutz und ihren Lumpen eine verblüffende Schönheit des Gesicht und der Gestalt.

Aber es gibt einen Rattenfänger von London Town, der sie alle stiehlt. Sie verschwinden. Man sieht sie nie wieder, oder irgendetwas, das sie verrät. Unter der Generation der Erwachsenen kann man vergeblich nach ihnen suchen. Hier finden Sie verkrüppelte Gestalten, häßliche Gesichter und abgestumpfte und sture Geister. Anmut, Schönheit, Vorstellungskraft, die ganze Widerstandskraft des Geistes und der Muskeln sind fort. Manchmal sieht man jedoch eine Frau, die nicht unbedingt alt, sondern eher aller Weiblichkeit beraubt ist, aufgedunsen und betrunken, ihre zerrissenen Röcke lüpfen und ein paar groteske und schwerfällige Schritte auf dem Bürgersteig ausführen. Es ist ein Hinweis darauf, daß sie einst zu jenen Kindern gehörte, die zur Musik des Leierkastenmanns tanzten. Diese grotesken und schwerfälligen Schritte sind alles, was vom Versprechen der Kindheit noch übrig ist. In den benebelten Winkeln ihres Gehirns ist eine flüchtige Erinnerung entstanden, daß sie einst ein Kind war. Die Menge schließt sich. Kleine Mädchen tanzen neben ihr, um sie herum, mit all der schönen Anmut, an die sie sich schwach erinnert, die sie aber mit ihrem Körper nurmehr parodieren kann. Dann holt sie erschöpft Luft und stolpert aus dem Kreis heraus. Aber die kleinen Mädchen tanzen weiter.

Die Kinder des Ghettos besitzen alle Eigenschaften, die edle Menschlichkeit ausmachen; aber das Ghetto selbst wendet sich wie eine wütende Tigerin gegen ihre Jungen, greift all diese Eigenschaften an und zerstört sie, löscht die Leichtigkeit und das Gelächter aus und formt diejenigen, die es nicht tötet, zu unansehnlichen und trostlosen Kreaturen, ungehobelt, entwürdigt und elend unter den Tieren des Feldes.

Wie dies vor sich geht, habe ich in früheren Kapiteln ausführlich beschrieben; hier lassen wir Professor Huxley es in Kürze beschreiben:

„Jeder, der mit dem Zustand der Bevölkerung aller großen industriellen Zentren, ob in diesem oder anderen Ländern, vertraut ist, ist sich dessen bewußt, daß inmitten eines großen und wachsenden Körpers dieser Bevölkerung ein Zustand herrscht... dieser Zustand, den die Franzosen *la misère* nennen, ein Wort, für das es, wie ich glaube, kein genaues englisches Äquivalent gibt. Es ist ein Zustand, in dem die Nahrung, die Wärme und die

Kleidung, die für die bloße Aufrechterhaltung der Körperfunktionen in ihrem normalen Zustand notwendig sind, nicht erhalten werden können; in dem Männer, Frauen und Kinder gezwungen sind, sich in Wohnhäuser zu drängen, in denen der Anstand abgeschafft ist und die grundlegendsten Bedingungen gesunder Existenz unmöglich zu erreichen sind; in dem die erreichbaren Freuden auf Brutalität und Trunkenheit reduziert werden; in dem das Leid sich mit Zinseszinsen in Form von Hunger, Krankheit, Entwicklungsstörung und moralischer Erniedrigung anhäuft; in dem auch die Aussicht auf eine gleichmäßige und ehrliche Arbeit nur ein Leben des erfolglosen Kampfes gegen den Hunger ist, abgerundet durch ein Armengrab."

Unter solchen Bedingungen sind die Aussichten für Kinder hoffnungslos. Sie sterben wie die Fliegen, und diejenigen, die überleben, tun dies nur, weil sie eine übermäßige Vitalität und Anpassungsfähigkeit gegenüber dem Zerfall besitzen, von dem sie umgeben sind. Sie haben kein Zuhause. In den Verschlägen und Unterschlüpfen, in denen sie leben, sind sie allem Obszönen und Unzüchtigen ausgesetzt. Und im selben Maße, wie ihr Verstand verdorben wird, werden ihre Körper durch schlechte Hygiene, die beengten Wohnverhältnisse und Unterernährung verdorben. Wenn ein Vater und eine Mutter mit drei oder vier Kindern in einem Raum leben, in dem sich die Kinder abwechselnd hinsetzen, um die Ratten von den Schläfern zu vertreiben, wenn diese Kinder nie genug zu essen haben und von Schwärmen von Ungeziefer gejagt und elend gemacht werden, kann man sich leicht vorstellen, welche Art von Männern und Frauen dies überleben.

Stumpfe Verzweiflung und Elend
Liegen von Geburt an über ihnen;
Garstige Flüche, garstigerer Frohsinn,
Sind ihre frühesten Wiegenlieder.

Ein Mann und eine Frau heiraten und gründen einen Haushalt in einem einzigen Raum. Ihr Einkommen vermehrt sich mit den Jahren nicht, ihre Familie jedoch schon, und der Mann muß sich außerordentlich glücklich schätzen, wenn er seine Gesundheit und seinen Arbeitsplatz behalten kann. Ein Kind wird geboren und dann noch eins. Dies bedeutet, daß mehr Raum geschaffen werden sollte; aber diese kleinen Münder und Körper bedeuten zusätzliche Kosten und machen es ganz unmöglich, geräumigere Quartiere zu bekommen. Mehr Kinder kommen zur Welt. Man kann sich vor Enge kaum mehr umdrehen. Die Kinder laufen durch die Straßen, und wenn sie zwölf oder vierzehn sind, kommt die Zimmerfrage zu einem Ende und sie gehen endgültig auf die Straße. Wenn der Junge Glück hat, kann er es schaffen, sich ein Obdach in den öffentlichen Herbergen zu leisten, und er kann alles Mögliche erreichen. Aber das Mädchen von vierzehn oder fünfzehn, das auf diese Weise gezwungen ist, den einen Raum zu verlassen, der Zuhause genannt wird, und das bestenfalls in der Lage ist, fünf oder sechs Schillinge pro Woche zu verdienen, hat nur eine Möglichkeit. Und das bittere Ende dieser einen Möglichkeit ist dasselbe wie jener Frau, deren Leiche die Polizei heute Morgen in einer Tür in der Dorset Street in Whitechapel gefunden hat. Obdachlos, schutzlos, krank, in der letzten Stunde ganz allein, war sie nachts an der Kälte gestorben. Sie war zweiundsechzig Jahre alt und eine Zündhölzerverkäuferin. Sie starb, wie ein wildes Tier stirbt.

Lebhaft ist mir das Bild eines Jungen auf der Anklagebank eines Polizeigerichts im East End in Erinnerung. Sein Kopf reichte kaum über das Geländer. Er wurde für schuldig befunden, einer Frau zwei Schilling gestohlen zu haben, die er ausgegeben hatte, nicht etwa für Süßigkeiten und Kuchen und eine gute Zeit, sondern für Essen.

„Warum hast du die Frau nicht um Essen gebeten?", fragte der Richter in einem gekränkten Tonfall. „Sie hätte dir bestimmt etwas zu essen gegeben."

„Wenn ich sie gefragt hätte, wäre ich wegen Bettelei eingesperrt worden", war die Antwort des Jungen.

Der Richter runzelte die Brauen und nahm die Herausforderung an. Niemand kannte den Jungen oder seinen Vater oder seine Mutter. Er war ohne Anfang oder Vorgeschichte, ein Straßenkind, ein Streuner, ein kleiner Welpe, der im Dschungel des Britischen Empires seine Nahrung suchte, von den Schwachen zehrte und von den Starken gejagt wurde.

Die Leute, die zu helfen versuchen, die Ghettokinder einsammeln und sie für einen Tagesausflug aufs Land schicken, glauben, daß es nicht viele Kinder bis zehn Jahren gibt, die nicht mindestens einen Tag dort verbracht haben. Ein Schreiber sagt dazu: „Die geistige Veränderung, die durch einen so verbrachten Tag verursacht wurde, darf nicht unterschätzt werden. Wie auch immer die Umstände sind, die Kinder lernen die Bedeutung von Feldern und Wäldern kennen, so daß Beschreibungen der ländlichen Szenerie in den Büchern, die sie lesen, und die zuvor keinen Eindruck vermittelt haben, jetzt verständlich werden."

Ein Tag in den Feldern und Wäldern, wenn sie das Glück haben, von den Menschen, die helfen wollen, aufgesammelt zu werden! Und sie werden jeden

Tag schneller geboren, als sie für den einen Tag ihres Lebens in die Felder und Wälder gebracht werden können. Ein Tag! Ein einziger Tag in ihrem ganzen Leben! Und für den Rest der Tage, wie der Knabe zu einem gewissen Bischof sagte: „Mit zehn machen wir blau; mit dreizehn stibitzen wir; und mit sechzehn verkloppen wir die ‚Bobbies'." Das heißt, mit zehn schwänzen sie die Schule, mit dreizehn stehlen sie, und mit sechzehn sind sie Schläger genug, um die Polizisten zu verprügeln.

Reverend J. Cartmel Robinson erzählt von einem Jungen und einem Mädchen seiner Pfarrei, die sich auf den Weg in den Wald machten. Sie gingen und gingen durch die endlosen Straßen und erwarteten immer wieder, ihn zu sehen, bis sie sich schließlich schwach und verzweifelt hinsetzen mußten und von einer freundlichen Frau gerettet wurden, die sie zurückbrachte. Offenbar waren sie von den Leuten übersehen worden, die zu helfen versuchen.

Derselbe Herr ist die Autorität für die Aussage, daß in einer Straße in Hoxton (einem Bezirk des riesigen East End) über siebenhundert Kinder, zwischen fünf und dreizehn Jahren, in achtzig kleinen Häusern leben. Und er fügt hinzu: „Weil London seine Kinder in einem Labyrinth von Straßen und Häusern weitgehend eingeschlossen und ihnen ihr rechtmäßiges Erbe in Himmel und Feld und Bach geraubt hat, werden sie zu körperlich untauglichen Männern und Frauen."

Er erzählt von einem Mitglied seiner Gemeinde, das einem Ehepaar einen Kellerraum vermietete. „Sie sagten, sie hätten zwei Kinder; als sie das Zimmer mieteten, aber nach ihrem Einzug stellte sich heraus, daß sie vier hatten. Nach einer Weile erschien ein fünftes, und der Wirt stellte ihnen die Kündigung aus. Sie kümmerten sich nicht darum. Dann kam der Gesundheitsinspektor, der so oft mit dem Gesetz winken muß, und drohte meinem Freund mit einem Gerichtsverfahren. Er klagte, daß er sie nicht herausbekäme. Sie klagten, daß niemand sie mit so vielen Kindern zu einer Miete nehmen würde, die im Rahmen ihrer Möglichkeiten läge, was nebenbei gesagt eine der häufigsten Beschwerden der Armen ist. Was war zu tun? Der Vermieter stand zwischen den Stühlen. Schließlich wandte er sich an die Polizeibehörde, die einen Beamten damit beauftragte, sich um den Fall zu kümmern. Seit dieser Zeit sind ungefähr zwanzig Tage vergangen, und es ist noch nichts getan worden. Ist das ein Einzelfall? Keineswegs; es ist etwas ganz Alltägliches."

Letzte Woche hat die Polizei ein liederliches Haus durchsucht. In einem Zimmer wurden zwei kleine Kinder gefunden. Sie wurden von der Polizei mitgenommen und angeklagt, ebenso Bewohner gewesen zu sein wie die Frauen. Ihr Vater erschien im Prozeß. Er gab an, daß er und seine Frau und zwei ältere Kinder, außer den beiden auf der Anklagebank, diesen Raum bewohnten; er sagte auch, daß er das Zimmer genommen habe, weil er kein anderes Zimmer für die zwei Schilling sechs Pence pro Woche bekommen konnte, die er dafür bezahlte. Der Magistrat entließ die beiden jugendlichen Straftäter und warnte den Vater, daß er seine Kinder ungesund heranzog. Aber es ist nicht notwendig, weitere Beispiele anzuführen. In London geht das Abschlachten der Unschuldigen noch gewaltiger vor sich als je zuvor in der Geschichte der Welt. Und ebenso erstaunlich ist die Gefühllosigkeit der Menschen, die an Christus glauben, Gott anerkennen und am Sonntag regelmäßig in die Kirche gehen. Für den Rest der Woche verlustieren sie sich mit den Mieten und Profiten, die ihnen vom East End zufallen, und die mit dem Blut der Kinder befleckt sind. Manchmal nehmen sie sogar, so eigenartig es ist, eine halbe Million dieser Mieten und Gewinne und schicken sie weg, um kleine schwarze Knaben im Sudan erziehen zu lassen.

24. KAPITEL

EINE NÄCHTLICHE VISION

All jene waren vor Jahren kleine, rotgesichtige, fleischige Säuglinge,
die man in jede soziale Form, die man wählte, kneten und backen konnte.
Carlyle.

LETZTE Nacht lief ich die Commercial Street von Spitalfields nach Whitechapel entlang, und immer noch weiter nach Süden, die Leman Street hinunter bis zu den Docks. Und während ich ging, lächelte ich über die East-End-Zeitungen, die mit bürgerlichem Stolz prahlerisch verkündeten, daß am East End als Wohnviertel sowohl für Männer wie für Frauen nichts auszusetzen wäre.

Commercial Street.

Es ist ziemlich schwer, auch nur ein Zehntel von dem zu erzählen, was ich gesehen habe. Vieles davon ist unbeschreiblich. Aber im Allgemeinen kann ich sagen, daß ich einen Alptraum sah, einen verheerenden Schleim, der den Bürgersteig mit Leben füllte, ein Durcheinander von unaussprechlichen Obszönitäten, die den „nächtlichen Schrecken" von Piccadilly und The Strand in den Schatten stellten. Es war eine Menagerie von bekleideten Zweibeinern, die ein wenig wie Menschen und mehr wie Bestien aussahen, und um das Bild zu vervollständigen, wahrten die messingbeknöpften Wärter Ordnung zwischen ihnen, wenn sie zu heftig knurrten.

Ich war froh, daß die Wärter dort waren, denn ich hatte meine „Seemannskleidung" nicht an, und ich war das, was man ein „Signal" für die Raubtiere nennt, die auf und ab streiften. Zuweilen sahen mich diese Männchen zwischen den Wärtern scharf und hungrig an, Gossenwölfe, die sie waren, und ich hatte Angst vor ihren Händen, vor ihren nackten Händen, wie man vor den Pranken eines Gorillas Angst haben würde. Sie erinnerten mich an Gorillas. Ihre Körper waren klein, schlecht geformt und gedrungen. Es gab keine anschwellenden Muskeln, und keine breiten Schultern. Sie zeigten vielmehr eine elementare Ökonomie der Natur, wie sie die Höhlenmenschen gezeigt haben müssen. Aber in diesen mageren Körpern steckte eine Stärke, die wilde, ursprüngliche Kraft, zuzupacken und zu zerreißen. Wenn sie ihre menschliche Beute anspringen, sagt man, biegen sie das Opfer gar nach hinten und zerren an seinem Körper, bis der Rücken gebrochen ist. Sie besitzen weder Gewissen noch Gefühl, und sie werden für einen halben Souverein ohne Furcht oder Erbarmen töten, wenn sich ihnen nur eine günstige Gelegenheit bietet. Sie sind eine neue Spezies, eine Rasse von Stadtwilden. Die Straßen und Häuser, Gassen und Höfe sind ihre Jagdgründe. Wie Tal und Berg zu den natürlichen Wilden gehören, sind Straße und Gebäude Tal und Berg für sie. Das Elendsviertel ist ihr Dschungel, und sie leben und jagen im Dschungel.

Leman Street in Richtung Hafen.

Die guten, sanften Leute der goldenen Theater und Wunderpaläste des West Ends sehen diese Kreaturen nicht, denken nicht einmal im Traum daran, daß sie existieren. Aber sie sind hier, lebendig, sehr lebendig in ihrem Dschungel. Und wehe England an dem Tag, an dem es seinen letzten Grabenkampf austrägt und ihre wehrfähigen Männer in der Feuerlinie sind! Denn an diesem Tag werden sie aus ihren Verschlägen und Unterschlüpfen kriechen, und die Leute des West Ends werden sie sehen, wie die lieben, sanften Aristokraten des feudalen Frankreichs sie sahen und einander fragten: „Woher kommen sie?" „Sind das Menschen?"

Aber sie waren nicht die einzigen Tiere, die die Menagerie bewohnten. Sie waren nur hier und da, lauerten in dunklen Höfen und zogen wie graue Schatten an den Mauern entlang; aber die Frauen, aus deren verderbten Lenden sie entsprangen, waren überall. Sie jammerten aufdringlich, und baten mich in rührseligen Tönen um Pennys, und schlimmeres. Sie hielten Gelage in jeder heruntergekommenen Schankstube, waren schlampig, ungepflegt, übernächtigt und zerzaust, anzüglich grinsend und schnatternd, überfließend von Fäulnis und Verderbtheit, und in Ausschweifungen schwelgend, sich auf Bänken und Balken räkelnd, unsagbar abstoßend, schrecklich anzusehen.

Und da waren noch andere Gestalten mit verzerrten Zügen, mißgebildete Monstrositäten, die mich von allen Seiten umarmten, unbeschreibliche Gattungen von durchdringender Häßlichkeit, die Wracks der Gesellschaft, die umherstreifenden Kadaver, die lebenden Toten – Frauen, die von Krankheit und Alkohol entstellt waren, bis ihre Schande im offenen Markt keine zwei Pence mehr einbrachte; und Männer, in phantastischen Lumpen, durch Not und Entblößung allem männlichen Aussehen beraubt, ihre Gesichter mit einem ständigen schmerzlichen Ausdruck, idiotisch grinsend, wie Affen torkelnd, sterbend mit jedem Atemzug und jedem Schritt, den sie unternahmen. Und da waren junge Mädchen von achtzehn und zwanzig Jahren, mit biegsamen Körper und Gesichtern, die noch unberührt waren von Verzerrung und Aufgedunsenheit; sie hatten den Grund des Abgrunds in einem schnellen Fall erreicht. Und ich erinnere mich an einen Jungen von vierzehn und einen von sechs oder sieben, weißgesichtig und kränklich, obdachlos alle beide, die mit dem Rücken gegen ein Geländer auf dem Bürgersteig saßen und alles beobachteten.

Die East India Docks.

Die Untauglichen und die Überflüssigen! Die Industrie bedarf ihrer nicht. Es gibt keinen Industriezweig, der einen Mangel an Männern und Frauen hat. Die Dockarbeiter drängen sich am Eingangstor und fluchen und wenden sich ab, wenn der Vorarbeiter sie nicht aufruft. Die Maschinisten, die Arbeit haben, zahlen sechs Schilling pro Woche an ihre Maschinistenkollegen, die nichts zu tun finden; 514.000 Textilarbeiter lehnen eine Resolution ab, in der die Beschäftigung von Kindern unter fünfzehn Jahren verurteilt wird. Es werden reichlich Frauen gefunden, die unter den Schwitzbuden-Meistern einen Vierzehn-Stunden-Tag für zehn Pence schuften. Alfred Freeman kriecht in den schlammigen Tod, weil er seine Arbeitsstelle verliert. Ellen Hughes Hunt zieht den Regent's Canal dem Islington-Arbeitshaus vor. Frank Cavilla schneidet seiner Frau und seinen Kindern die Kehle durch, weil er nicht genügend Arbeit findet, um ihnen Nahrung und Unterkunft zu geben. Die Untauglichen und die Überflüssigen! Die Elenden, Verachteten und Vergessenen, die auf der Schlachtbank der menschlichen Gesellschaft sterben. Die Abkömmlinge aus der Prostitution – der Prostitution von Männern und Frauen und Kindern, von Fleisch und Blut und von Glanz und Geist; kurz gesagt, der Prostitution der Arbeit. Wenn dies das Beste ist, was die Zivilisation für den Menschen tun kann, so gebt uns lieber brüllende und nackte Wildheit. Es ist weitaus besser, ein Volk der Wildnis und der Wüste, der Höhlen und des Nomadentums zu sein, als ein Volk der Maschinen und des Abgrunds.

25. KAPITEL

DIE HUNGERKLAGE

Ich behaupte, wenn der Allmächtige je eine Menschenart
Dazu auserkoren hätte,
Nur zu essen und nichts zu arbeiten,
Dann würde er sie nur mit Mündern erschaffen haben, und ohne Hände;
Und wenn er jemals eine andere Art erschaffen hätte,
Die er dazu auserkoren hätte,
Daß sie die ganze Arbeit machen und nichts essen sollten,
So würde er sie ohne Münder und mit allen Händen erschaffen haben.
Abraham Lincoln.

MEIN Vater hat mehr Ausdauer als ich, denn er ist auf dem Land geboren."
Der Redner, ein aufgeweckter junger East Ender, beklagte seine schlechte körperliche Entwicklung.

„Sieh dir nur meine dürren Arme an, sieh nur." Er krempelte seinen Ärmel auf. „Ich habe nicht genug zu essen bekommen, darum ist das so. Oh, nicht jetzt. Heute habe ich, was ich essen möchte. Aber es ist zu spät. Es kann nicht ersetzen, was ich nicht zu essen hatte, als ich ein Kind war. Mein Vater kam von der Gegend um Fen nach London. Meine Mutter starb, und wir sechs Kinder lebten mit unserem Vater zusammen in zwei kleinen Zimmern.

Papa hatte schwere Zeiten. Er hätte uns rausschmeißen können, aber er tat es nicht. Er schuftete den ganzen Tag, und abends kam er nach Hause und kochte und kümmerte sich um uns. Er war Vater und Mutter zusammen. Er tat sein Bestes, aber wir hatten nicht genug zu essen. Wir sahen selten Fleisch und dann das minderwertigste. Und es ist nicht gut für Kinder im Wachstum, sich zu einem Abendessen mit Brot und ein wenig Käse hinzusetzen, und nicht mal genug davon.

Und was ist das Ergebnis? Ich bin zu klein, und ich habe nicht die Ausdauer meines Vaters. Sie ist mir ausgehungert worden. In ein paar Generationen wird es in London keine Nachkommen mehr von mir geben. Aber da ist mein jüngerer Bruder; er ist größer und besser entwickelt. Verstehst du, mein Vater und wir Kinder haben zusammengehalten, und das erklärt das."

„Aber ich verstehe nicht", widersprach ich. „Man sollte doch denken, daß unter solchen Bedingungen die Lebenskraft abnimmt und die jüngeren Kinder immer schwächer geboren werden."

„Nicht wenn sie zusammenhalten", antwortete er. „Wann immer du ins East End kommst und ein Kind von acht bis zwölf siehst, ordentlich groß, gut entwickelt und gesund aussehend, fragst du einfach und du wirst feststellen, daß es das jüngste Kind in der Familie ist oder zumindest eines der jüngeren. Das kommt daher, daß die älteren Kinder mehr hungern als die jüngeren. Zu der Zeit, wenn die jüngeren heranwachsen, beginnen die älteren zu arbeiten, und es kommt mehr Geld herein und mehr Essen."

Er zog seinen Ärmel herunter, ein konkreter Fall, in dem chronisches Halbverhungern nicht tötet, sondern abhärtet. Seine Stimme war nur eine unter den Myriaden, die den Ruf der Hungerklage im größten Reich der Welt erschallen ließen. An jedem einzelnen Tag haben im Vereinigten Königreich mehr als eine Million Menschen Unterstützung von der Armenfürsorge erhalten. Einer von elf Arbeitern der gesamten Arbeiterklasse erhält im Laufe des Jahres Unterstützung von der Armenfürsorge; 37,5 Millionen Menschen erhalten weniger als 12 Pfund pro Monat und Familie; und eine konstante Armee von 8 Millionen lebt an der Grenze der Verelendung.

Ein Komitee der Londoner Schulbehörde gibt folgende Erklärung ab: „Manchmal, *wenn es keine besondere Notlage gibt*, sind allein in den Londoner Schulen 55.000 Kinder in einem Zustand des Hungers, der es sinnlos macht zu versuchen, sie zu unterrichten." Die Hervorhebung kommt von mir. „Wenn es keine besondere Notlage gibt" bedeutet gute Zeiten in England; denn die Menschen in England sind dazu übergegangen, Hunger und Leiden, die sie „Notlage" nennen, als Teil der sozialen Ordnung zu betrachten. Chronischer Hunger wird als selbstverständlich betrachtet. Nur wenn akutes Verhungern in großem Umfang auftritt, denken sie, daß etwas ungewöhnlich sei.

Ich werde niemals das bittere Klagen eines Blinden in einem kleinen Laden im East End am Ende eines trüben Tages vergessen. Er war das älteste von fünf Kindern gewesen, mit einer Mutter und keinem Vater. Da er der Älteste war, hatte er gehungert und als Kind gearbeitet, um seinen kleinen Brüdern und Schwestern Brot in den Mund zu legen. Einmal hat er drei Monate lang kein Fleisch gegessen. Er wußte nie, wie es war, seinen Hunger gründlich besänftigt zu haben. Und er behauptete, daß dieser chronische Hunger in seiner Kindheit ihn seiner Sicht beraubt hatte. Um die Behauptung zu stützen, zitierte er aus dem Bericht der Königlichen Kommission über die Blinden:

„Blindheit ist in armen Gegenden häufiger, und Armut beschleunigt dieses schreckliche Leiden."

Aber er redete weiter, dieser blinde Mann, und in seiner Stimme lag die Bitterkeit eines geplagten Mannes, dem die Gesellschaft nicht genug zu essen gab. Er war einer von einer riesigen Armee von Blinden in London, und er sagte, daß sie in den Blindenheimen nicht halb soviel Essen erhielten, wie sie bräuchten. Er sagte mir die Diät für einen Tag:

Frühstück	0,75 Halbliter Grütze und trockenes Brot
Mittagessen	3 Unzen Fleisch
	1 Scheibe Brot
	0,5 Pfund Kartoffeln
Abendessen	0,75 Halbliter Grütze und trockenes Brot

Oscar Wilde, Gott hab ihn selig, bringt den Schrei des eingekerkerten Kindes zum Ausdruck, der in unterschiedlichem Maße der Schrei des eingekerkerten Mannes und der Frau ist:

„Das zweite, worunter ein Kind im Gefängnis leidet, ist Hunger. Das Essen, das ihm gegeben wird, besteht aus einem Stück schlecht gebackenem Gefängnisbrot und einer Tasse Wasser zum Frühstück um halb acht. Um zwölf Uhr bekommt es Abendessen, zusammengesetzt aus einer Schale grobem Maisbrei (dünne Grütze), und um halb sechs bekommt es ein Stück trockenes Brot und eine Tasse Wasser für sein Abendessen. Diese Diät ist im Falle eines starken erwachsenen Mannes immer in der Lage, eine Krankheit, hauptsächlich natürlich Durchfall, mit der damit verbundenen Schwäche hervorzurufen. Tatsächlich werden in einem großen Gefängnis regelmäßig adstringierende Medikamente wie selbstverständlich von den Wärtern ausgeteilt. Kinder sind in der Regel nicht in der Lage, das Essen überhaupt zu essen. Jeder, der etwas über Kinder weiß, weiß, wie leicht die Verdauung eines Kindes durch einen Anfall von Weinen oder Mißgeschicken und seelischen Qualen aller Art gestört wird. Ein Kind, das den ganzen Tag und vielleicht die halbe Nacht in einer einsamen, dämmerigen Zelle geweint hat und von Schrecken verfolgt wird, kann einfach kein Essen von dieser groben, schrecklichen Art essen. Im Falle des kleinen Kindes, dem Wärter Martin die Kekse gab, weinte das Kind am Dienstagmorgen vor Hunger und war völlig unfähig, das Brot und das Wasser zu sich zu nehmen, das ihm zum Frühstück gereicht wurde. Martin ging nach dem Frühstück aus und kaufte ein paar süße Kekse für das Kind, um es nicht hungern zu sehen. Es war eine schöne Aktion seinerseits und wurde von dem Kind so erkannt, das, in völliger Unkenntnis der Vorschriften des Gefängnisvorstandes, einem der Oberaufseher erzählte, wie nett dieser junge Wärter zu ihm gewesen sei. Das Ergebnis war natürlich ein Bericht und seine Entlassung."

Robert Blatchford vergleicht die tägliche Ernährung des Arbeitshaus-Armen mit der des Soldaten, welche, wenn er Soldat wäre, als nicht ausreichend galt und dennoch doppelt so reichlich ist wie die des Armen.

Armer	Nahrung	Soldat
3,25 Unzen	Fleisch	12 Unzen
15,5 Unzen	Brot	24 Unzen
6 Unzen	Gemüse	8 Unzen

Der erwachsene männliche Bettler bekommt Fleisch (außerhalb der Grütze), nur einmal in der Woche, und die Armen haben „fast alle diesen blassen, teigigen Teint, der das sichere Zeichen des Hungers ist".

Hier ist eine Tabelle, die die wöchentliche Ration des Arbeitshausoffiziers vergleicht:

Beamter	Nahrung	Armer
7 Pfund	Brot	6.75 Pfund
5 Pfund	Fleisch	1 Pfund 2 Unzen
12 Unzen	Speck	2,5 Unzen
8 Unzen	Käse	2 Unzen
7 Pfund	Kartoffeln	1,5 Pfund
6 Pfund	Gemüse	keines
1 Pfund	Mehl	keines
2 Unzen	Schmalz	keiner
12 Unzen	Butter	7 Unzen
Keiner	Reispudding	1 Pfund

Und wie derselbe Schreiber bemerkt: „Die Ration des Beamten ist zwar großzügiger als die des Armen; aber offensichtlich wird sie nicht als großzügig genug betrachtet, denn der Tabelle wird eine Fußnote hinzugefügt, die besagt, daß jedem dort wohnenden Beamten und Bediensteten auch ‚zwei Schilling und sechs Pence pro Woche bar gezahlt wird.' Wenn der Arme ausreichend

Essen hat, warum hat der Beamte dann mehr? Und wenn der Beamte nicht zu viel hat, kann der Arme dann mit weniger als der Hälfte davon richtig ernährt werden?"

Aber es ist nicht allein der Ghettobewohner, der Gefangene und der Arme, der verhungert. Hodge, vom Lande, weiß nicht, was es bedeutet, stets einen vollen Bauch zu haben. In Wahrheit ist es sein leerer Bauch, der ihn in so großer Anzahl in die Stadt getrieben hat. Lassen Sie uns die Lebensweise eines Arbeiters einer Pfarrei in der Bradfield Poor Law Union, Berkshire, untersuchen. Angenommen, er hätte zwei Kinder, feste Arbeit, ein mietfreies Häuschen und einen durchschnittlichen Wochenlohn von dreizehn Schilling, was 3,25 Dollar entspricht, dann ist hier sein Wochenbudget:

Brot	1	Schilling	10	Pence
Mehl	0	„	4	„
Tee	0	„	6	„
Butter	1	„	3	„
Fett	0	„	6	„
Zucker	1	„	0	„
Speck und Fleisch	2	„	8	„
Käse	0	„	8	„
Milch (eine halbe Dose kondensierte)	0	„	3¼	„
Petroleum, Licht, Waschblau, Seife, Salz, Pfeffer usw.	1	„	0	„
Kohle	1	„	0	„
Bier	0	„	0	„
Tabak	0	„	0	„
Unfallversicherung	0	„	3	„
Landarbeitergewerkschaft	0	„	1	„
Brennholz, Werkzeug, Medizin usw.	0	„	6	„
Lebensversicherung und Rücklage für Kleider	1	„	1¾	„
zusammen	13	Schilling	0	Pence

Die Wärter des Arbeitshauses in der oben genannten Union sind stolz auf ihre rigide Wirtschaft. Die Kosten pro Armen pro Woche:

Männer	6 Schilling	1½ Pence
Frauen	5 „	6½ „
Kinder	5 „	1¼ „

Wenn der Arbeiter, dessen Budget beschrieben wurde, seine Arbeit aufgeben und ins Arbeitshaus gehen sollte, würde er die Wärter dafür kosten

Sich selbst	6 Schilling	1 ½ Pence
Ehefrau	5	6½
Zwei Kinder	10	2½
Insgesamt	21	10½

Oder ungefähr 5,46 Dollar

Für ihn und seine Familie zu sorgen, was er irgendwie mit dreizehn Schilling schafft, würde das Arbeitshaus mehr als eine Guinee kosten. Und außerdem ist es eine anerkannte Tatsache, daß es billiger ist, für eine große Anzahl von Menschen zu sorgen – Einkäufe, Kochen und Servieren im Großhandel – als für eine kleine Anzahl von Menschen, sagen wir eine Familie.

Zum Zeitpunkt der Erstellung dieses Haushaltes gab es in dieser Pfarrei jedoch eine andere Familie, nicht vier, sondern elf Personen, die von einem Einkommen leben mußten, nicht von dreizehn Schilling, sondern von zwölf Schilling pro Woche (elf Schilling im Winter), und das Häuschen war nicht mietfrei, sondern kostete drei Schilling pro Woche.

Dies muß verstanden, und klar verstanden werden: *Was in Bezug auf Armut und Erniedrigung für London gilt, gilt für ganz England.* Während Paris keineswegs ganz Frankreich repräsentiert, so steht die Stadt London jedoch für ganz England. Die furchtbaren Bedingungen, die London zu einem Inferno machen, machen das Vereinigte Königreich ebenfalls zu einem Inferno. Das Argument, die Dezentralisierung Londons würde die Bedingungen verbessern, ist leeres Gerede. Wenn die 6 Millionen Menschen in London in hundert Städte mit jeweils 60.000 Einwohnern aufgeteilt würden, wäre das Elend dezentralisiert, aber nicht vermindert. Die Summe davon würde ebenso groß bleiben.

In diesem Fall hat Mr. Rowntree durch eine gründliche Analyse der ländlichen Stadt bewiesen, was Mr. Charles Booth für die Metropole bewiesen hat, daß ein ganzes Viertel der Bewohner zu einer Armut verdammt ist, die sie physisch und geistig zerstört; daß ein Viertel der Bewohner nicht genug zu essen hat, in einem strengen Klima nicht angemessen bekleidet, geschützt und gewärmt ist und zu einer moralischen Entartung verurteilt ist, die sie im Punkte der Sauberkeit und des Anstands niedriger als die Wilden setzt.

Nachdem Robert Blatchford dem Wehklagen eines alten irischen Bauern in Kerry zugehört hatte, fragte er ihn, was er sich wünsche. „Der alte Mann stützte sich auf seinen Spaten und blickte über die schwarzen Torffelder am düsteren Himmel. ‚Was ist es, das ich will?', sagte er; dann fuhr er in einem tiefen klagenden Ton fort, mehr zu sich selbst als zu mir, „All unsere tüchtigen Jungs und lieben Mädchen sind weg und über's Meer gegangen, und der Verwalter hat mir das Schwein genommen, und die Nässe hat die Kartoffeln ruiniert, und ich bin ein alter Mann, *und ich wünsche mir, daß der Tag des Jüngsten Gerichts komme.*"

Der Jüngste Tag! Den wünschen sich noch viele andere. Aus dem ganzen Land erhebt sich die Hungerklage, von den Elendsvierteln und vom Land, vom Gefängnis und von der zwanglosen Abteilung, vom Irrenhaus und vom Arbeitshaus – der Schrei der Leute, die nicht genug zu essen haben. Millionen von Menschen, Männer, Frauen, Kinder, kleine Säuglinge, Blinde, Taube, Lahme, Kranke, Vagabunden und Arbeiter, Gefangene und Arme, die Menschen in Irland, England, Schottland und Wales, die nicht genug zu essen haben. Und dies angesichts der Tatsache, daß fünf Männer Brot für tausend produzieren können; daß ein Arbeiter Baumwolltuch für 250 Menschen, Wolle für 300, Stiefel und Schuhe für 1000 Menschen herstellen kann. Es scheint, daß 40 Millionen Menschen ein großes Haus bewirtschaften und es schlecht bewirtschaften. Die Einnahmen sind in Ordnung, werden aber verbrecherisch schlecht verwaltet. Und wer wagt zu sagen, daß in diesem riesigen Haushalt nicht kriminelle Mißwirtschaft betrieben wird, wenn fünf Männer Brot für tausend produzieren können, und dennoch Millionen nicht genug zu essen haben?

26. KAPITEL

TRUNKSUCHT, MÄSSIGKEIT UND SPARSAMKEIT

Manchmal werden die Armen dafür gelobt, daß sie sparsam sind.
Aber den Armen Sparsamkeit zu empfehlen,
Ist sowohl grotesk als auch beleidigend.
Es ist, als würde man einem Mann, der hungert, raten, er solle weniger essen.
Für einen Stadt- oder Landarbeiter wäre es völlig unmoralisch, zu sparen.
Man sollte nicht bereit sein, zu beweisen,
Daß man wie ein schlecht genährtes Tier leben kann.
Oscar Wilde.

MAN kann sagen, daß die englischen Arbeiterklassen in Bier eingeweicht sind. Sie werden davon trübe und durchtränkt. Ihre Leistungsfähigkeit ist betrüblich beeinträchtigt, und sie verlieren jede Phantasie, Erfindungsreichtum und Aufgewecktheit, die ihnen durch das Recht der Rasse zustehen würde. Es kann kaum eine angenommene Gewohnheit genannt werden, weil sie von ihrer frühesten Kindheit daran gewöhnt sind. Kinder werden in Trunkenheit gezeugt, alkoholgetränkt, ehe sie ihren ersten Atemzug tun, in den Geruch und Geschmack davon geboren und in ihrer Mitte erzogen.

Das Wirtshaus ist allgegenwärtig. Es blüht an jeder Ecke und zwischen den Ecken, und es wird fast ebenso stark von Frauen wie von Männern frequentiert. Auch Kinder sind darin zu finden, die warten, bis ihre Väter und Mütter bereit sind, nach Hause zu gehen, die an den Gläsern ihrer Eltern nippen, auf die rauhe Sprache und niedrige Konversation hören, sich davon anstecken lassen, und sich mit Zügellosigkeit und Ausschweifung vertraut machen.

Mrs. Grundy herrscht souverän über die Arbeiter wie über die Bourgeoisie; aber bei den Arbeitern ist das einzige, worüber sie nicht streitet, das Wirtshaus. Keine Schmach oder Schande haftet an ihm oder an der jungen Frau oder dem jungen Mädchen, die es betreten.

Ich erinnere mich an ein Mädchen in einem Kaffeehaus, das sagte: „Ich trinke nie Schnaps, wenn ich in einem Wirtshaus bin." Sie war eine junge und hübsche Kellnerin, und sie legte einer anderen Kellnerin ihre herausragende Ehrbarkeit und Besonnenheit vor. Mrs. Grundy zog ihre Grenze bei Schnaps, meinte aber, daß es für ein sauberes junges Mädchen recht angemessen sei, Bier zu trinken, und in ein Wirtshaus zu gehen, um es zu trinken.

Nicht nur ist dieses Bier für die Menschen zu trinken ungeeignet, allzu oft sind auch die Männer und Frauen nicht dazu geeignet, es zu trinken. Auf der anderen Seite ist es ihre Untauglichkeit, die sie dazu treibt, es zu trinken. Schlecht Ernährte, die unter Mangelernährung und unter den schlimmen Auswirkungen von Überfüllung und Elend leiden, entwickeln eine morbide Sehnsucht nach dem Getränk, genauso wie der kränkliche Magen des überforderten Fabrikarbeiters aus Manchester nach übermäßigen Mengen von sauer Eingemachtem und ähnlich sonderbaren Lebensmitteln hungert. Ungesundes Arbeiten und Leben erzeugt ungesunde Neigungen und Gelüste. Der Mensch kann nicht ärger überanstrengt als ein Pferd, schlechter untergebracht und gefüttert als ein Schwein werden, und sich dennoch gesunde, reine Ideale und Wünsche bewahren.

Eine Versammlung von Frauen vor dem Wirtshaus.

Wenn das Familienleben verschwindet, erscheint das Wirtshaus. Es sehnen sich nicht nur Männer und Frauen abnorm nach Alkohol, die überlastet, erschöpft, durch die Häßlichkeit und Eintönigkeit der Existenz gedemütigt sind und an gestörten Mägen und schlechter Sanitärversorgung leiden, sondern auch die geselligen Männer und Frauen, die kein Zuhause haben, flüchten in das helle und laute Wirtshaus in einem vergeblichen Versuch, ihre Zugehörigkeit zur Herde auszudrücken. Und wenn eine Familie in einem kleinen Raum untergebracht ist, ist ein Familienleben unmöglich.

Eine kurze Untersuchung einer solchen Behausung wird dazu dienen, eine wichtige Ursache der Trunksucht ans Licht zu bringen. Hier steht die Familie am Morgen auf, kleidet sich an und macht ihre Morgentoilette, Vater, Mutter, Söhne und Töchter; und im selben Raum, Schulter an Schulter (denn das Zimmer ist klein), kocht die Frau und Mutter das Frühstück. Und im selben Raum, in der drückenden und ungesunden Atmosphäre der Ausdünstungen ihrer zusammengedrängten Körper während der Nacht, wird dieses Frühstück gegessen. Der Vater geht zur Arbeit, die älteren Kinder gehen zur Schule oder auf die Straße, und die Mutter bleibt bei ihren krabbelnden und tapsenden Jüngsten, um ihre Hausarbeit zu erledigen – immer noch im selben Raum. Hier wäscht sie die Kleider, füllt den knappen Raum mit dem Geruch von Seifenlauge und von schmutzigen Kleidern, und hängt die nasse Wäsche über dem Kopf zum Trocknen auf.

Hier legt sich die Familie am Abend, inmitten der vielfältigen Gerüche des Tages, auf ihre tugendhafte Lagerstatt. Das heißt, daß so viele wie möglich sich in das eine Bett (wenn sie ein Bett haben) stapeln, und der Überschuß legt sich auf den Boden. Und das ist die Kreislauf ihrer Existenz, Monat für Monat, Jahr für Jahr, denn sie bekommen nie Urlaub, außer, wenn sie vertrieben werden. Wenn ein Kind stirbt und manche müssen immer sterben, da fünfundfünfzig Prozent der Kinder im East End sterben, bevor sie fünf Jahre alt sind, wird der Körper im selben Raum aufgebahrt. Und wenn sie sehr arm sind, wird es für einige Zeit behalten, bis sie es begraben können. Während des Tages liegt es auf dem Bett; in der Nacht, wenn die Lebenden das Bett besetzen, liegt der Leichnam auf dem Tisch, auf dem sie am Morgen, wenn er ins Bett zurückgelegt worden ist, ihr Frühstück essen. Manchmal wird der Körper auf dem Regal plaziert, das als Speisekammer für ihr Essen dient. Erst vor ein paar Wochen war eine Frau aus dem East End in Schwierigkeiten, weil sie ihr totes Kind nicht begraben konnte und es auf diese Weise drei Wochen lang bei sich behielt.

Ein solches Zimmer, wie ich es beschrieben habe, ist kein Zuhause, sondern ein Graus; und die Männer und Frauen, die davor ins Wirtshaus fliehen, sind zu bemitleiden und nicht zu tadeln. In London gibt es 300.000 Menschen in Familien, die in Einzelzimmern leben, während 900.000 nach den Gesundheitsbestimmungen von 1891 illegal untergebracht sind – eine ansehnliche Schar zur Rekrutierung ins Heer der Trunkenbolde.

Dann ist da die Ungewißheit des Glücks, die Unsicherheit des Daseins, die nur zu begründete Angst vor der Zukunft – mächtige Faktoren, die die Leute zum Trinken bringen. Das Elend verlangt nach Linderung, und im Wirtshaus wird der Schmerz gemildert und Vergessen erlangt. Es ist ungesund. Gewiß ist es das, aber auch alles andere an ihrem Leben ist ungesund, während dies das Vergessen bringt, das nichts anderes in ihr Leben bringen kann. Es heitert sie sogar auf, und läßt sie glauben, daß es ihnen feiner und besser ginge, obwohl es sie gleichzeitig herabwürdigt und sie viehischer denn je macht. Für den unglücklichen Mann oder die unglückliche Frau ist es ein Wettlauf zwischen Miseren, der mit dem Tod endet.

Es macht keinen Sinn, diesen Leuten Mäßigkeit und Abstinenz zu predigen. Die Trinkerei kann die Ursache vieler Leiden sein; aber sie ist wiederum die Wirkung von anderem und vorherigem Elend. Die Abstinenzbefürworter können sich über die Übel des Trinkens die Seele aus dem Leib predigen, aber solange nicht die Übel, die die Menschen zum Trinken veranlassen, abgeschafft sind, werden das Trinken und seine Übel bleiben.

Bis die Leute, die zu helfen versuchen, dies realisieren, werden ihre gut gemeinten Bemühungen vergeblich sein, und sie werden ein Schauspiel präsentieren, das nur dazu dient, Olympus zum Lachen zu bringen. Ich bin durch eine Ausstellung japanischer Kunst gegangen, die mit dem Gedanken eröffnet wurde, die Armen von Whitechapel zu erhöhen, in ihnen Sehnsüchte nach dem Schönen und Wahren und Guten zu erzeugen. Angenommen, man würde das arme Volk solcherart lehren (was nicht so ist), das Schöne und Wahre und Gute zu erkennen und sich danach zu sehnen, beweisen die üblen Tatsachen ihrer Existenz und das Sozialgesetz, das jeden Dritten zu einem Tod in einer Anstalt der öffentlichen Nächstenliebe verurteilt, daß dieses Wissen und diese Sehnsucht ihnen nur noch ein zusätzlicher Fluch sein würden. Sie würden so viel mehr zu vergessen haben, als wenn sie es nie gewußt und sich nie danach gesehnt hätten. Hätte mich das Schicksal heute für den Rest meines Lebens zum Dasein eines Sklaven im East End verdammt, und würde das Schicksal mir nur einen einzigen Wunsch gewähren, so würde ich darum bitten, daß ich alles über das Schöne und Wahre und Gute vergesse; daß ich alles vergessen könnte, was ich aus Büchern gelernt habe, und daß ich die Leute vergessen könnte, die ich kennen gelernt, die Dinge, die ich gehört, und die Länder, die ich bereist habe. Und wenn das Schicksal mir das nicht gewährte, bin ich ziemlich sicher, daß ich mich so oft wie möglich betrinken würde, um zu vergessen.

Diese Leute, die zu helfen versuchen! Ihre Hochschulzentren, Missionen, Wohltätigkeitsorganisationen und was nicht noch alles, sind Mißerfolge. In der Natur der Dinge können sie nur Mißerfolge sein. Sie sind falsch, wenn auch aufrichtig gedacht. Diese guten Leute nähern sich dem Leben durch ein falsches Verständnis des Lebens. Sie verstehen das West End nicht, kommen aber als Lehrer und Gelehrte in das East End. Sie verstehen die einfache Soziologie Christi nicht, kommen aber zu den Elenden und Verachteten mit dem Pomp der sozialen Erlöser. Sie haben aufrichtig gearbeitet, aber davon abgesehen, daß sie einen unendlich geringen Teil der Not gelindert und eine Menge statistischer Aufklärung gesammelt haben, die auf wissenschaftlichere und weniger kostspieligere Art hätte beschafft werden können, haben sie nichts ausgerichtet.

Wie einer sagte, tun sie alles für die Armen, außer ihnen auf die Beine zu helfen. Das Geld, das sie in ihre Kinderbeihilfe tröpfeln, wurde den Armen entrissen. Sie stammen aus einer Rasse erfolgreicher und räuberischer Zweibeiner, die zwischen dem Arbeiter und seinem Lohn stehen, und sie versuchen dem Arbeiter zu sagen, was er mit dem ihm verbleibenden erbärmlichen Rest tun soll. Was nützt es, in Gottes Namen Kinderhorte für Arbeiterinnen zu gründen, in denen zum Beispiel ein Kind aufgenommen wird, während die Mutter in Islington Veilchen herstellt, zu drei Farthings das Gros, wenn gleichzeitig mehr Kinder und Veilchenmacherinnen kommen, als sie jemals bewältigen können? Diese Veilchenmacherin handhabt jede Blume viermal, 576 Handgriffe für drei Farthings, und am Tag nimmt sie die Blumen 6912 Mal für einen Lohn von neun Pence in die Hand. Sie wird beraubt. Jemand sitzt auf ihrem Rücken, und eine Sehnsucht nach dem Schönen und Wahren und Guten wird ihre Last nicht erleichtern. Sie tun nichts für sie, diese Pfuscher; und diese Unterlassungssünde gegen die Mutter wiegt das, was sie im Laufe des Tages für das Kind getan haben, gerade auf.

Und alle zusammen lehren sie eine grundlegende Lüge. Sie wissen nicht, daß es eine Lüge ist, aber ihre Unwissenheit macht sie nicht wahrer. Und die Lüge, die sie predigen, heißt „Sparsamkeit". Ein Beispiel wird es veranschaulichen. Im überfüllten London ist die Konkurrenz um eine Arbeitsgelegenheit sehr groß, und wegen dieser Konkurrenz sinken die Löhne auf die niedrigsten Existenzgrundlagen. Sparsam zu sein bedeutet für einen Arbeiter, weniger als sein Einkommen auszugeben – mit anderen Worten, schlechter zu leben. Dies entspricht einer Senkung des Lebensstandards. Im Wettkampf um eine Arbeitsgelegenheit wird der Mann mit einem niedrigeren Lebensstandard den Mann den Mann mit einem höheren Standard unterbieten. Und eine kleine Gruppe solcher sparsamen Arbeiter in jeder überfüllten Industrie wird die Löhne dieser Industrie dauerhaft senken. Und die Sparsamen werden nicht länger sparsam sein, denn ihr Einkommen wird soweit reduziert sein, bis es nur noch gerade so ihre Ausgaben decken kann.

Kurz gesagt, Sparsamkeit macht die Sparsamkeit zunichte. Wenn jeder Arbeiter in England den Rat der Sparsamkeitsapostel beherzigen und die Ausgaben halbieren würde, so würde die Voraussetzung, daß mehr Männer Arbeit suchen, als es Arbeit gibt, die Löhne schnell halbieren. Und dann wäre keiner der Arbeiter Englands mehr sparsam, denn sie würden ihr verringertes Einkommen vollständig ausgeben müssen. Die kurzsichtigen Sparsamkeitsapostel würden natürlich vom Ergebnis erstaunt sein. Das Maß ihres Versagens würde exakt dem Maß für den Erfolg ihrer Propaganda entsprechen. Und außerdem ist es reiner Unsinn, den 1,8 Millionen Londoner Angestellten Sparsamkeit zu predigen, die in Familien mit einem Einkommen von weniger als 21 Schilling aufgeteilt sind, von dem pro Woche ein Viertel bis die Hälfte für die Miete bezahlt werden muß.

In Bezug auf die vergebliche Mühe der Menschen, die zu helfen versuchen, möchte ich auf eine bemerkenswerte, edle Ausnahme hinweisen, nämlich auf die Heime des Dr. Barnardo. Dr. Barnardo ist ein Kinderfänger. Zuerst fängt er sie, wenn sie jung sind, bevor sie in der bösartigen sozialen Form verhärtet sind; und dann schickt er sie weg, damit sie erwachsen werden und in einer anderen und besseren sozialen Form geprägt werden. Bis heute hat er 13.340 Jungen aus dem Land geschickt, die meisten von ihnen nach Kanada, und kaum einer von fünfzig ist gescheitert. Eine glänzender Erfolg, wenn man bedenkt, daß diese Burschen, obdachlos und elternlos, vom Grunde des Abgrunds herausgezogen und neunundvierzig von fünfzig zu Männern gemacht werden.

Alle vierundzwanzig Stunden im Jahr entreißt Dr. Barnardo den Straßen neun heimatlose Kinder; so kann das enorme Feld, in dem er arbeiten muß, verstanden werden. Die Leute, die zu helfen versuchen, können viel von ihm lernen. Er spielt nicht mit Linderungsmitteln herum. Er verfolgt soziale Verderbnis und Elend zu ihren Ursprüngen. Er entfernt die Nachkommenschaft des Gossenvolkes aus ihrer schädlichen Umgebung und bietet ihnen eine gesunde, bekömmliche Umgebung, in der sie angespornt und zu Männern geformt werden können.

Wenn die Leute, die zu helfen versuchen, aufhören, mit Kinderhorten und japanischen Kunstausstellungen herumzuspielen, und sich zurückziehen, um ihr West End und die Soziologie Christi zu lernen, werden sie besser in Form sein, um sich der Arbeit zuzuwenden, die sie in der Welt tun sollten. Und wenn sie sich der Arbeit zuwenden, werden sie Dr. Barnardos Führung folgen, aber in einem Ausmaß, das so groß ist wie die ganze Nation. Sie würden nicht die Frau, die für dreiviertel Penny das Gros Veilchen verfertigt, mit Sehnsucht nach Schönheit, Wahrheit und Güte vollpfropfen, sondern versuchen, ihr die Last, die sie zu schleppen hat, etwas zu erleichtern, und sich selbst würden sie nicht mehr mit falschen Vorstellungen vollpfropfen, bis sie wie die Römer ins Bad gehen und alles wieder ausschwitzen müssen. Und zu ihrer Bestürzung werden sie feststellen, daß sie selbst den Rücken dieser Frau verlassen müssen, ebenso wie die Rücken einiger anderer Frauen und Kinder, von denen sie gar nicht bemerkten, daß sie auf ihnen ritten.

27. KAPITEL

DIE VERWALTUNG

Sieben Männer, die sechzehn Stunden am Tag arbeiten,
Könnten mit verbesserten Maschinen Nahrung
Für eintausend Männer produzieren.
Edward Atkinson.

IN diesem letzten Kapitel wäre es gut, den sozialen Abgrund in seiner breitesten Ausdehnung zu betrachten und bestimmte Fragen an die Zivilisation zu stellen, mit welchen Antworten die Zivilisation stehen oder fallen muß. Hat zum Beispiel die Zivilisation das Los des Menschen verbessert? „Des Menschen" benutze ich in seinem demokratischen Sinne, was den durchschnittlichen Menschen bedeutet. Die Frage formt sich also neu: *Hat die Zivilisation das Los des Durchschnittsmenschen verbessert?*

Laßt uns einmal sehen. In Alaska, an den Ufern des Yukon River, in der Nähe seiner Mündung, leben die Inuit. Sie sind ein sehr primitives Volk, in dem sich nur in schimmernden Andeutungen dieser gewaltige Kunstgriff, die Zivilisation, manifestiert. Ihr Kapital beläuft sich möglicherweise auf 2 Pfund Sterling pro Kopf. Sie jagen und fischen mit Speeren und Pfeilen mit Beinspitzen. Sie leiden nie unter einem Mangel an Unterkünften. Ihre Kleidung, die größtenteils aus Tierhäuten besteht, ist warm. Sie haben immer Brennstoff für ihre Feuer, ebenso Holz für ihre Häuser, die sie teilweise unterirdisch bauen und in denen sie während der Perioden intensiver Kälte eng beieinander liegen. Im Sommer leben sie in Zelten, offen für jeden Lufthauch und kühl. Sie sind gesund und stark und glücklich. Ihre einzige Sorge ist die Nahrungsbeschaffung. Sie haben ihre Zeiten der Fülle und Zeiten der Hungersnot. In guten Zeiten schlemmen sie; in schlechten Zeiten hungern sie. Aber daß ein Teil von ihnen beständig Hunger leidet, ist bei ihnen unbekannt. Außerdem haben sie keine Schulden.

Im Vereinigten Königreich am Rande des westlichen Ozeans leben die Engländer. Sie sind ein hochzivilisiertes Volk. Ihr Kapital beträgt mindestens 300 Pfund Sterling pro Kopf. Sie erhalten ihre Nahrung nicht durch Jagd und Fischerei, sondern durch mühselige Arbeit an kolossalen Vorrichtungen. In den meisten Fällen leiden sie unter einem Mangel an Unterkünften. Die meisten von ihnen sind schlecht untergebracht, haben nicht genug Brennstoff, um sich warm zu halten, und sind nicht ausreichend bekleidet. Eine konstante

Zahl hat überhaupt keine Häuser und schläft schutzlos unter den Sternen. Viele leben im Winter wie im Sommer, in ihren Lumpen zitternd auf den Straßen. Sie haben gute und schlechte Zeiten. In guten Zeiten schaffen die meisten von ihnen genug zu essen zu bekommen, in schlechten Zeiten sterben sie an Hunger. Sie sterben jetzt, sie starben gestern und letztes Jahr, sie werden morgen und nächstes Jahr verhungern; denn sie leiden, im Gegensatz zu den Inuit, unter beständigem Hunger. Es gibt 40 Millionen Engländer und 939 von 1000 sterben in Armut, während eine konstante Armee von 8 Millionen an der zerklüfteten Klippe ihren Kampf gegen den Hunger ausficht. Außerdem wird jedes Neugeborene mit der Summe von 22 Pfund verschuldet geboren. Dies liegt an einem Kunstgriff namens *National Debt*.

In einem ehrlichen Vergleich des durchschnittlichen Inuit und des durchschnittlichen Engländers wird sich zeigen, daß das Leben für die Inuit weniger hart ist; daß, während der Inuit nur in schlechten Zeiten Hunger leidet, der Engländer auch in guten Zeiten darunter leidet; daß kein Inuit einen Mangel an Brennstoff, Kleidung oder Obdach hat, während dem Engländer diese drei wesentlichen Dinge fehlen. In diesem Zusammenhang ist es gut, das Urteil eines Mannes wie Huxley anzuführen. Aus dem Wissen, das er als medizinischer Offizier im East End von London gewonnen hat, und als Wissenschaftler, der Untersuchungen unter den elementarsten Wilden durchführte, schließt er: „Würde es mir zur Auswahl gestellt, würde ich das Leben des Wilden bewußt dem jener Leute des christlichen London vorziehen."

Die Bequemlichkeiten, die der Mensch genießt, sind die Produkte der Arbeit des Menschen. Da es der Zivilisation nicht gelungen ist, dem durchschnittlichen Engländer ausreichend Essen und Unterkunft zu bieten, daß es dem Standard des Inuit entspricht, stellt sich die Frage: *Hat die Zivilisation die Produktionskraft des Durchschnittsmenschen erhöht?* Wenn sie die Produktionskraft des Menschen nicht erhöht hat, kann die Zivilisation nicht bestehen.

Aber, das wird sofort zugegeben, die Zivilisation hat tatsächlich die Produktionskraft des Menschen erhöht. Fünf Männer können Brot für tausend produzieren. Ein Mann kann Baumwolltuch für 250 Menschen, Wollsachen für 300, und Stiefel und Schuhe für 1000 produzieren. Dennoch wurde auf den Seiten dieses Buches gezeigt, daß das englische Volk zu Millionen nicht genug Nahrung, Kleidung und Schuhe bekommt. Dann stellt sich die dritte und unvermeidliche Frage: *Wenn die Zivilisation die Produktionskraft des Durchschnittsmenschen erhöht hat, warum hat sie das Los des Durchschnittsmenschen nicht verbessert?*

Es kann nur eine Antwort geben – Mißwirtschaft. Die Zivilisation hat alle Arten von Komfort und Herzensfreuden möglich gemacht. An diesen nimmt der durchschnittliche Engländer aber nicht teil. Wenn er für immer nicht daran teilnehmen kann, dann fällt die Zivilisation. Es gibt keinen Grund für die fortdauernde Existenz einer Vorrichtung, die sich als ein Fehlgriff erwiesen hat. Aber es ist unmöglich, daß Männer diese gewaltige Vorrichtung vergebens erschaffen haben. Es darf nicht sein. Eine so vernichtende Niederlage einzugestehen, bedeutet, dem Vorwärtsstreben und dem Fortschritt den Todesstoß zu versetzen.

Eine andere Alternative, und nur eine andere, bietet sich an. *Die Zivilisation muß gezwungen werden, das Los der Durchschnittsmenschen zu verbessern.* Dies vorausgesetzt, wird es sogleich eine Frage der Betriebsführung. Die rentablen Dinge müssen fortgesetzt werden; Unrentable Dinge müssen beseitigt werden. Entweder ist das Empire ein Gewinn für England, oder es ist ein Verlust. Wenn es ein Verlust ist, muß es beseitigt werden. Wenn es ein Gewinn ist, muß es so verwaltet werden, daß der Durchschnittsmensch einen Teil des Gewinns abbekommt.

Wenn der Kampf um die kommerzielle Vorherrschaft profitabel ist, setzt ihn fort. Wenn das nicht der Fall ist, wenn es dem Arbeiter schadet und sein Los schlimmer macht als das eines Wilden, dann werft ausländische Märkte und das industrielle Imperium über Bord. Denn es ist eine Tatsache, daß, wenn 40 Millionen Menschen mithilfe der Zivilisation eine größere individuelle Produktionskraft als die Inuit besitzen, diese 40 Millionen Menschen mehr Komfort und Herzensfreuden genießen sollten als die Inuit.

Wenn die 400.000 englischen Gentlemen, „die keiner Beschäftigung nachgehen", gemäß ihrer eigenen Behauptung in der Zählung von 1881, wenn diese Gentlemen also unrentabel sind, so schafft sie fort. Setzt sie bei der Pflege von Wildschutzgebieten und zum Pflanzen von Kartoffeln ein. Wenn sie rentabel sind, beschäftigt sie mit allen Mitteln weiter, aber laßt uns dafür sorgen, daß das ganze englische Volk einen Anteil an dem hat, was sie durch ihr Tun schaffen.

Kurz gesagt, die Gesellschaft muß reorganisiert und eine fähige Geschäftsführung an die Spitze gestellt werden. Daß die gegenwärtige Geschäftsführung unfähig ist, ist unbestreitbar. Sie hat dem Vereinigten Königreich Lebensblut entzogen. Sie hat die dagebliebenen Einwohner geschwächt, bis sie nicht länger imstande waren, in der vordersten Reihe der konkurrierenden Nationen zu kämpfen. Sie hat ein West End und ein East End aufgebaut, die so umfangreich sind wie das Königreich selbst, am einen Ende ausschweifend und morsch, am andern krankhaft und unterernährt.

Ein riesiges Imperium geht dank dieser unfähigen Geschäftsführung unter. Und mit Imperium ist die politische Maschinerie gemeint, die die englischsprachigen Menschen der Welt außerhalb der Vereinigten Staaten zusammenhält. Dies ist auch nicht pessimistisch dahergesagt. Das durch das Blut verbundene Imperium ist größer als das politische Imperium, und die Engländer der Neuen Welt und auf der anderen Seite der Erdkugel sind stark und vital wie eh und je. Aber das politische Imperium, unter dem sie nominell versammelt sind, geht zugrunde. Die politische Maschine, bekannt als das Britische Empire, wird heruntergewirtschaftet. In den Händen seiner Geschäftsführung verliert es mit jedem Tage an Schwung.

Es ist unvermeidlich, daß diese Verwaltung, die grobe und kriminelle Mißwirtschaft betrieben hat, hinweggefegt wird. Sie ist nicht nur verschwenderisch und ineffizient gewesen, sie hat auch Gelder unterschlagen.

Jeder ausgemergelte, fahle Bettler, jeder Blinde, jedes im Gefängnis sitzende Kind, jeder Mann, jede Frau und jedes Kind, dessen Bauch vor Hunger knurrt, ist hungrig, weil das Geld von der Geschäftsführung zweckentfremdet wurde.

Ebensowenig kann irgendein Mitglied dieser Führungsschicht vor der Richterbank der Menschheit auf Unschuld plädieren. „Die Lebenden in ihren Häusern und die Toten in ihren Gräbern", werden von jedem Kind, das an Mangelernährung stirbt, von jedem Mädchen, das aus der Schwitzbude zur nächtlichen Promenade von Piccadilly flieht, von jedem ausgezehrten Arbeiter, der in den Kanal springt, zur Verantwortung gezogen. Das Essen, das diese Führungsschicht ißt, der Wein, den sie trinkt, die Veranstaltungen, die sie besucht, und die feinen Kleider, die sie trägt, werden von acht Millionen Mündern erarbeitet, die nie genug hatten, um sie zu füllen, und von zweimal acht Millionen Körpern, die nie ordentlich bekleidet und untergebracht waren.

Es ist kein Irrtum möglich. Die Zivilisation hat die Produktionskraft des Menschen hundertfach erhöht, und durch Mißwirtschaft leben die zivilisierten Menschen schlechter als wilde Tiere und haben weniger zu essen und anzuziehen und um sich vor den Elementen zu schützen, als der wilde Inuit in einem kalten Klima, der heute noch lebt, wie er in der Steinzeit vor zehntausend Jahren lebte.

HERAUSFORDERUNG

Ich habe eine vage Erinnerung
Von einer Geschichte, die erzählt wird
In einer alten spanischen Legende
Oder einer Chronik der Alten.

Es war, als der mutige König Sanche
Vor Zamora getötet wurde,
Und seine große Belagerungsarmee
Auf der Ebene lagerte.

Don Diego de Ordenez
Machte sich als erster auf,
Und schrie laut seine Herausforderung
Zu den Wärtern an der Mauer.

Alle Leute von Zamora,
Sowohl die Geborenen als auch die Ungeborenen
Forderte er mit höhnischen Worten
Als Verräter heraus.

Die Lebenden in ihren Häusern,
Und die Toten in ihren Gräbern,
Und die Gewässer in ihren Flüssen,
Und ihr Wein und Öl und Brot.

Es gibt eine größere Armee
Die uns von allen Seiten bedrängt,
Eine hungernde, zahllose Armee
An allen Toren des Lebens.

Die von Armut geplagten Millionen
Die unseren Wein und unser Brot bestreiten,
Und die uns alle als Verräter anklagen,
Sowohl die Lebenden als auch die Toten.

Und wenn ich beim Bankett sitze,
Wo das Fest und die Musik sind,
Kann ich unter der Fröhlichkeit und Musik
Diesen furchtbaren Schrei hören.

Und hohle und abgehärmte Gesichter
Blicken in die beleuchtete Halle,
Und magere Hände strecken sich aus,
Um die herabfallenden Krümel zu fangen.

Und da drinnen ist Licht und Fülle,
Und Düfte füllen die Luft;
Doch draußen ist Kälte und Dunkelheit,
Und Hunger und Verzweiflung.

Und dort im Lager der Hungersnot,
Bei Wind und Kälte und Regen
Liegt Christus, der große Herr der Armee,
Tot auf der Ebene.

Longfellow.

Printed in the USA
CPSIA information can be obtained
at www.ICGtesting.com
LVHW040717101023
760592LV00006B/881